진인진

중앙아시아 국가 타지키스탄

일반 개관 · 이슬람 · 국내정치 · 국제관계

정세진 **지음**

진인진

중앙아시아 국가 타지키스탄: 일반 개관 · 이슬람 · 국내정치 · 국제관계

초판 1쇄 발행 | 2023년 3월 2일

지은이 | 정세진
편   집 | 배원일, 김민경
발행인 | 김태진
발행처 | 진인진
등   록 | 제25100-2005-000003호
주   소 | 경기도 과천시 별양상가 1로 18 614호(별양동 과천오피스텔)
전   화 | 02-507-3077-8
팩   스 | 02-507-3079
홈페이지 | http://www.zininzin.co.kr
이메일 | pub@zininzin.co.kr

ⓒ 정세진 2023
ISBN 978-89-6347-549-3 93910

* 책값은 표지 뒤에 있습니다.

* 이 책은 2018년도 한국연구재단의 지원에 의해 연구되었음(과제번호: 2018S1A6A3A02024971).

목차

머리말

이 책의 대상인 타지키스탄은 중앙아시아 국가 중에서도 최빈국이다. 이 책이 규정하는 중앙아시아 지역은 일반적으로 과거 구소련 지역을 의미한다. 즉 우즈베키스탄, 카자흐스탄, 타지키스탄, 투르크메니스탄, 키르기스스탄 등 과거 소연방에서 1991년 독립한 국가들이다.

필자는 현재까지 중앙아시아 관련 단독 저서를 3권 출간한 바 있다. 이제 이번 이 책까지 총 4권을 출간하게 되었다. 2012년 『중앙아시아 민족정체성과 이슬람』(한양대 출판부), 2014년 『중앙아시아 지역연구와 인문학: 역사적 문화요소를 중심으로』(경제·인문사회 연구회 인문정책연구총서 2014-15), 2022년 『쉽게 읽는 중앙아시아 이야기: 역사·문명·이슬람』(민속원)이다. 중앙아시아 이외 단독저서는 2014년 『러시아 이슬람: 역사·전쟁·이념』(민속원), 2022년 『코카서스 국가 조지아: 역사·종교·국내정치·국제관계』(진인진) 등이 있다.

이 책은 타지키스탄에 대한 일반적 개설서라고 할 수 있다. 학술서로서 중앙아시아 및 유라시아 학자들, 전문 연구가들, 그리고 일반 시민들이 이 책을 통해 타지키스탄에 관한 다양한 지식과 정보를 얻을 수 있을 것으로 기대된다. 다만 이 책에는 타지키스탄 경제, 타지키스탄 문화, 문학 등은 상세하게 다루고 있지 않다. 개인적으로 그러한 영역까지 충분히 기술하지 못해 죄송한 마음이다. 이 책은 각각의 영역에서 깊이 있는 식견과 분석으로 서술된 저서라기보다는 타지키스탄에 관한 일반적 학술서의 성격이 짙기 때문에 향후 타지키스탄의 정치, 국제관계, 안보, 경제 분야에 관련된 훌륭한 저서가 출간되기를 간절한 마음으로 바라는 심정이다.

타지키스탄은 역사적으로 페르시아 문명권 안에 광범위하게 포함된 문화권을 지니고 있다. 중세 국가인 사만 왕조의 멸망 이후에는 투르크 민족과 동거하면서 중앙아시아에서 그 삶을 이어왔다. 1929년 소련의 구성공화국으로 소연방에 합류하였다가 1991년 소련 해체 이후로 '타지키스탄공화국'으로 신생독립국이 되었다. 중앙아시아 지역의 특성을 일반적으로 이슬람, 투르크성, 아시아성, 페르시아 문화 지대로 분류한다면, 타지크 민족은 우즈베크, 카자흐, 키르키즈, 투르크멘 민족과 달리 투르크계 민족으로 분류되지 않고 페르시아계이다.

독자들에게 쉽게 접근하기 위한 내용으로 이 책은 아래의 몇 가지 의도를 가지고 서술되었다.

첫째, 타지키스탄의 역사, 종교, 일반 개관, 사회문화에 관련된 가장 핵심적인 내용을 포함시켜 타지키스탄 국가를 잘 파악하도록 하였다.

둘째, 타지키스탄의 국내 정치를 라흐몬 대통령의 권력 공고화와 독재 권력 확립까지의 과정을 전체적으로 자세히 설명하면서 타지키스탄의 정치를 잘 이해하도록 하였다. 그리고 이러한 과정에서 정부가 사회 문화 영역을 어떤 방식으로 통제해왔는지의 내용을 포함하면서 1인 독재 체제를 확립하는 여러 정치적 과정을 소개하였다.

셋째, 중앙아시아에서 우즈베키스탄과 더불어 가장 강력히 발현된 타지키스탄의 이슬람 원리주의의 역사적, 정치적 함의를 서술하고, IRPT(타지키스탄 이슬람 부흥당)에 관련된 내용을 포함, 중앙아시아 이슬람 원리주의의 다양한 특성을 기술하였다.

넷째, 타지키스탄의 국제관계와 안보 상황을 타지키스탄의 내정과 대외정책 등을 중심으로 구성하였다.

타지키스탄의 정치 체제는 라흐몬 대통령이 1994년부터 현재까지 대통령으로 국가를 통치하면서 권위주의 정권으로 가동되고 있다. 이 책에서는 라흐몬 대통령이 강력한 권력을 형성해나가는 과정 등을 자세히 서술하였다. 타지키스탄 대외정책은 기본적으로 친 러시아 경향이며,

2021년 아프가니스탄에서 탈레반이 재집권하면서 타지키스탄-아프가니스탄 국경 안보의 안정성을 위한 정책을 추진 중이다.

필자는 그동안 타지키스탄 관련 여러 편의 논문을 한국연구재단 등재지에 실었는데, 그 중 일부는 다른 연구자들과 같이 연구하여 출간한 공동저서에 포함하였다. 이 책에는 공동저서에 포함하지 않은 기존의 타지키스탄 관련 2편의 논문과 한양대 아태지역연구센터가 간행한 웹진인 〈유라시아 헤드라인〉에 실은 필자의 'RFERL', Eurasianet' 관련 글, 한국외대 러시아연구소, *Emerics*에 게재한 전문가 칼럼, 그리고 기존 공동저서 중에 포함된 내용 중에서 일부를 참고하였으며, 필자가 평소 연구하며 알고 있던 타지키스탄 관련 내용을 전체적으로 자연스럽게 연결하고 재구성하여 저서로 출간하게 되었다.

국내 저널에 실린 2편의 논문은 다음과 같다. 이 책의 3장은 저널 『노어노문학』 28-4(2016)의 "타지키스탄 이슬람 원리주의: 정치적 세력과의 관계를 중심으로", 4장은 『슬라브학보』 35-4(2020)의 "타지키스탄 이슬람 부흥당(IRPT)의 형성, 과정, 그리고 소멸"의 제목으로 게재한 글을 구성에 맞게 활용하면서 재구성했다.

필자는 타지키스탄 정책 포럼 관련 타지키스탄 고위 관리를 국내에서 면담하는 경우가 간혹 있었는데, 이들은 대한민국이 타지키스탄에 경제적으로, 정책적으로 많은 관심을 쏟아주고 실제적으로 협력 관계가 활발히 이루어지기를 요청하였다. 학계에 몸담고 있는 필자의 입장에서라도 대한민국과 타지키스탄 간에 다양한 협력 연대가 많이 일어나기를 원하는 마음이다. 개인적으로는 중앙아시아에서 최빈국의 상황에 놓여져 있는 타지키스탄이 개발도상국으로서의 국가발전을 위한 국가적 노력이 성공을 바라는 마음에서 본 학술서를 본격적으로 준비하게 된 계기가 되었다. 1991년 거의 아무도 예견하지 못했던 소련이 해체되면서 중앙아시아는 새로운 신생독립국이 출현하였고, 이제 새로운 국가발전에 나서

30년이 지나갔다. 타지키스탄을 포함한 중앙아시아 국가에서 앞으로 대한민국과의 상호 소통과 교류가 풍성히 전개되기를 바란다.

이 책이 국내의 인문학 및 지역학 발전에 도움이 되기를 간절히 바라며, 국내 러시아와 유라시아 이해에 도움이 되기를 바란다. 이 책의 출판을 위해 격려해주신 한양대학교 아태지역연구센터의 엄구호 소장께 깊은 감사의 마음을 전하며, 국내의 러시아, 유라시아 인문학 발전을 위해 책의 출판을 허락해주신 도서출판 진인진 사장님과 책의 제반 업무를 책임진 편집부 담당자에게 감사의 말씀을 드린다.

그리고 늘 가까이에서 나를 성원해주는 가족과 세연, 아연 두 명의 딸에게 진심으로 감사한 마음을 드린다.

2023년 2월 20일 행당동 연구실에서

1장　타지키스탄 일반 개관

1. 타지키스탄 역사

고대 시기

타지키스탄 역사 중에서 고대 시기는 매우 중요하다. 타지크 민족의 기원은 박트리아(Bactriana), 소그드(Sogd), 호레즘(Khorezm)이다. 타지크인의 선조는 페르시아계이다. 이들은 중앙아시아가 역사 기록에 등장할 때부터 존재한 민족이었다. 고대 국가는 BC 12-BC 9세기 사이 이란 지역에 아리안인에 속하는 인도-이란인이 남하함에 따라 형성되었다. 현재의 타지크인 거주지 공간에 들어와서 살았다. 즉 타지크인의 직접적

타지키스탄 국립박물관 소장 고대 유적(필자 촬영)

기원은 인도-이란인이었다. 이 집단이 바로 고대 이란계 종족이었던 고대 박트리아인과 소그드인이었다. 소그드인은 중앙아시아 문화의 핵심 역할을 담당했다.[1]

BC 6세기, 타지크는 페르시아 제국에 속했다. 당시 아케메네스조 페르시아 제국은 서북쪽으로 팽창하면서 소그드인들을 예속시켰다. 이 제국의 영토는 서부지역으로는 이집트, 소아시아 반도, 북쪽 방향에서는 아제르바이잔, 조지아, 동북쪽에서는 우즈베키스탄, 타지키스탄, 동남방향에서는 아프가니스탄과 파키스탄을 포함했다. BC 4세기경, 이 제국이 알렉산더 대왕에게 패했는데, 이로써 알렉산더가 중앙아시아를 통치하였다. 그리스 문화가 중앙아시아에 유입되었다. 그런데 그리스계 국가인 '박트리아' 왕국이 현재의 타지키스탄 지역에 존재했다. 그 북부에 소그드인의 국가가 있었다.[2] 당시 알렉산더가 타지크를 정복했다. 타지크인은 이후 '그레코-박트리아 왕국'(Greco-Bactrian Kingdom;그리스-박트리아 왕국)에 속했다. 타지크는 7세기 투르크에 의해 점령당함으로써 점차로 투르크화 되었다. 710년 중동 아랍인에 의해 타지크족은 정복되었는데, 이 사건으로 타지크인은 이슬람으로 개종하였다. 타지크는 중동 아랍의 지배를 받았는데, 이로써 중세 타지키스탄이 시작되었다.

타지키스탄 국립박물관 소장 조로아스터교 창시자인 자라투스트라(필자 촬영)

중세 사만 왕조 시기

중동 아랍 세력이 맹위를 떨치면서 중앙아시아의 정착 문명 지대는 705년 '호라산'(Khorasan) 총독인 '이븐 쿠타이바'(Ibn Qutaiba)가 점령하였다. 이슬람이 전파되었는데 이 과정에서 부하라, 사마르칸트 등 정착민 공동체가 형성되었다. 특히 도시를 중심으로 이슬람이 신속히 확산되었다. 715년 칼리프가 지배 체제를 확립하였는데 지방 소그드 왕조와 지역영주가 통치권을 가지면서 간접 통치가 이루어졌다. '우마이야'(Umayyad) 왕조(661-750)와 '압바스'(Abbasid) 왕조(750~1258) 이후 타지크인은 최초로 순수한 토착민 정권인 사만 왕조(Samanid)(819-999)를 건국했다. 중앙아시아 정착 사회에서는 조로아스터교가 중심이었지만 7세기 중동 아랍의 유입으로 이슬람이 전파된 특징이 있다.

타지크인은 9세기 후반, 페르시아어를 기반으로 타지크어가 발전하는 시기를 겪었다. 왕조의 통치 시기 타지크 민족의 정체성이 형성되기 시작했다. 이 시기에 현재 우리가 부르는 '타지크'이라는 말이 쓰이기 시작하는데, 사산조에서는 이라크에 거주하던 '타이'라는 종족에서 유래하는 '티지크'라는 말로 아랍인을 통칭하

사만 왕조의 창건자 이스마일 소모니 기념비(필자 촬영)

였다.[3] 타지크인의 중세 국가의 핵심은 사만 왕조였다. 타지크 문화의 핵심요소는 이슬람이었다. 사만 왕조는 이슬람 건축을 지원했다. 그리고 페르시아 이슬람 문화는 사만 왕조 시기에 중앙아시아 정착 지대 전체로 확산되었다. 건국자인 '이스마일 소모니'(Ismoil Somoni)는 왕조의 통치를 호라산 지역으로 확대했다.[4]

사만 왕조의 수도는 부하라였다. 투르크에 의해 멸망당할 때까지 사만 왕조는 문화적으로 번성하였다. 일반적으로 타지키스탄 역사에서 페르시아 문화의 영향력은 결정적이다. 특히 페르시아 문화는 사만 왕조의 문화적 시기와 결부된다. 사만 왕조는 건국되던 9세기부터 강력한 지방 국가를 건설하면서 성장했다. 당시 아랍세계의 맹주는 바그다드를 수도로 했던 압바스 왕조였다. 사만 왕조는 압바스 왕조와 형식적으로 연합 관계였다. 실제적으로는 독립 지위를 누렸다. 행정과 문화 분야에서 페르시아어가 사용되었다. 타지크는 당시 비 투르크 문화권으로 그 역사적 전승은 사만 왕조의 문화적 발전에서 기원했다.

사만 왕조는 당시 페르시아에 건국된 페르시아계인 '사파르'(saffarid) 왕조(861~1003)를 900년에 점령했는데, 이는 사만 왕조가 이 지역에서 강력한 맹주 역할을 했다는 것을 의미하였다. 타지크 민족의 정체성 확립에 결정적인 배경이 되었다.[5] 타지크는 원래 페르시아 문화권에 포함되어 있었고 중앙아시아에서 이란인의 혈통을 가진 유일한 민족이었다. 10세기에 중앙아시아에서 투르크계 왕조의 팽창이 시작되었는데, 사만 왕조는 999년 '가즈나(Ghazna)' 왕조에 의해 멸망당했다. 가즈나 제국 (975~1187)은 호라산, 아프가니스탄, 인도 북부에 세워진 투르크계 술탄 국이다. 가즈나 왕조는 셀주크(Seljuq) 왕조에 의해 정복되었다. 이후 타지크 민족은 셀주크의 지배를 받았다.

몽골 점령 이후 근대까지

1220년 이 지역은 몽골에 의해 점령되어 타지크인은 몽골의 통치하에 들어갔다. 14세기경 타지크는 중앙아시아의 이란계 무슬림을 지칭하였다. 16세기 초 이란에서 세워진 '사파비(Safavid)'(1507-1722) 왕조가 시아파 이슬람을 국교로 채택, 수니파 이슬람을 따르던 타지크인은 정치적, 문화적, 종교적으로 이란 본토와 멀어져 독자적인 타지크 민족정체성을 형성하였다.[6]

14세기 중앙아시아의 패권 국가인 투르크계인 티무르(Timurid) 왕조의 지배를 받았다. 타지크 민족의 종교도 시아파에서 수니파로 바뀌게 되면서 타지크 문화는 광범위하게 투르크 문화의 결정적인 지배력 안으로 흡수되었다. 타지크 민족은 정복자들에 쫓겨서 자신들의 언어를 유지하고 산악지대나 사마르칸트와 부하라의 산악 접경지대, 산에서 가까운 시르다리야(Syr Darya) 강 유역에서 거주하였다. 15-16세기에는 우즈베크 민족그룹이 이 지역에 정착하게 되면서, 강력한 우즈베크 칸국의 영향력 안으로 타지크 민족이 흡수되었다.

16세기 이후 타지크는 투르크 민족의 강력한 등장으로 페르시아 문화권으로부터 소외당했다. 타지키스탄에서

타지키스탄 국립박물관 소장 타지키스탄 불교 유적(필자 촬영)

두샨베 나브루즈 궁 내의 타지크 전통 문양(필자 촬영)

페르시아 문화가 쇠퇴하고 투르크의 영향력이 강력해지면서 점진적으로 투르크계 우즈베크 민족의 영향력 안으로 흡입되었다. 타지키스탄은 수 세기 동안 우즈베크 민족과 동화되어 거주함으로써 투르크 문화권의 영향력을 절대적으로 받았다.[7] 15-19세기까지 타지크인은 우즈베크 민족 그룹의 국가인 부하라 칸국의 지배를 받았는데, 타지크어가 부하라 칸국의 지배적 공용어로 사용되었다. 당시에 아무다리야(Amu Darya) 강 남쪽 거주지에 살던 타지크인은 아프가니스탄 인들에 정복되었다.

중앙아시아 지역에서는 지속적으로 투르크 민족들이 생성되면서 지배 그룹으로 성장했다. 그런데 페르시아 민족과 타지크인이 지속적으로 접촉을 하면서 페르시아어가 사용되고 있었던 관계로 타지크인이 많이 거주한 사마르칸트, 부하라 등에서는 투르크 민족이 지배적 왕조였지만, 여전히 페르시아어가 사용되었다. 수 세기 동안 이 지역에서 동거하면서 우즈베크, 타지크 민족은 민족적 차이점이라기보다는 생활적으로

동질적인 특성을 지니고 있었다.[8] 타지크인은 우즈베크 인과의 동화된 삶과 16세기 이후 이 지역에 대한 투르크 세력의 영향으로 투르크 문화의 영향을 강력히 받을 수밖에 없었고 독립 국가를 이룬 적이 없었다.[9]

1860년대, 러시아가 중앙아시아를 점령하면서 타지키스탄 대부분의 지역은 러시아에 점령당했다.[10] 19세기 중반 이후 제정러시아는 중앙아시아 점령에 적극 나서 1865년 타슈켄트를 점령하면서 1866년에 부하라 칸국을 합병시켰다. 이 직후 제정러시아는 타지크 지방으로 적극적으로 나아가 파미르 고원 등을 점령하면서 1895년 타지크는 러시아의 지배하에 들어갔다. 1917년 러시아 혁명이 발발하면서 타지키스탄은 '투르키스탄 소비에트 사회주의 자치공화국'과 '부하라 인민 소비에트공화국'에 편입되었다. 타지크는 1917년 러시아 혁명 이후 투르키스탄공화국의 일부가 되어 '러시아공화국'에 속하게 되고 1924년 중앙아시아의 우즈베크공화국, 카자흐공화국, 투르크멘공화국이 소연방에 구성공화국으로 편입되면서 우즈베크공화국 내의 타지크 자치공화국이 되었다가 1929년 소

타지키스탄 국립박물관 소장 제정러시아 시기 타지크 민족 지도자(필자 촬영)

연방의 정식 구성공화국으로 타지크공화국이 정식 출범하였다.

1920년대 중앙아시아 국경 경계 획정과 타지크공화국

국경 경계 획정시 타지키스탄에는 파미르고원 등 산악 지역이 할당되었다. 그리고 타지크인이 많이 거주하던 사마르칸트, 부하라 도시는 우즈베키스탄으로 편입되었다. 타지키스탄은 전략적 지대를 상실했으며, 이는 타지키스탄이 일관되고 통합된 근대적 발전을 이루지 못하였던 주된 원인이 되었다.

국경경계 획정과 관련된 내용은 다음과 같다.[11]

1924년 경계 설정시 우즈베크공화국은 타지크 자치공화국에 비해 유리한 지역을 할당받았다. 우즈베크는 19세기 러시아가 점령한 3개 칸국의 수도를 포함하는 광범위한 공간을 차지했다. 코칸드 칸국, 부하라 칸국, 히바 칸국에 거주한 이들은 스스로 민족명을 우즈베크로 명명하였다. 그런데 이 3개 칸국에서 우즈베크 인과 동거한 타지크인과 투르크멘인은 농업 및 행정 중심지로부터 분리된 기타 지역을 할당받았다. 이 영토는 타지크, 투르크멘 민족 그룹의 지도자들이 통치하던 영토였다. 국경 획정 이후 각자 우즈베크, 타지크, 투르크멘, 카자흐, 키르기스 민족으로 중앙아시아 역사상 처음으로 개별 민족 정체성을 인정하는 서류가 발행되면서, 창조된 민족(Invented Nation)이라는 개념이 정립되었다. 어떻든 민족이 새롭게 출현하였고 창조된 민족 이름으로 민족 정체성이 정립되는 계기가 되었다. 국경 획정으로 인한 결과였고, 그 때문에 가능한 일이었다. 국경 경계 획정으로 페르가나 분지에는 우즈베크, 타지크, 키르키즈 민족이 국경을 맞대는 상황이 발생했다. 1924년 10월 국경 경계 획정으로 새로운 민족들, 새로운 구성공화국이 소연방으로 정식 출범했다.[12]

국경 경계 획정 당시 연방 정부의 자치권은 수직적 시스템이었다. 연방의 구조적 측면을 고려해서는 현지 거주민들의 이익에 합당하지 않게 정책이 추진될 가능성이 높았다. 모든 민족의 입장을 완벽하게 고려한 정책 실현은 쉽지 않다. 당연히 국경 획정 시 불이익을 받았다고 간주하는 민족, 그리고 실제적으로 고통을 겪은 각 민족 엘리트들은 이 프로젝트를 구현하는 책임을 맡은 러시아인이 통치적 차원에서 원활한 통치가 가능한 시스템을 정립하기 위해 국경 경계를 결정하였고, 이는 국가 및 민족의 자치 개념을 오용한 것이라는 인식도 있었다. 김대성은 소련 지도자들이 1922년 이래 연방을 창설하면서 국가 정체성을 확고히 한다는 구체적 청사진을 가지고 제국 속성에 기초한 민족 정책을 펼쳐나갔다고 주장했다. 러시아의 지배력 강화와 동시에 소련 이권을 보호한다는 데에 그 정책의 역점이 있었다. 그 실례로 러시아는 언제든지 필요하다면 개입과 조작이 용이한 환경을 조성하였고 그런 견지에서 국경선이 그어졌다는 설명이다. 국경 획정 과정에서 중앙아시아의 역사와 문화 요소는 전반적으로 존중되지 않았다. 페르시아 문명의 중심지인 사마르칸트와 부하라를 투르크계의 민족인 우즈베크공화국 내에 할당한 사실을 보더라도 이는 러시아인이 주도하여 자의적으로 획정한 일이었다는 설명이다.[13]

국경 경계 획정의 파라독스: 얻은 자와 잃은 자

1924년 우즈베크공화국, 투르크멘공화국, 카자흐공화국이 소연방에 합류하였다. 국경 경계가 획정되었기 때문에 가능해졌다. 중앙아시아 역사상 처음으로 소연방에 합류하였다. 소련 당국자 입장에서 중앙아시아 민족이 소련에 공식 편입되기 위해서는 어떤 방식으로든지 민족 경계, 국경 경계를 구분 짓고 획정할 수밖에 없는 상황이었다. 우즈베크공화국이 출범하였고, 타지크 민족은 우즈베크 소비에트 사회주의 공화국 연방 내 자치공화국으로 출범하였다. 타지크는 구성공화국이 아니라 공화국 내의 특정한 자치공화국으로 격하되었다. 타지크인은 중앙정부의 인위적인 경계 획정으로 민족의 고향이며, 위대하고 강대한 역사적 도시인 부하라, 사마르칸트를 손실했다고 안타까워했다. 그러한 인식은 타지크 민족 정체성에도 강한 영향을 미쳤으며, 소련 시기 내내 타지크 민족에게 삶의 고통, 거주의 고통을 안겨주었다. 타지크 개별 지역 정체성이 강화된 이유였다. 1929년에 '타지크 소비에트 사회주의 공화국'으로 소련의 공식적인 구성공화국이 되었지만, 타지크인의 내홍은 깊었다. 역사, 도시, 전통을 상실했다. 우즈베크 소비에트 사회주의 공화국이 민족 창조라는 기념비를 중앙정부로부터 받았던 1924년은 타지크인에게 상실의 시대가 펼쳐진 연도였다. 1991년 독립 때까지 거의 70년간의 역사의 시간이 타지크인에게 허망하게 받아들여진 측면이 있었다.

논쟁점이 여전히 있지만, 1924년 행정 경계가 획정되면서 가장 큰 고통을 겪은 민족이라고 한다면 타지크인이다. 1924년 이전, 중앙아시아 거주 타지크인 약 120만 명 중 47.7%가 '타지키스탄 자치 소비에트

공화국'에 거주했고, 52.3%는 '부하라 인민 소비에트공화국'에 거주했다. 부하라 공화국 전체 인구의 약 31%가 타지크인이었다. 그런데, 많은 타지크인이 이 지역에 거주하고 있었지만, 당시 정치권력의 분포도와 관련, 타지크인의 관여는 매우 미미했다. 국경 경계 획정 직전인 1924년 9월 부하라 공산당(Bukhara Communist Party) 당원의 49%가 우즈베크 인이었다. 러시아인은 22%, 투르크멘인은 8%, 타타르인은 5%였다. 이에 반해 타지크인은 0.7%에 불과했다. 부하라 공산당 중앙위원회에는 타지크인이 없었고 주요 직책에 타지크인은 전혀 없었다.[14] 그러므로 국경 경계 획정 당시에 타지크인의 주장이 강력히 제기되기 어려웠을 것이다.

러시아 공산당 중앙아시아국 특별 영토위원회(Special Territorial Commission)는 1924년 조직되었다. 이 위원회가 설립된 원래의 명분은 특정 민족 집단이 정치권력에서 더 우세하다고 간주되었기 때문에 국경 경계를 공평하게 재정비한다는 이유였다. 그런데 이 위원회에는 타지크 위원이 단 한 명도 참여하지 않았다. 타지크 입장에서는 차별 대우를 받았다고 간주될 수밖에 없다. 위원회에는 4명의 우즈베크인, 5명의 카자흐인, 우크라이나인 1명, 리투아니아인 1명, 라트비아인 1명, 러시아인 1명, 투르크멘인 1명, 키르기스인 1명이 참여했다. 우즈베키스탄은 가장 비옥하고 인구가 많고 개발된 영토를 할당받았다. 투르키스탄, 페르가나, 사마르칸트, 서부 부하라, 남동부 호레즘, 타슈켄트 등이었다. 타지키스탄은 별로 가치가 없고 중요하지 않은 땅인 동부 부하라, 파미르 산악 지대 등을 할당받았다.

소련 지도자들은 경제적 상황을 주요한 결정 요소로 선택했으며, 이런 측면에서 페르가나 분지의 경계를 구체적으로 결정했다. 내세웠던 명분은 우즈베크와 타지크 민족이 이미 오랜 기간 동거하며 정착하고 있었기 때문에 2개 민족의 차이점이 특별하지 않았다는 점이다.[15] 특별 영토위원회 내에 타지크 소위원회도 구성되어 있었다. 그런데 이 소위원회에는 타지크인 보다는 다른 민족 구성원들이 더 많이 포함되어 있었다. 소위원회에서는 우즈베크 측에서 제안하고 고안한 정책을 구성원들이 대체적으로 추인했고, 위원들은 매우 소극적인 태도와 입장을 견지했다.

이후 타지크 자치공화국에서도 구성공화국의 지위를 얻기 위한 노력을 하였으며, 사마르칸트, 부하라, 후잔트(Khujand)를 타지크공화국으로 포함해줄 것에 대해 로비를 하였다. 스탈린의 동의로 1929년에 타지크 소비에트 사회주의 공화국이 출범했다. 소련 지도자들은 우즈베크공화국에 반 소비에트 범 투르크 감정이 되살아날까 봐 전전긍긍했고, 이러한 기조가 타지크를 궁지로 몰아넣은 측면이 있었다. 그런데 이웃 국가인 이란과 아프가니스탄에서 러시아에 적의를 가진 통치 체제가 가동되고 있었는데, 이를 완화하기 위해 소련 내 이란 소비에트공화국을 창설하자는 주장도 제기되었다. 타지크 리더십은 부하라와 사마르칸트가 우즈베크공화국의 자치공화국으로 할당된 것은 정치적, 지역적으로 불가능한 일이라고 간주하고 있었다. 그런데 특이하게도 이미 투르크화된 후잔트가 타지크공화국에 할당되었다. 타지크 공산당원 수를 증가시킬 수 있기 때문이었다는 해석이 있었다. 후잔트는 타지크공화국의 다른 지역으로부터 지리적으로 분리된 도시였다.[16]

1929년 가을에 독립된 타지크 소비에트 사회주의 공화국(Tajik Soviet Socialist Republic)이 구성공화국으로 출범하였다. 우즈베크공화국에 속한 자치 공화국에서 벗어났던 것이다. 타지크 지도부는 우즈베키스탄으로부터 '수르칸다리야' 지역을 인계받기 위해 시도했고 이는 거의 성공적이었다. 그런데 소련 당국은 1930년 초에 모든 영토 분쟁을 종식하기로 결정했다. 마지막 주요 변화는 키르기스 자치구가 '러시아 소비에트 사회주의 공화국'(RSFSR: Russian Soviet Federative Socialist Republic)으로부터 독립하여 1936년 '키르기스 소비에트 사회주의 공화국'으로 정식 구성공화국의 일원으로 출범하였다는 사실이다. 모스크바 당국의 자의적인 결정이 채택되었다. 어떠한 주장, 반대 요구, 논의는 이루어지지 않았다.

분리된 타지크 영토의 창출로 민족주의가 탄생했다. 소련 당국은 단일한 민족 구분을 주장하였다. 그리고 일정한 수준의 경제적, 직업적 인센티브를 명목 민족의 구성원에게 부과하면서 소련 내 중앙아시아 종족-민족 정체성이 강화되었다.[17] 우즈베크공화국 내 페르시아어 사용 주민들, 즉 이들은 타지크 민족 그룹에 속할 수도 있는데, 소련 당국은 타지크인의 민족명을 우즈베크로 결정하도록 유도한 측면도 있었다. 타

타지키스탄 국립박물관 소장 타지키스탄 근대 인물 및 건물(필자촬영)

지크인 중에서 민족명을 우즈베크 민족으로 표기하는 일들도 많았다. 차별대우를 받지 않기 위해서였다. 소련 시기 타지크어로 공부를 하는 초등학교 교육은 러시아어 사용 교육 체계보다 열등했지만, 민족 소속감을 고취시켰다. 타지크 내에서 반 우즈베크 의식이 형성되고 있었다. 우즈베크공화국 내에서 타지크 소수 민족의 문화적 권리를 짓밟는 행위에 대한 불만도 제기되었다. 타지크인을 향해 우즈베크 관리들에 의해 자행되는 부패 사건도 타지크 정체성을 강화하는 측면이 있었다.[18]

1991년 타지키스탄공화국, 새로운 민족 국가로 출범

타지키스탄공화국은 1991년 9월 9일에 독립을 선언했다. 12월 소련 해체와 더불어 독립국가연합(CIS: Commonwealth of Independent States)에 가입하였다. 타지키스탄은 1991-1997년까지 내전을 경험하였다. 1994년에 대통령으로 당선된 '에모말리 라흐몬'(Emomali Rahmon) 대통령이 현재까지 통치하고 있다.[19]

고르바초프가 서기장으로 통치하던 시기, 1990년 2월 타지키스탄의 수도인 두샨베(Dushanbe)에서 민주개혁과 급속한 경제 개혁을 요구하는 시위가 있었다. 소련 당국은 긴급사태를 선포하고 약 5,000명의 소련 군대가 출동, 시위를 진압하였다. 수백 명의 사상자가 발생했다. 그런데 이 시위에 참가한 민족주의 계열의 정당들은 정당 등록이 거부되거나 창당대회를 개최하지도 못했다. 정부에서 반대했기 때문이다. 1990년 8월 20일 타지키스탄 최고 소비에트는 주권선언을 선포하였다. 1990년 11월 막크하모프가 행정부 수반으로 선출되었다.

그런데 1991년 8월 모스크바에서 고르바초프 정책에 반대하는 쿠데타가 발생하면서 타지키스탄에서도 1991년 9월 시위가 발생, 막크하모프는 대통령직에서 사임하였다. 그 대신 '카르라르딘 아시로토프'가 최고 소비에트 의장 겸 대통령에 취임하였다. 아시로토프는 타지키스탄

공산당의 정치적 활동을 금지시켰는데, 공산당은 그의 사임과 긴급 사태 선포 등을 요구하였다. 아시로토프는 즉각 사임하고 대통령 권한 대행으로 '라흐몬 나비예프'(Rahmon Naviev)가 취임하였다. 1991년 10월 초 최고 소비에트는 긴급 사태 무효화와 타지키스탄 공산당 존속 결정을 내렸다. 11월 24일 대선에서 나비예프는 57%의 지지를 얻고 당선되었다.[20]

독립선언 이후 타지키스탄공화국의 공용어인 타지크어 사용이 확대되었다. 공화국 내의 러시아 인은 점차로 영향력을 잃어갔다. 그러나 타지키스탄은 1992-1997년에 내전을 벌였다. 사망자는 약 6-10만 명 정도였고 정확한 수치는 밝혀지지 않았다. 내전의 당사자는 친공산 보수세력과 개혁연합세력(The United Tajik Opposition-UTO)이었다.

친공산 세력은 주로 북부 후잔트, 남부 쿨랍 지역을 근거지로 하고 있었다. 이에 반해 반군인 '개혁연합세력'(UTO: The United Tajik Opposition)에는 '라스토헤즈' 야권 세력, 타지키스탄 민주당(DPT: Democratic Party of Tajikistan), 그리고 IRPT가 참여하였다. 야권 세력에는 자유주의자, 사업가, 시장 경제로의 이행을 촉구하는 세력이 포함되었다.[21] 중앙아시아의 대부분 국가 통치 그룹은 과거 구공산권 출신이 장악하고 있었다. 즉 소련 시절의 정치 엘리트들이 독립을 쟁취한 이후에도 여전히 권력을 유지하고 있었다. 반군세력은 나비예프의 사임을 요구했다. 타지키스탄 지역주의는 매우 강력히 뿌리를 내리고 있었다. 집권공산당은 후잔트, 쿨롭 지역에서 절대 지지를 얻고 있었다. 민족주의와 민주개혁지지 정당은 여타 지역에서 시민의 지지를 받고 있었다.[22] 타지키스탄에서 공산 통치가 있었던 70년 동안 가장 산업화된 후잔트 출신이 주로 권력을 장악하고 있었다. 내전이 벌어진 매우 큰 이유였다. 가름(Garm)과 파미르(pamir) 지역주민들은 상대적으로 권력에서 소외되었다.

내전은 1995년 라흐모노프(라흐몬) 대통령과 야당 간에 국가 화해 의정서를 1995년 체결하고 1996년 12월 모스크바에서 정부와 UTO 대

타지크 국장 상징탑(stele with the emblem of Tajikistan)(필자 촬영)

표를 의장으로 국가화해위원회(NRC: National Reconciliation Commission)가 설립되면서 휴전협정이 체결되고 1997년 9월에 반군 지도자가 수도인 두샨베에 입성하고 국가화해위원회가 가동하면서 내전은 종결되었다.[23] UTO 무슬림 인사들은 협정에 따라 정부 내각에서 고위직을 받기도 했는데, 공식적으로는 30%의 각료를 반군 세력이 받도록 되어 있었다. 상당한 권력 배분이 이루어졌다. 평화 협정의 배경에는 정부가 반군을 군사적으로 완전히 제압할 수 없었다는 점도 작용했다. 정부군과 반군은 내전에서 완전한 승리를 얻을 전망이 없어 평화 협정에 서명했다. 라흐몬 대통령은 국내 모든 지역에 대해 완전히 장악하지 못했다. UTO도 상당한 군사력을 가지고 있었지만, 정부를 대신해서 권력을 장악할 정도로 강력하지 못했다.[24] 국가 통치자인 라흐몬은 1994년에 대선에서 승리하여 대통령이 되었다. 전쟁 종식 무렵에 타지키스탄은 황폐화되었다. 난민도 약 60만 명이 되었다. 라흐몬은 1999년에 재선으로 대통령이 되었으며 이후 2023년 현재까지 29년간 집권하고 있다.

타지키스탄 국립박물관에 소장된 라흐몬 대통령 저서(필자 촬영)

2. 타지키스탄 일반 개관

타지키스탄은 구소련 중앙아시아 5개국 중의 하나이며, 중앙아시아에서 가장 빈곤한 국가에 속한다. 라흐몬 대통령이 독재적, 권위주의적으로 국가를 통치하고 있다. 야권 세력은 매우 약하다. 경제적으로 제조업이 발달되지 않고 러시아, 카자흐스탄 등에서 일하고 있는 이주노동자들의 송금이 국가 경제의 핵심일 정도로 국내 경제 현황이 매우 취약하다. 타지키스탄은 중앙아시아에서 유일하게 페르시아 문화권에 속하는 국가이다. 타지크 민족은 기원전 동 페르시아계가 중앙아시아로 들어와서 점차적으로 형성되었지만, 독립 이후 타지크 역사가들은 타지크 민족이 아리안계라고 주장하기도 하였다. 1929년 소연방 내 구성공화국으로 출범하였고, 1991년 독립국가가 되었다. 남쪽은 아프가니스탄, 동쪽은 중국, 북쪽은 키르기스스탄, 서쪽은 우즈베키스탄과 국경을 접한다.

타지키스탄은 동서로 700km, 남북 길이가 350km이다. 동경 67.31~75.14°, 북위 36.40~41.05°인데 한국과 위도가 비슷하다. 남쪽은 아프가니스탄, 서쪽은 우즈베키스탄, 북으로는 키르기스스탄, 동쪽에는

두샨베 전통 문양 도자기 판매 상점(필자 촬영)

중국 등 4개국과 국경을 맞대고 있다. 타지키스탄은 육지로만 둘러싸여 있으며, 중앙아시아 면적으로는 가장 작은 국가이다. 전체 국경선은 3,651km이다. 중국과는 414km, 키르기스스탄과는 870km, 우즈베키스탄과는 1,161km에 걸쳐 국경 경계를 맞대고 있다.[25] 아프가니스탄과는 약 1,300km에 걸쳐 국경을 맞대고 있다.

국토는 대부분 산지이다. 모든 국토가 최저 해발 기준 300m 이상이다. 평균 고도는 3,186m이다. 남동부에서는 해발 5,000m가 넘는 곳이 많은데, 이 지역에는 파미르고원이 있기 때문이다. 북부 지역에는 알라이(Alay) 산맥이 있다. 수도 두샨베가 위치한 서부에는 히소르(His-sar) 평원, 남쪽에 골로브나야(Golovnaya) 초원이 위치한다. 국토의 절반 이상이 해발고도 3,000m가 넘는다. 저지대가 없지는 않지만, 고지대 비율이 상대적으로 높다. 북서부 지역 시르다리야 강이 교차하는 곳이 가장 고도가 낮은 곳인데, 고도 350m이다. 중부에는 가장 고도가 높은 이스마일 소모니 봉(Ismil Somoni Peak)이 있는데, 높이 7,495m에 달한다.

동부의 고산 지대에는 대규모의 빙하가 있다. 대표적으로 700km² 에 달하는 넓이의 페드첸코 빙하(Fedchenko glacier)이다. 이 빙하는 극지방을 제외하는 빙하 중 가장 큰 규모이다. 타지키스탄은 완전한 내륙 국가이다. 대표적인 강으로 판지(Pyanj)강, 바흐쉬(Vakhsh)강, 시르다리야 강 등이 있다. 판지강은 아무다리야강의 지류인데, 아프가니스탄과의 국경에서 흘러나온다. 이 강에는 람사르 습지가 있다. 바흐쉬 강 상류에는 로군 댐(Rogun Dam)이 있다. 타지키스탄에는 약 1,300개의 호수가 있다. 동부 지역에는 카라쿨호수(Karakul Lake), 그 바로 남쪽 지역에는 사례즈 호수(Sarez Lake)가 대표적인데, 이 호수는 1911년의 지진으로 형성되었다.[26]

타지키스탄 면적은 143,100km²로 한반도의 2/3이다. 북부에는 트란스알레이 산맥, 남부에는 파미르고원을 중심으로 산악지형으로 이루어져있다. 기후는 온화한 대륙성기후이며 여름에는 무덥고, 겨울에는 온화한 편이다. 봄과 가을에 강수량이 많다. 건조기후부터 파미르고원의 극지성 기후까지 기후대가 다양하다. 바다와 멀리 떨어져 있는 관계로 낮은 강수량, 높은 일조량의 대륙성 기후이다. 고지대는 대륙성의 건조한 극지 기후를 보이며, 남서부 지역에서는 아열대 기후이다. 해발 4천 m가 넘는 빙하 지역의 연평균 기온은 영하 약 7°이고 저지대의 평야지는 영상 17도 정도이다. 연강우량은 반 건조 극지기후의 카라쿨(해발 3,935m)에서는 74mm이다. 중산간 지대인 타빌다라(Tavildara)(해발 1,616m)는 1,164mm 정도의 강우량을 보인다.[27]

언어는 타지크 어를 사용하고 러시아가 공용어이다. 중앙아시아에서 유일한 페르시아어 계통이다. 수도는 두샨베이며 행정구역은 12개의 주로 구성된다. 가름, 이스파라, 히소르, 후잔트, 코파르니혼, 코니보돔, 쿨롭, 무르고프, 쿠르콘뎁파, 판자켄트, 파르하프, 투르순조다 등이다. 1개 자치공화국으로 고르노-바다흐샨이 있고, 1개 특별시가 두샨베이다.[28]

타지크는 일반적으로 "이슬람권에 속한 무슬림들"로 이해된다. 타

두샨베 최대 전통 시장(필자 촬영)

지키스탄 명칭은 토착민인 타지크 족에서 유래했다. 타지크 언어는 페르시아어와 밀접하게 연관된 인도이란어파에 해당한다.

주민들은 키슈라크라고 부르는 촌락에 거주한다. 전통적으로 키슈라크에 속하는 집은 진흙 담장으로 둘러싸여 있다. 지붕은 평평한 모양인데, 가구마다 과수원, 포도밭이 하나씩 있다. 타지키스탄은 중앙아시아에서도 가장 개발이 덜 진행된 국가 중 하나이다. 농업은 목화재배가 중심인데, 아무다리야강과 시르다리야 강의 용수를 이용하여 광범위한 관개시설에 크게 의존한다. 광물이 풍부하게 매장되어 있다. 석탄, 원유 채굴, 천연 가스 추출이 중공업의 범주에 속한다. 수입한 원자재로 알루미늄을 생산하는 공업의 형태이다. 경공업으로 면화가공, 견사 제조, 편물·신발·의류제품 생산 등으로 구성된다. 식료품 가공, 카펫 제작, 향수에 사용되는 제라늄 기름 등의 생산도 경공업의 한 부분이다.[29]

국가의 일반 상황을 개괄식으로 다음과 같이 정리한다.

중앙아시아 내 타지키스탄 위치

● 일반 개관

국명 타지키스탄공화국(Republic of Tajikistan)

수도 두샨베(Dushanbe, 91.6만 명)

인구 948만 명(2020년 기준)

면적 143,100km²(한반도의 0.65배)

위치 중앙아시아(우즈베키스탄, 키르기스스탄, 중국, 아프가니스탄 접경)

기후 대륙성 기후

민족 타지크인(84%), 우즈베크인(14%), 기타(2%)

언어 타지크어(공식 국어), 러시아어(통용어)

종교 이슬람 98%

독립일 1991. 9. 9.

인간개발지수 125위

● **정치 체제**

정부형태   대통령중심제(임기 7년)

의회구성   양원제(임기 5년)-상원(33석), 하원(63석)

(정부 주요인사)

대통령   에모말리 라흐몬(Emomali Rahmon)

총리   코히르 라술조다(Qohir Rasulzoda)

상원의장   루스탐 에모말리(Rustam Emomali)

하원의장   조키르조다 마흐맛토이르(Zokirzoda Mahmadtoir)

외교장관   시로지딘 무흐리딘(Sirojiddin Muhriddin)

주요정당(하원)   국민민주당(46석), 농민당(7석), 경제개혁당(5석), 공산당(2석), 민주당(1석), 사회당(1석), 무소속(1석) 등

국제기구가입   UN(1992년 3월), WTO(2013년 3월)

1992년 5월   내전 발발(구공산 세력에 대항해 이슬람 반군 세력 및 민주인사 간의 대립)

1994년 11월   라흐몬 대통령 최초 민선 대통령 당선

1997년 6월   평화협정 서명(UN과 러시아의 적극 개입으로 정부와 반군 간 서명)

1999년 11월   라흐몬 대통령 재선

2006년 11월   라흐몬 대통령 3선

2013년 11월   라흐몬 대통령 4선

2015년 3월   여당인 국민민주당 총선 승리(65.2% 득표)

2016년 5월   개헌(대통령 연임 제한 규정 철폐)

2020년 3월   국민민주당 총선 승리(50.4% 득표)

2020년 10월   라흐몬 대통령 5선

- **경제 분야**

○ **2020년 경제 통계**

- GDP   81억 9천만 달러
- GDP 성장률   4.5%(2022년 상반기 타지키스탄 GDP 성장률은 7.4%)
- 1인당 GDP   834달러
- 실업률   7.5%
- 소비자물가상승률   8.1%
- 수출   7억 4,100만 달러
- 수입   21억 5,500만 달러
- 주요 부존자원   수력자원, 석유, 우라늄, 수은, 갈탄, 납, 아연, 텅스텐,
  은, 금

○ **일반적 경제 상황 특성**

- 중앙아시아 5개국에서 최빈국
- 큰 폭의 무역 적자 상태
- 러시아, 카자흐스탄 등의 이주노동자들을 통한 송금액(remittance)이
  주요 국가 수입원. 국내의 일자리 부족이 심각, 러시아, 카자흐스탄 등
  해외에서 노동을 하는 인구가 100만 명을 상회함. 해외 근로자들의 송
  금액이 한때 GDP의 40%를 넘길 정도로 엄청난 규모. 취업정책의 초
  점이 러시아 이주노동을 장려하는 데 있음. 교육 프로그램은 대부분
  러시아 노동시장에서 필요로 하는 기술을 가르치는 데 한정됨.
- 2013년 세계무역기구(WTO: World Trade Organization) 가입, 유라시아
  경제연합(EAEU: Eurasian Economic Union)에는 아직 미가입 상태
- 국가발전전략 2030 전략: 에너지 효율 강화, 식량안보 강화, 산업 다변
  화, 사회간접자본 정책
- 주요 수출품은 알루미늄, 면화, 전력

- 주요 수입품: 석유제품, 기계, 설비 등.
- 2016년, 전력 확충사업의 일환으로 11억7천만 달러의 거대 전력 프로
  젝트 가동.
  'CASA-1000 프로젝트', 아프가니스탄, 키르기스스탄, 파키스탄 등 참여.
  미국, 영국, 〈세계은행〉, 〈유럽투자은행〉, 〈이슬람개발은행〉이 재정 지원.
- 대형 전력 프로젝트인 〈로군 댐〉 건설. 이탈리아의 대형건설사인 '살리
  니 임프레길로'(Salini Impregilo)가 타지키스탄 정부와 39억 달러의 대
  형 계약 체결.

● **사회 분야**
- 정부가 일반 국민의 사회생활을 통제하는 경향이 강한 사회.
- 구글, 페이스북, 유튜브 등 수백 개의 웹사이트 서비스 종종 차단. 이
  는 정치적 통제를 위한 목적.
- 정부, 권위주의 체제를 위한 다양한 법령 통해 야권 지속적으로 압박
  정책 추진. 국영과 민간 부분에서 미디어 콘텐츠를 통제하는 "TV와 라
  디어 프로그램 준비를 위한 가이드라인" 칙령을 제정하고 모든 TV와
  라디오의 콘텐츠를 제정하고 통제하는 권리 획득. 본 칙령으로 정부,
  개인 미디어를 검열하기 위한 더 많은 권한을 가지게 됨.
- 정부, 이슬람 원리주의자들에 대한 적극적 대책을 펼치면서 현재 이
  지역 이슬람 원리주의자들의 세력이 약화되어 있음. 정부는 이슬람 세
  력의 부흥을 원하지 않는 상황. 청소년은 공식적으로 이슬람 예배에
  참석하지 못하는 조치를 취하였음.
- 노동력이 풍부, 실업률이 매우 높음.
- 타지키스탄 개발 정책은 '국가발전전략 2016-2030'이 기반. 교육 보
  장, 보건 증진, 일자리 증진, 불평등 해소, 식량안보, 에너지 보급 등

● **국내정치 분야**

○ **2020년 총선 상황**

- 2020년 3월 1일 하원 총선 결과 집권여당인 국민민주당(PDP: People's Democratic Party), 총 63석의 의석 가운데 46석(총 의석의 73%)에 당선. 친여 성향의 5개당이 의회 진출.
- 기타 하원 정당별 의석수: 농민당 7석, 경제개혁당 5석, 공산당 2석, 사회당 1석, 민주당: 1석, 무소속: 1석.
- 마흐마초히르 조키르조다(Mahmadtohir Zokirzoda; 국민민주당)가 하원의장.
- 2020년 3월 27일 상원 선거 결과 총 25명의 상원의원이 당선됨. 라흐몬 대통령이 8명을 임명, 총 상원 33석.

○ **2020년 대선 상황**

- 라흐몬, 2020년 10월 11일 대선, 91%의 득표율로 당선. 투표율은 약 85.4%.
- 5번째의 대통령직.
- 대선 입후보자는 모두 친정부 정당 소속의 인사. 농민당(Agrarian Party)의 루스탐 라티프조다(Rustam Latifzoda)는 3.03% 득표.

○ **대통령의 억압적 통치**

- 가장 강력한 야당이던 IRPT가 2015년에 정부에 의해 공식적으로 불법 단체로 규정된 이후 실제적인 야당 세력은 거의 소멸된 상태.
- 정부는 IRPT를 "극단적인 테러리스트 집단"으로 규정하고 모든 활동을 금지시킴. 이 사건을 계기로 이슬람주의자들에 대한 전격적인 체포에 나서고 많은 활동가들이 현재 장기 징역형을 선고받고 수감중.
- 중앙아시아에서도 가장 강력한 권위주의적 독재 정권.

○ **2016년 헌법 개정으로 대통령 독재 체제 가동**
- 의회, 2015년 12월에 그에게 '국가 지도자' 호칭을 부여. 자신과 가족
  에 대한 종신 면책 특권을 받음. 매우 강력한 독재적 권위주의 체제가
  확립됨.
- 2016년 헌법 개정, 대통령 유고시나 직무 수행이 불가능할 시에 대통
  령 직위는 상원 의장이 계승함. 이후 3개월 이내 대선이 치러진다. 현
  재 라흐몬의 아들인 루스탐 에모말리(Rustam Emomali), 상원 의장 직
  책. 아버지 유고시 아들이 정권 계승 결정적.

● **타지키스탄 의회관계**
○ **국가의 의회(입법부) 위상 및 실질적 권한**
- 집권당은 '국민민주당'.
- 의회 위상은 명목상의 입법 기관이며, 강력한 대통령 중심제인 타지키
  스탄에서 라흐몬 대통령은 권위주의적 독재 체제를 확립하고 있어 의
  회 기능이 활발하지 않음.
- 유일한 야당인 사회민주당(SDP: Social Democrat Party)은 2020년 총선
  을 거부하고 불참하여 단일 의석도 없는 상황.
- 과거 가장 강력한 야당인 IRPT는 2015년 총선에서 비례대표 5% 이상
  의 득표에 실패하고 단일 의석수도 확보하지 못함.
- 이후 2015년 9월, 정부에 의해 IRPT, 공식적으로 불법 단체로 대법원
  에서 판결이후 "극단적인 테러리스트 집단"으로 규정되어 선포되면서
  모든 활동이 금지되어 있음. 거의 소멸 단계.
- 상원은 주로 임명제로 선출되며, 하원은 5년마다 선거를 통해 선출.
- 대통령의 아들인 루스탐이 상원의장. 2016년 헌법 개정으로 대선 입후
  보 연령이 기존의 35세에서 30세로 낮추어졌는데, 2020년 대선에 아

들이 입후보하지 않음. 다만 대통령 유고시 상원의장이 대통령직을 승
계하는 체제.
- 야당은 세력이 매우 약한 상황이라서 집권여당이 국정의 대부분을 이
끌고 있는 상황임.

○ **민주주의 진행 정도**
- 독립 이후 내전을 경험한 타지키스탄은 1994년 라흐몬 대통령이 선출
되고 이후 2020년 5번째의 대선에서 승리하면서 2027년까지 대통령
직을 수행한다면 33년 장기 집권.
- 라흐몬 대통령은 강력한 독재적 권위주의 정권을 가동하고 있으며, 야
당을 억압하고 야권 인사들은 장기 징역형을 받고 있는 상황.
- 민주주의 진행은 거의 발전이 되지 않고 있음. 대통령 아들이 상원의
장으로 대통령 유고시에 권력 승계가 가능한 상황.
- 대통령 가족은 면책 특권을 받고 있어서 어떤 범죄에도 소추를 당하지
않아도 될 정도의 권력을 누리고 있는 상황. 민주주의 진행 속도가 매
우 느린 편.
- 2019년 Freedom House에 의하면 타지키스탄은 '공고화된 권위주의
국가'와 'Not Free' 국가로 평가됨. 국가의 민주적 거버넌스, 부패, 사
법제도의 독립성 등은 7점으로 평가. 언론 독립성, 선거과정 등도 6.75
점으로 평가됨.

● **대외정책 분야**
- 러시아의 대 중앙아시아 세력 복원 전략이 강하게 추동되면서 러시아
와 타지키스탄은 현재 비교적 좋은 관계를 유지하고 있으며, 이로써
타지키스탄이 러시아가 주도하는 EAEU 가입 여부가 현재 국제사회의

관심 현안으로 부각

- 아프가니스탄에서 서방군대 철수로 인한 안보 위협 가능성이 대두되고 있는데, 현재 특이 사항 없으며, 비교적 국경 안보가 안정적인 상황.

○ **친러시아 경향의 대외정책**

- 타지키스탄 대외정책의 핵심은 러시아.

- 정권의 안정성을 위해 러시아와 협력 관계 유지.

- 러시아 주도의 집단안보조약기구(CSTO: Collective Security Treaty Organization), 상하이협력기구(SCO: Shanghai Cooperation Organization) 등에 적극 참여, 회원국으로 활동

- EAEU에 아직 가입하지 않고 있지만, 가입에 긍정적 입장.

- 양국, 2042년까지 러시아군의 주둔 연장 합의(현재 약 7,000명의 러시아군 주둔)

- 러시아, 2025년까지 타지키스탄 군현대화 위해 2억 달러 지원

- 러시아, 타지키스탄과의 협력을 위해 타지키스탄 천연가스 개발에 1억 5천만 달러 투자

○ **타지키스탄 – 서방 관계**

- 나토의 아프가니스탄 철수 과정에서 미국, 타지키스탄의 시설 인프라 사용하지 않음.

- EU, 타지키스탄 정부에 시민 인권의 필요성과 종교 자유, 시민단체의 자유를 촉구.

- 타지키스탄, 나토의 두샨베 공항 사용권과 영공 통과권 용인.

- 타지키스탄, 교통인프라와 에너지 개발을 포함하는 산업 인프라와 교육과 보건 등의 사회 인프라 재건을 위해 '아시아개발은행'(ADB: Asia Development Bank), 세계은행의 지원을 받고 있음.

○ **타지키스탄-중국 관계**

- 타지키스탄, 중국 주도의 '아시아 인프라 투자은행'(AIIB: Asia Infra Investment Bank)에 가입. 중국은 타지키스탄의 3번째 주요 수출입 파트너. 활발한 경제협력 추진.
- 양국 협력관계 격상되고 있음. 일대일로 적극 참여 및 파미르 국경지대 영토 분쟁 해소(2011년)

● **한국-타지키스탄 관계**

○ **일반 상황**

- 외교관계 수립: 1992년 4월 27일, 북한과는 1992.2.5. 수교
- 주요 협정 체결: 투자증진·보호협정(1995), 외교관-관용사증면제협정(2012), 이중과세방지협약(2013), 경제·기술·과학협정(2015), 항공협정(2015), 정책협의회(2016), 이중과세방지협약(2016), 경제공동위원회(2017), 무상원조기본협정(2019) 체결
- 한국, 타지키스탄 진출시 이중과세가 방지되며 세 부담 경감 효과 있으나 전체적으로 한국의 대 타지키스탄 투자액은 매우 적은 편.
- 2011년부터 대표단 방문 등 의회 간 협력 지속
- 라흐몬 대통령, 2005년 5월 제6차 정부혁신 세계포럼, 2015년 4월 제7차 세계 물포럼 참석으로 방한
- 2019년 7월, 이낙연 총리 타지키스탄 방문
- 2022년 11월, 정의용 외무장관, 타지키스탄 방문
- 한국 대통령, 아직 타지키스탄 방문한 적이 없음
- 양국, 정치, 외교, 경제 분야에서 밀접한 교류를 성취하지 못함.
- 현재 양국 간 대사관 개설되어 있음. 2008년에 타지키스탄 주재 한국 공관이 처음으로 개설됨. 주 한국 타지키스탄 대사관 개설은 2015년 4

월. 〈세계물포럼〉에 참석한 라흐몬 대통령이 대사관 개소식에 참석함.
- 주 타지키스탄 대한민국 대사관은 2021년 12월에 정식 개설.
- 2014년에 두샨베에서 열린 항공회담에서 양국 간 직항 편을 주 2회까지 운항할 수 있는 항공협정 문안에 합의함. 그러나 현재 아직 직항로가 개설되지 않고 있음.

○ **경제 · 개발 협력 현황**

- 2019년 기준 한국의 대 타지키스탄 수출액은 2,900만 달러, 수입액은 5,000달러.
- 양국 무역 교류가 높지 않음.
- 한국의 수출품은 주로 자동차, 건설광산기계, 자동차부품, 합성수지 등
- 한국의 수입품은 알루미늄, 가죽, 전자응용기기.
- 2020년 6월 한국의 누적 투자액: 약 6,000만 달러.
- 2020년 6월 현재 누적 신규법인수: 13개, 한국 중소기업 중심으로 금, 루비 등 광물자원 개발사업, 가죽 가공사업, 봉제업 분야 진출 사례.
- 타지키스탄의 한국 투자액은 2018년 말 현재 84만 달러.
- 타지키스탄, 한국의 ODA(Official Development Association) 중점지원 대상국에 불포함. 개발 협력 지원액이 소액 상태. 지원 분야는 전력(에너지), 보건, 물자지원, 인도적 지원 등.
- 타지키스탄에는 한국이 필요로 하는 자원 보유가 그렇게 많지 않음.
- 경제과학기술협정은 산업, 통상, 농업, 광업, 교통 등 산업 제반 분야에서의 협력 강화, 양국 정부 간 고위급 공동위 설립 및 정기 개최, 경제, 과학, 기술 분야의 교류협력 등 확대 협력.
- 한국은 타지키스탄에 기술, 투자 역량이 있고, 타지키스탄은 자원과 노동력을 갖추고 있어 상호 잠재력 극대 방안 필요. 노동, 농업, 의료, 교통물류, 자원개발 분야에서 양국 간 협력 확대 필요.

○ 한국–타지키스탄 문화 교류 현황

- 2016년 3월, '한-중앙아 카라반 행사'가 타지키스탄의 수도인 두샨베에서 개최됨. 카라반 행사는 한국 정부가 중앙아시아 국가들과의 상호 이해, 포괄적 협력 증진을 목적으로 2011년부터 시행중인 복합 공공외교 사업. 2015년에는 투르크메니스탄에서, 2016년에는 카자흐스탄과 타지키스탄에서 개최됨.
- 카라반 행사에는 정책협의회, 학술세미나, 문화공연 및 경제인 행사로 구성.
- 외교부, 문화체육관광부, 무역협회, 기업인, 문화계, 학계 인사 등 90여 명이 타지키스탄 방문함.
- 카라반 문화공연에는 한국의 전통음악, 전통 타악, 전통무용, K-POP, 한국대표 K타이거즈 태권무로 이루어진 공연단이 공연.

·양국 일반 문화 교류

- 양국 간 활발한 인적 교류와 문화 협력의 성과가 그다지 높지 않음.
- 한국국제교류재단이 지원하는 '한국어 말하기 대회'가 타지키스탄에서 연중 개최.
- 한-중앙아친선협회를 중심으로 독립 기념행사와 한국문화의 날 행사 등이 꾸준히 추진됨.
- 타지키스탄에서도 한국의 날 행사가 개최되고 있음.
- 타지키스탄–러시아 슬라뱐스키대학교 신 캠퍼스에 한국문화센터 개설.
- 한국정부, 두샨베에 세종학당 설립.
- 양국 외교부간 협력 MOU, 스포츠 협력 MOU, 문화교류협력 MOU 등 상호 협력 체제.
- 문화 교류협력에는 예술 교육 분야 전문가들 간 교류 및 경험 공유 촉

진, 문화재 보호 및 기념물 보존을 위한 협력, 인쇄물과 디지털 자원 상호 교류, 미술 전시회 및 박물관 전시품의 교류 강화 등에서 상호 협력 합의.

○ **한국–국가 의회 간 교류협력 분야**
- 민간 차원의 문화교류가 활성화될 수 있도록 양국 의회 협력이 요구됨.
- 그동안 양국 관계는 양국 정부 차원의 외교적 노력에 의해 각종 인적, 문화교류가 행해짐. 정부 주도의 문화 교류의 차원을 뛰어넘어 민간 및 개인 차원을 포함한 다양한 수준의 인적 교류가 동반될 수 있도록, 양국 의회가 상설 '민간교류협의회' 등을 구성할 필요성.
- 다양한 형태의 국회 고위급 인사의 교류가 필요.
- 양국의 경제 협력이 가능하도록 의회 차원의 '경제교류위원회' 협력이 필요함.
- 예술, 미디어 분야 등 소프트 외교를 위한 콘텐츠가 양국 의회 차원에서 추진될 필요성.
- 한국 국회의 'IT'관련 위원회에서 타지키스탄 IT 발전을 위한 교류 확대가 필요하고 이를 타지키스탄 측과 협의.

3. 타지키스탄 사회와 문화

타지크인의 일반 산업 및 생활

타지크인의 주요 산업 근거는 도시 거주민은 상업에 종사하거나 대부분 산악지대 농부와 유목민으로 삶을 영위하는 편이다. 타지크인은 계단식 관개지를 산허리에 만들어 더 높고 건조한 고지에서 밀과 보리를 재배하는 일을 중심으로 한다. 여자들은 염색된 면과 실크로 만든 민족

타지키스탄 국립박물관에 소장된 타지키스탄 자연 환경 및 빌딩 조감도(필자 촬영)

특유의 다채로운 의복을 입고, 꽃무늬 머리 스카프를 주로 착용하는데, 다용도의 쇼올인 차도르(chaddors)를 걸치는 습관이 있다. 대부분의 끼니에는 러시아 및 중앙아시아 권역권에서 그렇듯이 녹차를 마시는 경향이 강하다. 빵이 주식이다. 전분식품, 쌀, 포도, 건과, 닭고기, 양고기, 야채 요리는 대표적 음식이다. 타지키스탄은 대부분 산악지대로 이루어져 있지만, 차츰 저지로 이동하여 전통적으로 정착생활(농경)이 중심이다. 중소도시의 비율이 높고, 건조지역이므로 오아시스나 관개시설을 가진 지역에 인구 집중도가 높다. 페르가나 분지의 인구밀도는 220명/km²에 달하는 과밀상태이다. 농촌에서는 밀 등의 곡물류, 양파, 오이 등 채소류, 포도, 멜론 등의 과실류, 목화 등 다양한 농산물이 재배된다. 관개사업과 관련, 여러 심각한 환경문제가 일어나고 있고, 단위면적당 수확량도 감소하고 있다. 고부가 가치의 면직물과 봉제 단계의 공업은 극히 저조하여 수입에 의존하고 있는 실정이다.

타지키스탄 '화가 아카데미'(Academy of Painters)에 전시된 타지키스탄 자연 회화(필자 촬영)

타지크어는 페르시아어 계통의 서방 방언군을 형성하는 언어이다. 타지크어는 보통 북서와 남서의 2대 방언군으로 분류되는데, 북서는 러시아연방 내에, 남서는 아프가니스탄·이란 등에 분포한다. 원래 타지크어는 아라비아 문자로 표기되었지만, 소연방 구성공화국이 된 이후였던 1930년부터는 라틴 문자, 1940년부터는 러시아의 키릴 문자로 표기되었다. 타지크어에 영향을 미친 언어는 튀르키예어·아라비아어·러시아어이다. 특히 서부방언은 우즈베키스탄·카자흐스탄·키르기스스탄 등의 튀르키예계어와 접촉된 관계로 본래의 구조가 크게 변화하였다.

타지키스탄 정부는 1992-1997년 내전을 경험한 이후 국가 발전에 나섰다. 국가 정체성을 정립하기 위해 애썼다. 라흐몬 대통령은 21세기 들어 문화 발전의 기치를 전면에 내세우기 시작했다. 중앙아시아의 다른 공화국도 그러한 형태를 취하였지만, 타지키스탄 정부도 국가 발전의 정

타지키스탄 국립 박물관 소장 코란(필자 촬영)

당성을 내세우기 위해 위대한 역사적 시기를 강조하기 시작했다. 타지크 민족은 가장 기본적인 문화의 연결 고리를 페르시아 문화로 확대하는 경향이 강하다. 그러나 타지크 일부 학자들은 타지크 언어가 페르시아어 계통이라서 타지크 정체성이 페르시아 정체성으로 포괄적으로 포함된다는 사실 자체를 수용하지 않았다. 라흐몬이 1999년 재선된 이후 국가 발전을 강력히 추진하면서 아리안 문화가 강조되고 타지크 민족은 서유럽 문화권에 포함된다는 점을 강조하기 시작했다. 타지크는 1924년 국경 경계 획정으로 역사적으로 고통 받았다. 역사적 문화 도시인 사마르칸트, 부하라가 우즈베키스탄으로 귀속되었기 때문이다. 이런 사실로 타지크인은 우즈베크 인에 좋지 않은 감정을 지니고 있는 편이다. 타지키스탄은 독립 이후 이 역사적 도시를 타지키스탄에 귀속시켜 달라고 요구했지만, 현실성이 없는 주장이었다.[30]

정부는 독립 15주년이 되던 2006년에 '아리안 문명의 해'를 선포했다. 정부는 타지크 민족의 기원을 기존의 페르시아계가 아니라 아리안계라고 강조하였으며, 아리안 문화의 위대성을 국민들에게 선전하기 시작했다. 그 이유는 이슬람 전파 이전에 타지크 민족은 위대한 민족 문화를 가지고 있다는 것을 강조하기 위한 목적이었다.

정부는 왜 아리안 문화라는 고대의 역사적 유산을 선포하고 강조하였을까?[31]

첫째, 정부는 아리안 문화를 민족 주체성으로 강조할 수 있었기 때문이다. 국가 기관에서 공식 기념제를 주도했다. 이 행사는 국가건설을 위한 민족 정체성을 세우는 데 역할을 담당했다. 타지키스탄은 중앙아시아 공화국 중에서 가장 가난했고 국가 구조도 취약하였다. 아리안 문화

시민들의 문화 공간, 레스토랑, 예식장 등으로 사용되는 '나부르즈 궁' 입구 전경(필자 촬영)

가 서구 문화를 상징하고 있었기 때문에 타지크 민족은 과거 위대한 민족이었다는 점을 설명할 수 있는 기반으로 삼았다. 아리안 문화는 국가 정체성의 주요 모티프로 기능했다.

둘째, 아리안 문화를 통해 국가건설의 문화적 근거를 얻기 위함이었다. 내전을 거쳐서 국가적 상처가 심했던 타지키스탄에게 아리안 용어 자체는 국가 창조의 능력이 되며, 긍정적인 이미지로 활용할 수 있었다. 위대한 선조의 이미지는 민족주의자들의 기반이 된다.

셋째, 역사적 요인인데, 타지크 민족이 아리안계로 인정이 된다면, 타지키스탄은 중앙아시아에서도 무시할 수 없는 국가로 성장하는 정치적 위치가 부여될 수 있었기 때문이다.

포스트소비에트 시기 중앙아시아 각 공화국은 민족 정체성과 문화 정체성 강화에 적극 나섰다. 통치자들은 전통의 문화적 가치 등을 소중히 여겼다. 특히 민족 영웅, 국가 상징, 영웅적인 도시 등이 부각되었다.

타지키스탄 국립박물관 내 타지크 문양의 양탄자(필자 촬영)

과거와 전통에서 발현된 역사적 유산이 신생 국가들에게 매우 요긴했다. 자신들의 선조의 위대한 문화유산을 모색하고 이를 국민들에게 선전하고자 했다. 도시 명칭도 바뀌었다. 도시 길거리 명칭도 과거 구소련의 인물에서 역사와 민족의 영웅 이름으로 변화되었다. 필자는 문화 정체성은 국가 건설 과정에서 등장한 국가 정책의 핵심적 요소라고 판단하고 있다. 포스트소비에트 시기 중앙아시아에서 발현된 문화적 가치는 체제 전환 국가들의 주요한 정치적 요소로 발전했다. 각 국가는 전통, 역사, 그리고 고유한 민족발전을 강조하였다. 과거 중앙아시아의 화려한 전통이 강화되고 이는 국가 통치자의 정당성으로 부각되었다. 중앙아시아 권역권은 사회 문화 통합에 있어 전통과 긴밀히 연결되어 있다. 중앙아시아는 투르크 문화, 페르시아 문화, 그리고 이슬람을 위시로 하는 역사적 뿌리가 비교적 깊다.[32]

레닌동상 철거

중앙아시아에서 러시아 및 소련의 유산은 특별하였다. 그러므로 중앙아시아 각국은 이러한 유산을 극복하기 위한 노력을 기울였다. 레닌 동상이 소련 해체 이후 각 국가에서 철거되는 일들이 많았다. 타지키스탄의 경우에도 그러했다. 중앙아시아에서 가장 큰 레닌 동상은 타지키스탄의 제 2의 도시인 후잔트(이전에 '레닌아바드'라고 불렸음)에 있었는데, 정부는 2011년 5월 30일에 이 동상을 전격 철거하였다. 레닌 동상보다는 사만 왕조를 건설한 '이스마일 소모니' 동상을 세우기 위함이었다. 레닌 동상은 완전히 철거된 것은 아니고 외곽의 '승리 공원'으로 이전되었다. 이 레닌 동상은 높이가 12m, 동상 받침대도 12m였을 정도로 거대한 위용을 자랑했다. 철거는 저녁 7시부터 시작되었으며 밤 11시 경에 완료되었다. 처음에 시민들은 무슨 일인지 눈치 채지 못했는데, 곧 많은 시민들이 몰려들어 이 철거 광경을 지켜보았다. 후잔트가 레닌아바드로 명명되

던 시절인 1974년에 이 동상은 건립되었다.[33]

타지키스탄 출생 러시아 소설가 '러시아 부커상' 수상

타지키스탄에서 출생한 러시아인 소설가인 안드레이 볼로스가 러시아어로 쓴 소설인 *Coming Back to Panjrud*로 2013년 러시아의 부커 상(Booker Prize)을 수상했다. 이 소설의 주요 인물은 10세기 사만 왕조 시대에 활동한 위대한 타지크-페르시아 시인인 '아부 압둘라 자파라 이븐 무하마드 루다키'였는데, 그는 페르시아 고전 문학을 집대성했다. 볼로스는 수상 당시 58세였고 수도인 두샨베 출생이었으며, 1979년에 소설가로 등단했다. 그는 1990년대 말에 모스크바로 이주해서 그곳에 거주하고 있다. 볼로스는 중앙아시아, 특히 타지키스탄의 역사와 문화에 관한 글을 주로 집필하는 작가이다. 그는 부커 상을 받은 직후 언론과의 대담에서 자신이 소설을 창작하면서 타지크 언어를 배우게 되었으며, 타지크 어를 통해 일상의 다양한 형상들을 서로 다른 각도로 바라볼 수 있었다고 말했다.[34]

성매매 근절위한 집중 단속

정부가 성매매 근절을 위한 집중 단속에 나섰으나 오히려 이러한 시책이 여성 노동자들을 탄압하는 빌미가 되었다. 2014년 6월 내무부는 '성매매 억제 캠페인'을 실시했는데, 시행 이틀 만에 성매매 산업에 종사하던 여성들이 억류되었으며, 그 숫자가 500명 이상에 이르렀다. 2014년 7월 8일자 타지키스탄 BBC 지사의 보도에 따르면, 여성들은 정부에 의해 억류된 이후 각종 위협과 폭력에 시달리고 있다. '라마존 라힘조다'(Ramazon Rahimzoda) 내무부 장관은 성매매 및 납치 사건 등 각종 도덕적인 죄들이 난무하고 있으며, 이를 근절하기 위한 행동에 나선다고 강조했다. 이에 따라 도덕적 죄와 성병을 가지고 있는 사람들의 이름, 사진, 그리고 지문 등이 국가 데이터베이스에 기록된다. 내부부의 조사에 따르면 섹스산업에 종사하는 노동자들이 억류된 이후, 이들에 대한 조사 결과, 505명 중에 450명이 여러 종류의 성병 소지자였다. 이들 중 수십 명에게 벌금이 부과되었으며, 그 중 3명은 동성애와 관련, 억류되었다. 타지키스탄에서 동성애가 불법적인지는 정확하게 알려지지 않고 있다.

그러나 국제단체는 이러한 정책이 인권 침해의 요소가 강한 것으로 판단했다. 30개에 이르는 지역 및 국제 인권단체는 라힘조다 장관에게 억류된 사람들이 변호사 접견 등을 하지 못하고 있으며, 구금되어 있는 도중에 각종 인권 침해 사례를 당하고 있다는 항의 서한을 보냈다. 두산베에서 성매매에 종사하다가 억류된 타히미나는 'EurasiaNet'와의 인터뷰에서 정부의 탄압으로 자신이 거리로 다시 나서는 것을 막을 수는 없다고 강조하면서, 정부가 하는 일은 고작 경찰서로 자신들을 잡아가서 때리거나 굴욕감을 주는 것이지만, 우리는 살아남아야 하고 돈을 벌어야 하므로, 다시 일을 시작할 것이라고 언급했다. 그녀는 현재 2명의 아이가 있으며, 35세이다. 이혼 이후 성매매 일에 종사한 지 10년이 되었다. 성매매 증가의 주된 이유는 실업이 가장 큰 원인으로 지목되고 있다. 여성들의 15-20% 정도가 남자들에 의해 버림받았거나 이주노동자들의 부인이다. 조혼과 반복되는 이혼이 성매매 증가의 큰 이유이다. 2013년에 8,194건의 이혼이 있었으며, 이는 2012년의 7,608건에 비해 매우 큰 폭의 증가 비율이다.[35]

정부의 NGO 통제

2014년 정부가 외국인들이 설립한 비정부기구(NGO: Nongovernmental Organization)에 대한 엄격한 재정 관리를 할 수 있도록 법안을 제정하였다. 타지키스탄에서 NGO 활동을 하던 대표들은 'Eurasianet'와의 인터뷰에서 정부는 인권 및 보건 분야에서 활동하는 수백 개의 해외

타지키스탄 국립박물관 소장 라흐몬 대통령과 군대 관련 사진집(필자 촬영)

NGO 단체들의 활동을 위축하고 위협하는 NGO 관련 법률을 입안하였다는 입장을 밝혔다. 정부는 매우 기습적으로 이러한 법안을 발표했으며, 법안에는 기존 NGO 단체에서 관행적 조항들을 포함하지 않았다. 법안에 따라 국가 감사원이 NGO 단체들에 예정하지 않았던 항목에 대해 조사를 벌일 수 있으며, NGO 활동과 관련된 여러 행정적 조치들을 강구할 수 있는 내용이 포함되어 있다.

이전의 NGO 규정에 따르면, 단체들은 모든 활동 상황에 대해 공식 승인 기관인 법무부에 상세하게 보고할 의무가 있으며, NGO 단체 활동비에 대한 보고를 해야 한다. 신규 법안에는 NGO 단체가 해외 기부자의 지원금 수령 이전에 정부의 승인을 미리 받아야하며, 이에 따라 지역 NGO 단체가 어떤 기관으로부터 허락을 받아야할지, 혹은 어느 기관이 NGO 단체를 심의할 것인지도 불투명한 상황이 되었다. 이제 실제적으로 해외 기금의 사용에는 정부의 선인증(pre-authorization) 체제가 가동되며, NGO 활동에는 여러 제약이 있게 되었다. 그래서 NGO 사업 계획이 임의적으로 연기되거나 양여금(grants)을 예산에 포함하는 데에도 실패할 수 있으며, NGO의 미래 상황은 매우 불투명하게 될 것으로 NGO 지도자들은 판단하였다. 이에 관련된 내용은 2014년 11월 18일 타지키스탄에서 있었던 언론 자유 콘퍼런스에서 처음으로 밝혀졌으며, 이 기간 동안에 NGO 지도자들은 타지키스탄 내에서 자유가 침해되고 있다는 견해를 밝혔다. 2014년 당시 타지키스탄은 국제 투명성 기구에서 행하는 부패지수에서 177개 조사 국가에서 154위로 기록되었다.[36]

타지크 청년들, IS 참여

라흐몬은 약 200명에 달하는 타지크인들이 이슬람국가(IS: Islamic State)에 참여하고 있다고 언급하면서, IS를 국제안보를 위협하는 현대판 역병으로 언급했다. 타지키스탄 안보국은 300명 이상의 청년들이 시리아에서 IS 조직원으로 전투 활동을 벌이고 있다고 언급했다. 정부는 2014년 11월에 이슬람 불법 단체인 '자마트 안사룰라'(Jamaat Ansarullah)에 소속된 12명의 회원을 체포했다고 발표했다. 이 단체는 시리아에서 지하드를 주창하는 이슬람 급진단체로 추정되었는데, 이외에도 정부는 IS에 지원한 50명의 이슬람 군사주의자들을 체포하였다. 라흐몬은 자신의 정권 공고화를 위해 극단주의 종교 세력이 발흥하는 것을 정부 차원에서 강력히 억제하는 정책을 추진해왔다. 어떤 측면에서는 집권당인 인민민주당의 최우선 정책은 이슬람 급진주의 세력의 확산을 막는 일이다.

타지키스탄 의회, 불법 환전 행위 범죄행위로 처벌

타지키스탄 의회는 불법적인 외환 환전 행위에 대해서는 범죄 행위로 처벌하는 법안을 2016년 3월 5일 승인했다. 이번 법안에는 불법적인 외환 환전 행위에 대해서 최장 9년간 법정 구속이 가능하도록 되어있다.

타지키스탄 내 은행과 공식적인 금융기관 밖에서 이루어지는 어떠한 종류의 외환 환전도 불법 행동이다. 정부는 법안의 목적은 공식 화폐인 소모니의 가치를 급락하게 만든 통화 불법 투자를 억제하기 위한 것이라고 언급했다. 정부는 2015년 12월 소모니의 가치가 하락하면서 모든 독립적인 외환환전소에 대해 폐쇄조치를 내린 바 있다.[37]

사회 안정화 정책 추진

정부는 이슬람 원리주의의 발흥을 억제하기 위해 사회의 안정성을 위한 여러 정책을 추진하였다. 특히 가족에 관련된 법안을 통해 사회적 안정을 기하고자 애썼다. 예를 들면 하원은 2016년 1월 13일 아랍어 이름 사용 금지와 사촌 간에 혼인을 금지하는 내용의 법안을 통과시켰다. "가족 및 시민 등록 법안"(Family and Civil Registration laws)으로 명명된 이 법안에 대해 '루스탐 소흐무로드'(Rustam Shohmurod) 법무부 장관은 외국계 이름은 사회 분열의 원인이 된다고 지적했다. 즉 중앙아시아에서 부모들이 빈번하게 신생아에 아랍 혹은 전통적인 이슬람 이름을 사용하는 경향에 정부가 제동을 걸기위한 목적이 이 법안이었다. 라흐몬은 통치 기간 동안 세속주의를 강화해왔으며, 사회 안정성에 위협이 될 만한 외국 관습이나 종교 행위 등을 방지하고자 노력해왔다. 타지키스탄에서 종종 사용되는 아랍식 이름은 여자의 경우, '수마야(Sumayah)', '아이샤(Aisha)', '아시야(Asiya)' 등인데, 이런 이름들은 과거에 타지키스탄에서 거의 존재하지 않았지만, 2010년대 이후에 가장 인기 있는 이름이 되었다. 남자의 경우에는 '무하마드(Muhammad)', '유수프(Yusuf)', '아부바크르(Abubakr)' 등이다. 또한 접두사, 혹은 접미사 등으로 사용되는 이슬람 용어를 사용하는 것도 금지되었다. 물라(mullah), 칼리파(khalifa), 셰이흐(shaikh), 아미르(amir), 수피(sufi) 등이다.

국가 언어 및 용어위원회(The state Committee for Language and Ter-

타지키스탄 유명 화가 '일리오스 마마즈하노프'(Ilyos Mamadzhanov)가 그린 타지키스탄 소년 그림(필자 촬영)

minology)는 4,000여 개의 신생 언어 및 용어 리스트를 발표했는데, 새로운 언어 리스트는 대부분 순수 타지크어 혹은 러시아어로 구성되어 있으며, 부모들이 신생아를 위해서 선택할 수 있는 이름 등도 포함되어 있다. '수쿠르욘 주후로프'(Shukurjon Zuhurov)하원 의장은 공식적인 리스트에서 이름을 선택하는 것은 강제적인 사항은 아니라고 하면서도 부모들은 타지크 문화와 부합되는 이름을 반드시 선택해야 한다고 강조했다. 수정 법안은 타지크 민족에게만 적용되며, 우즈베크 민족이나 러시아인 등 다른 민족에게는 적용되지 않는다. 이외에도 사촌 간의 결혼을 금지하는 법안이 추진되었다. 그런데 이 법안은 논쟁이 심했는데, 찬성론자들은 혈연관계가 매우 가까운 친척들끼리의 결혼으로 태어나는 아기는 장애아로 출생할 가능성이 훨씬 높다는 이유를 들었다. 반대론자들은 그러한 주장은 더욱 더 신빙성 있는 자료와 명확한 증명을 필요로 한다고 강조했다. 보건부에 따르면 2016년 현재 25,300명의 장애아들이 공식 등록되어 있으며, 이들 중 30-35%가 같은 혈족 관계에서 태어난 아이들이

다.[38]

타지키스탄, 무슬림 메카 순례여행에 개인당 약 3,348달러 소요

　　2011년 기준 타지키스탄 무슬림의 사우디아라비아 메카 순례여행 (haji pilgrimage)에 소요된 개인 경비는 약 3,348달러였다. 종교 위원회의 '마블론 무크토로브'(Mavlon Mukhtorov) 부국장은 2011년 기준 메카와 메디나 방문 순례 여행의 경비는 2010년 기준보다 개인당 267달러가 상승되었다고 밝혔다. 항공료 인상과 대 달러 소모니화(somoni)의 가치 하락으로 여행 경비가 증가되었다. 달러 품귀 현상이 나타나는 경우 이런 경비 인상이 따르게 된다. 국내 경제전문가들은 정부가 하지 여행 경비를 소모니화가 아니라, 달러로만 수용하고 있어 달러가치가 상승하였다고 간주하고 있다. 타지키스탄 법령으로는 재정에 관련된 모든 상거래는 타지키스탄 국영화폐인 소모니화로만 유통이 가능하다.[39]

타지키스탄 국립박물관 내 타지크 문양(필자 촬영)

타지키스탄 마약 문제

중앙아시아는 오랫동안 아시아와 유럽을 연결하는 상업 루트 네트워크인 실크로드의 심장이었다. 2,500여 년 전부터 향신료, 호화로운 직물, 보석을 실은 카라반이 페르가나 계곡과 오아시스 마을인 사마르칸트와 부하라를 지나갔다. 1991년 독립 이후로 이 역사적 상업 루트가 재활용되기 시작했다. 그런데 문제는 이 상업 교역로에 모든 유형의 합법적인 상품이 유통되는데, 동시에 불법 상품인 마약도 새로운 실크로드를 따라 거래된다는 사실이다.[40] 중앙아시아는 세계 최대 양귀비(poppy) 생산국인 아프가니스탄과 1991년 이후 아편(opium) 소비에 있어 가장 중요한 신흥 시장인 러시아 사이에 위치하고 있다. 아편과 헤로인(heroin)의 대규모 밀수는 소련 해체 직후 시작되었다. 처음에는 주로 아편이 밀매되었다. 그 후 1990년대 후반부터 헤로인이 점차 중앙아시아 마약 밀매 시장에 침투했다. 중앙아시아 마약 거래는 2001년 9·11 테러 이후 국제적인 관심을 받기 시작했다. 안보의 불안전성이 아프가니스탄 북부 국경에 퍼져 있었다. 탈냉전 안보 환경이 조직범죄, 마약 거래, 테러리즘과 합해져서 이루어졌다. 마약 관련 범죄와 테러는 매우 다른 두 가지 현상이다. 테러리스트들에게 마약 거래는 수입원, 즉 정부에 대항하여 전쟁을 벌이는 데 사용하는 수단이다. 반대로 자본 축적은 범죄 조직의 목적이며 이윤 추구에 있어서 국가와의 직접적인 대립이 아니라 다른 형태의 공존을 추구한다.

중앙아시아에서 범죄 카르텔과 과격한 이슬람 단체 사이에 강력한 연관성이 있다는 증거는 확실하지 않다. 1999-2001년 사이 우즈베키스탄 이슬람 운동(IMU: Islamic Movement of Uzbekistan)에 의해 수행된 마약 작전은 "마약-테러" 연계의 증거로 간주되었다. IMU는 중앙아시아 이슬람 원리주의 단체 가운데에서도 이슬람 신정국가 건설이라는 매우 확고한 목표를 가지고 있었다. 페르가나 분지를 중심으로 활동하였는데,

현재는 우즈베키스탄 내에서 거의 활동이 없는 것으로 알려졌다. IMU는 나만가니, 율다세프에 의해 1998년에 공식 창설된 이슬람 원리주의 단체인데, 지금은 아프가니스탄에서 그 명맥을 유지하고 있다. IMU는 1990년대 키르기스스탄에서도 활동을 하였으며, 우즈베키스탄 지원 활동을 하였다. 이 단체의 목표는 당시 이슬람 카리모프 우즈베키스탄 정권의 전복이었다. 둘째, 우즈베키스탄에 이슬람 신정국가 건설 목표가 있었다. 즉 전 세계적 이슬람 칼리파 국가를 수립하는 것이 최종 목표이다.[41] 2001년 이후 IMU는 타지키스탄, 키르기스스탄, 우즈베키스탄에 기지를 두고 아프가니스탄으로 그 본거지를 옮겼다. 그 이후 점진적으로 호전적 활동이 뜸해졌다.[42] IMU에 의한 마약-테러 접근 방식으로 인해 서방에서는 마약 방지 정책을 펼쳤으며, 중앙아시아에 마약 공급을 방지하기 위해 개입하고자했다. 중앙아시아에서 미국 정부의 주요 군사 지원 프로그램 중 하나는 "CNT(Counter Narco-Terror)"로 명명되는데, 주요한 목표는 지역 안정의 도모이다.[43]

1990년대 초반부터 중앙아시아는 아시아와 유럽을 연결하는 아편 밀매 루트를 따라 핵심 허브로 변모했다. 이러한 결과에는 여러 요인이 기여했다. 아프가니스탄의 양귀비 생산량 급증, 러시아의 거대한 헤로인 소비 시장 창출 등 세계 마약 시장의 변화는 중앙아시아를 통한 마약 밀매 경로 구축에 유리한 환경이 조성되었다.[44] 중앙아시아에서는 소련 해체로 강력한 범죄 조직의 출현이 가능한 상황이 되었다. 소련 해체 이후 지금까지 30년간 아프가니스탄은 세계 최대 아편생산국이 되었다. 양귀비 재배 면적은 1986-90년, 5년 동안 연평균 32,200헥타르에서, 1994-98년 사이에는 60,800헥타르, 2008-12년 사이에 137,600헥타르로 증가했다. 1980년대 후반부터 증가 속도가 가팔랐다. 소위 "북부 루트"(Northern Route)에서 밀매되는 아프가니스탄 아편류는 지난 20년 동안 거대한 헤로인 소비 시장이 빠르게 발전한 러시아 연방과 연결되어 있다. 러시아에서 아편 소비의 증가는 매우 놀랄 정도이다. 러시아 연방에 등록된 마약 사용자의 수가 1997년 약 70,000명에서 2009년 357,700명으로 증가했다.[45] UNODC 2010 World Drug Report에 따르면, 러시아의 헤로인 사용자는 약 150만 명으로 추정되며, 이는 다른 모든 유럽 국가를 합친 숫자인 160만 명과 거의 동일한 숫자이다.[46]

마약 조직과 마약 밀매 작전

소련의 유산은 아편과 관련된 범죄 조직이 이 지역에서 사업 기반을 탄탄히 정착시키는 데 일조를 하고 있다. 소련은 "민족들의 국가"(state of nations)였다. 내부 국경은 단순한 행정적 의미를 가졌고 사람들은 국경을 장벽으로 인식하지 않았다. 기반 시설 시스템은 지역적 규모로 조직되었고 공화국 간 이동은 중앙 당국에 의해 지원되었다.[47] 1991년 독립 후 새로이 등장한 주권 국가들은 결코 민족의 "실제적"인 국경이 아닌 다른 국경을 맞닥뜨린 새로운 상황에 부닥쳤다. 지역 정체성, 새로운 경계 정체성은 정부의 주요 관심사였고 지금도 현재 진행형이다. 카자흐스탄 경우에도 국경은 1,000km에 이르며 이를 효과적으로 단속하는 것은 사실상 불가능하다. 페르가나 계곡에서 국경은 지역, 마을을 구분한다.[48] 따라서 1991년 이후 범죄 조직은 기존의 초국가적 통합과 취약한 주 경계 통제를 모두 이용하는 기회를 가졌다.

소련 해체 이후 널리 퍼진 부패, 약탈적 축적 및 자원 탈취가 과거 구소련 지역에 널리 확산되어 있어 마약 밀매를 위한 좋은 환경이 조성되었다. 마약 네트워크는 소위 그림자 경제(shadow economy)를 중심으로 소련의 마지막 단계에서 형성된 연결망에 구축되었다. 행정 간부, 법 집행 요원, 군대 및 보안 기관의 고위 장교, 폭력과 불법을 통해 부를 축적하려는 신승 기업가와 연합했다. 소련의 공적 기관이 무너지면서 보안과 권위에 공백 현상이 발생해 지하 범죄 세계에 전직 국가 요원이 합류하는 현상도 발생했다. 많은 포스트 소비에트 정권에서 정치권력, 범죄 및 비즈니스 형태가 공모하여 더 진척된 사업이 되었다.[49] 따라서 마약 밀매는 지리적, 정치적, 경제적 요인이 총합적으로 구성되어 중앙아시아에 뿌리내리게 되었다. 이 지역은 주요 아편류 밀수 채널 중 하나를 따라 위치하고 있으며, 러시아 및 아프가니스탄과 강력한 문화적, 경제적, 사회적 연결로 이어져있다. 다른 한편으로, 흡수력이 있는 다공성 국경(porous borders), 기존의 영토 통합, 소련 시기 이후 전환 경제의 맥락에서 강력한 국가 범죄 비즈니스 관계가 출현, 신생 공화국에서 마약 경로가 이루어졌고, 마약 마피아의 설립도 자연스럽게 성숙되는 환경을 제공했다. 이러한 지리적, 정치적, 경제적 요인으로 인해 중앙아시아는 1991년부터 주요 마약 운송 지역이 되었다. 다양한 범죄 집단이 마약 거래의 다양한 단계에서 활동하였다. 이 그룹은 지난 20년 동안 조직 구조와 물류를 점진적으로 개선하였다. 중앙아시아의 마약 마피아는 국가 행위자와 협력하거나 국가 보호를 받는 네트워크로, 마약 밀매를 통해 막대한 부를 축적했다.[50]

대량의 마약, 특히 헤로인은 소위 "북부 루트"를 따라 북부 아프가니스탄에서 중앙아시아를 거쳐 러시아로 운송된다. 2010년 추정에 따르면 약 90미터톤(metric ton)의 헤로인이 중앙아시아를 통해 밀매되었으며 이는 아프가니스탄의 총 헤로인 생산량의 25%에 해당한다. 미터톤은 무게 기준의 톤수를 의미한다. UNODC(UN Office on Drugs and Crime; 유엔 마약통제프로그램)는 중앙아시아 마피아들이 헤로인 밀수를 통해 벌어들이는 연간 순이익이 약 14억 달러에 달한다고 추측하였다. 이 수치가 다소 과장된 것일 수도 있지만, 2012년 최빈국인 타지키스탄과 키르기스스탄의 GDP가 각각 74억 달러와 65억 달러임을 감안할 때 마약 거래는 중앙아시아 경제의 핵심 요소이다.[51] 중앙아시아 범죄 조직은 대마초 생산, 총기 밀매, 이민자 밀수와 같은 기타 불법 활동, 휘발유, 담배, 알코올 밀수 등 준 합법적 활동, 부동산 산업과 같은 합법 사업에 연루되어 있다. 이러한 활동은 헤로인으로 얻은 이익과 일치하지 않는다. 따라서 헤로인 밀매는 대부분의 범죄 단체의 핵심 사업(core business)이다.

낮은 인구 밀도, 험준한 지형, 경찰 통제의 허약성으로 인해 다양한 운송 경로가 허용되기 때문에 마약 운송을 이동하는 데 많은 경로가 활용되고 있다. 타지키스탄-아프가니스탄 국경은 아프가니스탄에서 제조된 헤로인을 운송하는 주요한 접근 경로이다. 1,200km 이상에 달하는 양국 국경이다. 1990년대 후반부터 2000년대 초반까지 마약은 주로 소규모 무장 밀수업자들에 의해 소형 보트나 카누를 타고 운송되었다. 만약에 국경 경비대와 마주치면 발포할 준비도 갖춘 상태였다. 보다 최근에는 대부분의 인신매매가 타지키스탄과 아프가니스탄 사이에 존재하는 5개의 다리를 가로질러 공식 국경 검문소에서 발생하고 있다. 남부 키르기스스탄에서 가장 큰 도시인 오쉬는 지역 마약 거래의 가장 중요한 물류 허브이다. 이곳에서 자동차, 트럭, 기차 또는 비행기로 북쪽으로 더 이동하기 전에 헤로인을 재포장한다. 마약의 또 다른 물류 허브는 비슈케크와 알마티를 연결하는 국경을 초월한 지역이다. 여기에서 범죄 집단은 서로에게 마약 선적물을 팔거나 합법적이든 불법이든 다른 상품과 교환한다. 그런 다음 마약은 순찰이 제대로 이루어지지 않은 7,500km 길이의 러시아-카자흐 국경을 통해 러시아로 침투한다. 이 구간의 길이는 세계에서 가장 길게 이어진 연속 국경 경계이다.[52]

타지키스탄 영화 《루나파파》(Moon Papa, Luna Papa)[53]
–《루나파파》 영화감독과 영화 이미지

영화 《루나파파》는 타지키스탄에서 1999년에 제작한 영화이다. 영화 제작에는 7개국이 참여하였다. 타지키스탄, 독일, 러시아, 프랑스, 오스트리아, 스위스, 그리고 일본 등이다. 이 영화의 여자주인공인 '맘라카'(Mamlakat)역에는 러시아 여배우인 '추플란 카마토바'(Chulpan Khamatova)가 맡았다. 여자 주인공의 오빠역인 '나즈레딘'은 모리츠 블라입트로이(Moritz Blaibtroy)인데, 독일인이다. 아버지인 '자파르'역에는 '아토 무카메자노프'(Ato Mukhamedzhanov)이며, 타지키스탄 출신이다. 맘라카의 사랑하는 남자로 등장하는 '알릭'(Alik)역에는 조지아 출신인 '메라브 니니

제'(Merab Ninidze)이다. 맘라카가 임신한 아이의 진짜 아버지인 니콜라이 포멘코는 러시아 출신이다.

감독은 '바흐치야르 후도이나자로프'(Bakhtyar Khudojnazarov). 그는 모스크바의 영화학교인 'VGIK(Russian State University of Cinematography)'에서 6년간 수학하였다. 그가 감독을 맡은 영화는 1991년에 제작된 《브라탄》(Bratan)이며, 1993년, 타지키스탄 내전 기간의 영화 《Kosh Ba Kosh》는 베니스영화제에서 은사자상을 수상했다. 《브라탄》은 국제비평가협회상을 수상했다. 후도이나자로프는 현재 독일에서 활동하고 있다. 《루나파파》는 1999년 동경국제영화제 최우수 예술공헌상을 수상하였으며, 1999년 낭뜨 영화제 그랑프리, 2001년 아카데미 외국어영화상에 노미네이트되었다. 이 영화는 2000년 제5회 부산국제영화제 비경쟁 부문에 출품되었다.

영화 자체적으로 본다면, 다문화적인 특성은 그렇게 강하게 나타나고 있지 않다. 즉 영화 주인공들이 각국을 대표한다는 느낌이 강하게 표출되지는 않는다. 이 영화는 그로테스크한 멜로드라마이다. 영화에 사마

르칸트와 타슈켄트 등이 나오지만, 이 영화의 실제적인 배경은 그런 대도시가 아니다. 타지키스탄 내의 'Far-Khor'라는 지역으로 실제 존재하는 땅이라기보다는 일종의 상상의 공간이다. 혹자는 카스피해로 언급하는 경우도 있지만, 실상은 그렇지 않다. 타지키스탄은 파미르 고원 등 내륙으로 이루어져있으며, 카스피해가 타지키스탄 영토 내에 있지도 않다.

어느 영화 비평가에 따르면, 이 영화의 전체적인 특성은 이미지(Image)이다. 영화에서 여자주인공이 자동차위에서 춤을 추며 움직이면서 취하는 동작이 나오는데, 이는 바벨탑 이미지를 연상케 한다. 바벨탑은 사람, 국가, 언어, 이미지가 복합적으로 합쳐지는 지점으로서의 공간적 이미지이다. 모든 것은 바벨탑에서 혼합된다. 즉 국가, 시대, 영웅들이 존재하는 지점이다. 타지키스탄은 포스트소비에트 공간이다. 소련이 해체된 이후의 정치 공간이었다. 이 공간은 아시아이다. 중앙아시아는

《루나파파》 공식 포스터

아시아 대륙에 속하며, 그러므로 이 영화는 아시아적이다. 하나의 단어로 집약하면, 그 지점은 중앙아시아이다.

이 영화의 배경인 타지키스탄은 1990년대 내전이 발생하였던 바로 그 공간이었다. 1992-97년까지 진행된 내전에서 약 6-10만 명 정도가 사망했다. 이 영화에는 전쟁의 이미지가 강한 것은 아니지만, 그래도 일부 전쟁의 이미지가 등장한다. 보통의 자동차 대신에 사기꾼 군인들이 나타난다. 이들은 강도처럼 아버지를 위협한다. 그러나 아버지가 군인들에게 대처하는 장면은 내전에 대한 풍자요 비판적 입장으로 해석될 수 있다. 그로테스크한 일단의 모습이 보이는데, 아버지가 강도짓을 하려는 군인 우두머리와 그 부하들을 도리어 총으로 위협하는 장면이 나온다. 그는 군인 우두머리를 자신의 차에 태워 일정한 지역까지 데리고 가서 도리어 군인을 방면해주는데, 이는 전쟁 자체에 대한 우스꽝스러운 풍자처럼 묘사되었다. 전쟁에 대한 휴머니즘적 부정(不正)이 아닐까? 맘라카의 아빠가 셰익스피어 연극 공연도중 코를 골면서 벌어지던 싸움의 장면도 맘라카 가족의 슬픈 사건을 웃음으로 승화시키는 그런 모습을 자아내는데, 이는 하나의 슬픔을 묘사하는 부분이다. 알릭이 하늘에서 떨어진 소와 충돌해 사망하면서 결혼식장이 장례식장으로 뒤바뀌는 황당한 사건은 매우 특이한데, 이는 불가능한 상상력을 통해 현실과 초현실이 공존됨을 보여준다.

−영화 공간과 포스트소비에트 중앙아시아

영화에서 일부 사람들은 카자흐스탄과 키르기스스탄에서 배로 공급된 값싼 중국제 물건을 팔고 있거나, 그 마을 시민의 일부는 우즈베키스탄의 "추수"(Harvest)라는 춤을 리허설하기도 한다. 포스트소비에트와 소비에트식의 삶의 양식이 혼합되어 있는 것이 영화의 특성이다. 과거의 의식과 축제가 1990년대 현대적 삶, 그리고 심지어 미래의 삶에도 이어

저 있다. 이 영화는 소비에트식, 소비에트 양식, 소비에트 영화는 아니다. 무엇보다도, 눈에 비쳐지는 스타일로는 더더욱 소비에트식이 아니다. 감독은 이 영화에 완전히 새로운 예술적 스타일을 보여주고 있다. 예를 들면, 관찰자의 공간적 시각으로 보는 소비에트식 스타일이 영화의 전체적인 분위기를 이끌어 가는 것이 아니다. 관찰자는 거의 평면적이다. 영화의 공간은 지평선의 단순한 선으로 표시되고 수직적, 수평적인 평면체로 묘사되는 특성이 있다.

그리고 《루나파파》는 시각적인 특성을 가지고 있다. 영화는 전반적으로 복잡한 색채로 이루어진 미술의 이미지를 보여준다. 미술적인 특성이 영화 속에서 표현된다는 것은 각도에 따라 색깔의 차이점이 드러난다는 것을 의미한다. 영화에는 중앙아시아식 석양의 모습이 보여지고, 혹은 아침 일찍 떠오르는 아무다리야 강의 어머니와 같은 진주색 빛깔로 표현되었다. 정오의 열기 속에서 비치는 그림자 색채도 언뜻 등장한다.

'굴나라 아브케예바'(Gulnara Abikeeva)는 이러한 색채의 특성을 공식적인 권력자들에 의해 인정받지 못하고 중앙아시아에서 미술 활동을 펼쳤던 러시아 및 소비에트 예술가들인 곤차로바, 드레빈, 우달쪼바, 볼코프, 칼미코프 등의 영향을 받고 있는 것으로 언급했다.[54] 그들이 추구한 아방가르드 및 포스트 아방가르드 미술 세계는 오랜 시간 동안 영화 제작자들에게 일정한 영향을 미쳐왔다. 많은 예술가들에게 소비에트 중앙아시아는 "제 2의 타히티"(Tahiti)로 인식되었다. 이 예술가들은 중앙아시아 땅, 사람들, 그리고 고대의 문화가 소비에트 예술가들의 고정관점을 변화시켰다고 확신하였다. 그들에게 중앙아시아는 고갱이 전설적인 타히티에서 행한 그의 예술적 정신을 따라가는 공간으로 간주되었다. 그들은 지구상의 새로운 파라다이스로 중앙아시아를 지목했다.

이 영화의 전체 내용을 살펴보기로 한다. 이 영화는 새롭고도 감각적 요소로 만들어진 영화라고 할 수 있다. 동양적인 신비로움이 가득한 중앙아시아에서 이 작품은 지극히 평범한 이야기일 수도 있는 소재를 동화적이며 초현실적으로 그려 이들 가족이 겪는 현실세계의 리얼리티를 잘 표현하고 있다. 이 새로움은 포스트소비에트 공간이라는 과거의 소련이 아닌 새로운 지역에서 벌어지는 사건들, 즉 소련 해체 이후 은유적이고 글로벌한 변화를 반영하는 내용이 전개된다. 즉 매우 특이한 상상력과 풍자가 번뜩이는 작품이다. 아직 태어나지도 않았으며, 영화의 마지막 순간까지 탄생되지 않은 맘라카의 뱃속 아이가 나레이션을 하면서 영화는 전개된다. 육지에 둘러싸인 작은 해안가 마을인 파코. 말라카는 셰익스피어 연극에서 배우로 출연하고 싶어 하는 주인공이다. 그녀의 이름인 말라카는 타지크어로 '조국'이라는 의미이다. 그녀는 소련 해체 이후의 타지키스탄의 이미지를 가리킨다. 그리고 이 영화는 맘라카를 중심으로 오빠와 아버지라는 가족이 매우 중요한 설정으로 등장한다. 오빠인

영화의 한 장면

'나세르'는 악마를 물리쳐야 한다고 주장하면서 모래 물통을 몸에 지니고 다닌다. 정신이 온전치 못한 인물로 등장한다. 오빠는 폭탄을 실은 비행기 흉내를 낸다. 오빠는 이 세상의 악과 싸우는 인물로 묘사된다. 딸의 임신으로 매우 화가 난 아버지와 맘라카를 낳다가 죽은 어머니는 소비에트의 과거를 상징한다.

이 가족은 서로를 매우 아끼고 있다. 맘라카가 좋아하는 세익스피어 연극이 마을에서 공연될 때, 그녀는 이 연극을 보러 가게 되었다. 그러나 차가 고장이 나서 늦게 배를 타고 공연을 보러 갔으나 이미 연극이 끝나고 캄캄한 저녁이 되었다. 집으로 돌아가는 길에 그녀가 좋아하던 톰 크루즈의 친구라면서 자신을 유혹하는 목소리에 이끌리어 숲속으로 들어간 맘라카는 임신을 하게 된다. 결국 아빠인 자파르가 이 사실을 알게 되었고, 아빠는 그 사실에 분노하며 절망한다. 아빠와 오빠는 맘라카

영화의 한 장면

와 같이 아이의 아빠, 즉 루나파파를 찾아 나섰다. 그러나 아이의 아빠를 찾지 못하자 맘라카는 이미 유산하기 어려울 정도로 커버린 아이를 무리하게 유산하기 위해 주술로 아이를 유산하기 위한 행동을 하지만 가족의 반대로 이는 실현되지 못한다.

이 과정 속에서 맘라카는 우연히 만난 '알릭'(Alik)이라는 남자와 사랑을 하게 되고 결혼식까지 올리게 된다. 그러나 아주 기괴하게도 하늘에서 떨어진 소 때문에 알릭과 아빠는 급작스러운 죽음을 맞이하게 되었다. 그리고 이후 맘라카는 진짜 아이의 아빠를 찾았으나 전혀 마음에 드는 인물이 아니었다. 맘라카가 권총으로 이 남자를 위협하면서, 이 남자는 가사상태가 되어버렸다. 마을 사람이 맘라카를 매우 혐오하면서, 실제 아이의 아버지와 맘라카의 결혼을 강하게 위협하면서 맘라카는 위험한 상태에 빠졌지만, 그녀의 오빠가 동생을 탈출시키는 것이 이 영화의 주된 내용이다. 맘라카는 아이를 유산시키기 위해 카자크 인인 산부인과 의사에게 가는데, 수술하기 전에 우연히 총탄을 맞고 죽는 운명을 맞이한다.

이 영화에서 알릭은 매우 특이한 인물로 등장한다. 영화에서 그는 예술가이자 카드 도박업자로 나타나는데, 황금의 마음을 가진 남자로 묘사된다. 그는 맘라카의 아이를 자신의 아이로까지 선언을 한 이상적인 남자상으로 그려졌다. 그러나 맘라카가 사랑하는 남자를 만난 이 플롯은 그의 그로테스크한, 갑작스러운 죽음으로 행복한 결말을 가지지 못했다. 엉성하게 묶어 놓은 소가 헬리콥터에서 떨어지는 사건이 일어났던 것이다. 맘라카가 임신한 아이의 실제 아버지인 조종사는 일종의 지정학적 인물로 등장하였다. 그는 러시아를 상징하고 있는데, 영화에서는 마지막 순간까지 그 아버지의 존재가 밝혀지지 않았다. 영화의 제목인 《Moon papa》는 아버지를 찾는 이름이다. 그리고 맘라카를 임신시킨 남자의 얼굴은 밤의 어두움 속에 가려있는데, 이는 전쟁을 상징한다. 바로 영화는 이 점을 제기하고 있다. 맘라카의 미래의 삶에서 그녀를 기다리는 것은 무엇인가? 그녀는 도망가거나 날아갈 수 있을 것인가? 그녀의 미래가 있는 바로 그 공간인 자신이 속한 국가가 살아남을 수 있을 것인가?

이 영화를 보면서, 1990년대 타지키스탄 영화의 위치에 대해 이해할 필요성이 있다. 당시 타지키스탄 영화는 독특한 현상이다. 1992-97년까지 내전이 벌어진 5년 동안 영화 산업은 존재하지 못했다. 타지크에서 영화 상연은 외부로부터 유입된 영화로 이루어진다. 1990년대 감독인 후도이나자로프의 영화는 특별했다. 영화《Kosh Ba Kosh》에서 두산베는 낭만적인 연인들이 있는 공간이며, 일정한 시간 통행금지 되는 군인들이 다스리는 시간대인 소위 'Commandant Hour'에 거리의 충격이 벌어지던 장소였다. 이 영화에서 연인들의 감추어진 장소를 의미하는 도시의 터널에는 시체들이 떠돌아다닌다. 그러나 가장 중요한 점은 그러한 곳에서도 실제적인 열정과 깊은 감정이 흐른다는 사실이다. 이는 전쟁과 사랑은 공존할 수 있다는 것을 의미한다. 내전의 특별 사건에 인간의 본질적인 가치를 추구한다는 영화적 의미가 있다. 1995년 톨리브 카미도프(Tolib Khamidov) 감독의 영화인《출현(The Presence)》은 베를린영화제 포럼에서 선보였다. 이 영화는 내전에서 살아가는 사람들의 절망과 희망의 동일하고 복잡한 분위기를 보여준다. 지적인 청년인 실용주의자는 저명한 프랑스 사진가의 앨범을 통해 빈번히 출현한다. 이 사진첩은 부주의와 조화를 보여주고 실용주의자를 위한 희망적인 파라다이스를 창출하고 있다. 이 영화에서 출현하는 멘탈리티의 벡터는 친유럽 정서를 보여준다.[55]

1990년대 독립적인 타지크 영화는 전쟁과 그 결과로 발생한 상흔의 직접적인 상황을 반영하였다. 현실을 반영한 영화로서의 기능 이외에

"조국은 무엇인가"라는 영원한 질문을 제기하면서 도덕적이고 윤리적인 것을 지향하고 있다. 《루나파파》는 절충적 이미지―삶 그 자체―를 보여준다. 이 영화는 다양한 멘탈리티의 벡터를 구성하고 있으며, 타지키스탄과 중앙아시아 생활의 우스꽝스러움을 묘사한다. 맘라카는 실용주의자이다. 이 영화의 전제는 그녀의 가족이다. 상기에서 언급하듯, 맘라카의 미래의 아버지를 찾아나서는 것이 이야기의 줄거리이다. 나름대로 영리한 타지크인을 상징하는 남자가 맘라카와 결혼을 결심하기도 하지만, 그가 어처구니없는 죽음을 맞이하는 사건은 내전을 생각해볼 때 당시를 비판적으로 보는 감독의 모습이 투영되었다고 하겠다. 실제적인 아버지인 러시아인 조종사는 그 스스로의 존재감을 밝혔지만, 코마 상태에 빠진다. 불행한 맘라카는 그녀를 도와줄 그 어떤 사람이 부재하였지만, 그녀의 유일한 희망은 마법의 카펫을 타고 어디론가 날아가 버리는 것이었으며, 영화의 마지막에 이 장면이 구현되었다.

《루나파파》의 모든 것은 영화에서 혼합되어 있다. 서양적, 동양적인 것이 혼합되어있으며, 소비에트와 포스트소비에트의 실재성이 중첩되며, 선과 악, 진실과 환상, 국가와 대륙이 섞여있다. 모든 것은 광기와 혼란의 사이클의 연속이다. 감독은 숲 속에서 춤을 추듯 미끄러져 내려가는 맘라카 몸 위로 꿈틀거리는 낯선 남자의 유혹의 손길을 달빛과 어울려 환상적인 분위기의 정사장면으로 그려내었다. 이는 매우 몽환적인 영상이었다. 즉 현실과 환상이 공존하는 세계가 그려지고 있다. 결국, 열정적인 상황은 돈이나 정부의 명령으로 좌우되는 것이 아니라, 시간과 사회에 의해 예술가들에 앞에 놓인 책임감으로 발생하는 것이다.

4. 한국-타지키스탄 관계

타지키스탄은 한국과 1992년 4월 27일에 수교했으며, 북한과는 한국보다 조금 더 빠른 1992년 2월 5일에 수교했다. 주 타지키스탄 한국대사관은 2008년 주 우즈베키스탄 한국대사관 소속으로 두샨베 분관이 개설되었고, 2021년에 대사관으로 승격되어 2021년 11월 30일 양국 외교장관의 참석 하에 정식 개관되었다. 2021년 12월 25일, 권동석 대사가 주 타지키스탄 초대 대사로 부임했다.

중앙아시아에서도 타지키스탄은 자원의 보유가 그다지 높지 않은 국가에 속해서 한국의 대 타지키스탄 경제 투자도 매우 미미한 편이다. 라흐몬은 2005년 제 6차 정부혁신세계포럼에 참여하였다. 타지키스탄은 1993-2005년간 무상 원조사업 시행 대상국(총 130만 달러)이었다. 한국과 타지키스탄 간에 특별한 경제적 관계가 형성되지 않은 가장 큰 이유는 타지키스탄에는 우리가 필요로 하는 자원 보유가 높지 않기 때문이다. 2010년 3월 2일 양국은 이중과세 방지 협정을 타결하였다. 이 협정으로 양국은 건설 고정사업장(PE: Permanent Establishment)의 존속 기간을 12개월로 하고 투자 소득의 원천지국 제한 세율을 지분 25% 보유시 배당금의 5%로 결정하였다. 한국기업이 타지키스탄에 진출할 시에는 이중과세가 방지되며, 세 부담이 경감되는 효과를 가질 수 있게 되었다.

한국이 중앙아시아에 가지는 가장 큰 관심은 경제적 분야인데, 양국 무역 교류는 높지 않고 한국의 대 타지키스탄 투자도 중앙아시아의 다른 국가에 비해서는 매우 낮다. 한국이 타지키스탄에서 주로 수입하는 물품은 타지키스탄의 전략적 수출 상품인 알루미늄과 면화이다. 2012년 4월, 핵 안보 정상회담에 라흐몬이 참여하였다. 라흐몬의 방한은 당시 두 번째였다. 2012년 7월에 한국에서 개최된 6차 한-중앙아 협력 포럼에 김성한 외교통상부 장관은 '자리피' 타지키스탄 외교장관과 회담을

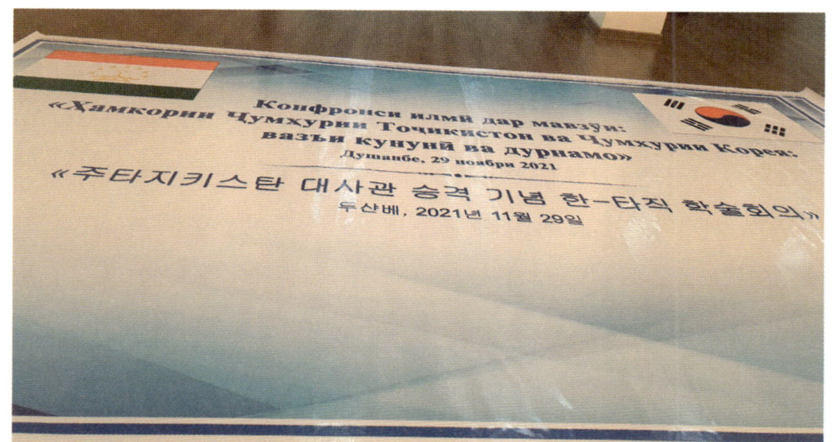

필자가 발제자로 참여한 2021년 11월 29일 타지키스탄 외교부에서 개최된 주 타지키스탄 한국대사관 승격 기념 한국－타지키스탄 학술회의(필자 촬영)

갖고 양국관계 증진방안에 대해 폭넓은 의견을 교환하였다. 한중앙아 협력포럼은 한국과 중앙아시아 국가와의 포괄적 협력증진을 위해 2007년 출범된 다자 포럼이다. 한국과 중앙아시아 5개국이 참여하고 있다. 타지키스탄은 노동, 농업, 의료, 교통물류, 자원개발 분야에서 양국 간 협력이 확대되기를 희망하는 편이다.

양국은 문화 예술 분야를 중심으로 꾸준히 협력관계를 증대하였다. 한국정부는 두샨베에 2013년 세종학당을 설립하였다. 타지키스탄에는 한류 등의 영향으로 한국어 수요가 증가하고 있으며, 세종학당 설치 열망이 높았다. 두샨베 세종학당은 한국어 교육 확산을 위한 기관 간 협업 추진의 결과다. 두샨베 세종학당은 세종학당재단과 주 타지키스탄 한국대사관, 계명대학교가 협력해 설립되었다. 타지키스탄 국립중앙도서관에 한국어와 문화를 소개하는 한국관을 설치, 세종학당으로 운영하게 되었다. 국립중앙도서관에는 이미 중국 공자학원, 독일 괴테인스티튜트 등의 자국어 보급기관이 운영되고 있다. 한국관은 7번째로 개설되었다.

특히 '삼성꿈장학재단'이 지원하고 '한민족하나되기본부'가 참여하여 두샨베 세종학당 협력 하에 '글로벌꿈장학금 수여식'을 통해 학생들을 지원하였다. 글로벌꿈장학금은 한국의 역사적 상황과 관련이 있는 개발도상국의 학령기 빈곤 한인후손에게 지원하는 장학금이다. 2013년 12월 13일, 한국국제교류재단이 지원하는 제8회 타지키스탄 한국어 말하기 대회가 개최되었다. 이 대회 참가 대상은 한국어를 아는 타지크 국민 및 고려인 동포 등이다. 2014년 인천에서 개최된 아시안게임의 홍보행사인 '펀런앤런(Fun Run & Learn)'과 청소년기자선발대회(Youth Reporter Project)가 아시아올림픽평의회(OCA: Olympic Council of Asia), 인천아시안게임조직위원회(IAGOC: Incheon Asian Games of Organizing Committee), 타지키스탄 올림픽 위원회(NOC: National Olympic Committee of Tajikistan)의 공동 주최로 10월 10일 부터 10월 11일 까지 두샨베에서 개최되었다. 이 행사에는 '사파로브 쇼디' 타지키스탄 국립체육대학교 총장, '라자발리에브 바룰로' 타지키스탄 올림픽위원회 사무총장과 OCA대표단 등이 참여했다.

양국 정부는 2014년 4월 28-29일 두샨베에서 열린 항공회담에서 양국 간 직항 편을 주 2회까지 운항할 수 있도록 하는 항공협정 문안에 합의하였다. 또 양국 항공사가 상대국 또는 제3국 항공사에 운송권을 판매해 간접 운항하는 '편명 공유'도 합의하였는데, 직항이 생기기 전에도 편명 공유에 참여하는 항공사를 통해 항공권 예약과 발권 등 통합 서비스를 제공받을 수 있게 되었다. 그러나 2023년 현재 아직까지 양국

타지키스탄 한국대사관 개소 기념 한국-타지키스탄 학술회의 장소인 외교부 복도 계단에 세워진 양국 국기(필자 촬영)

직항 운행은 이루어지지 않고 있다.

민간 부분에서는 계명대학교가 개교 60주년(계명1%사랑나누기 10주년)과 동산의료원 개원 115주년이 되는 2014년 '세계를 향해 빛을 여는 대학', '그리스도 사랑으로 인술을 실천하는 병원'의 기치를 실현하고자 시각장애인을 한국에 초청해 무료 개안수술을 실시하였다. 계명대 동산의료원 안과 의료진은 2013년 10월 타지키스탄을 방문해 사전검사를 하고 수술 대상자를 확정했고, 9명의 타지키스탄 학생들은 교장, 교감선생님과 함께 2014년 5월12일 입국해 계명대 동산의료원에서 검사를 받고 개안수술을 받았다.

2021년 11월 30일 대통령궁의 행사 단지 내에서 개최된 14차 한중앙아시아포럼 별관 장소(필자 촬영)

2013년 서명된 '대한민국 정부와 타지키스탄공화국 간의 소득에 대한 조세의 이중과세 방지와 탈세 예방을 위한 협약(한-타직 이중과세방지협약)'이 2016년 9월 28일자로 정식 발효되었다. 한국에서는 2015년 4월에 주한타지키스탄 대사관이 개설되었다. 양국은 2015년에 항공협정, 경제과학기술협정, 외교부간 협력 MOU, 스포츠 협력 MOU, 문화교류협력 MOU 등 다섯 분야에서 상호 협력을 합의하였다. 양국 정부 간 고위급 공동위 설립 및 정기 개최, 경제, 과학, 기술 분야의 교류협력을 확대하며, 예술 교육 분야 전문가들 간 교류 및 경험 공유 촉진, 문화재 보호 및 기념물 보존을 위한 협력을 추진하였다.

김형진 외교부 차관보는 2016년 10차 한-중앙아 협력포럼에 참석차 방한한 '니조미딘 조히디'(Nizomiddin Zohidi) 외교1차관과 11월 15

일에 양자회담을 갖고 양국 협력방안에 대해 논의했다. 한국 측에서는 ODA 협력대상국인 타지키스탄과 에너지 및 공공행정 분야를 중심으로 그간 진행되어 온 개발협력 사업의 성과를 평가하고, 보건의료 MOU 등 양국간 실질협력 다변화를 위한 제도적 기반을 확충해 나가자고 제안했다. 조히디 차관은 타지키스탄 국가발전에 긴요한 노동·교육 등 분야에서의 양국 협력이 보다 확대되기를 요청하였다.

2016년 3월, '한-중앙아 카라반 행사'가 두샨베에서 행해졌다. 카라반 행사는 한국 정부가 중앙아시아 국가들과의 상호이해, 포괄적 협력 증진을 목적으로 2011년부터 시행중인 복합 공공외교 사업이다. 2016년에는 카자흐스탄과 타지키스탄에서 개최되었다. 타지키스탄 카라반 행사에는 대한민국외교부, 문화체육관광부, 사단법인 한국전통문화예술원, 주 타지키스탄 대한민국공관에서 주최해서 열렸다. 정책협의회, 학술세미나, 문화공연 및 경제인 행사로 구성되었으며, 한국에서는 각계 인사 90여 명이 타지키스탄을 방문했다. 문화공연에는 한국의 전통음악, 전통타악, 전통무용, 비보이 세계챔피언 갬블러크루, K-POP 엠펙트(M.Fect), 한국대표 전주대학교 K타이거즈 태권무로 이루어진 한국최고의 공연단이 한국문화의 우수성과 역동성을 보여주는 융·복합공연을 펼치며 한국문화의 우수성을 알렸다.

한국과 타지키스탄 간에 다양한 문화 교류가 2016년에 이루어졌는데, 한국국제교류재단이 지원하는 '한국어 말하기 대회'가 타지키스탄에서 개최되었다. 그리고 국제교류재단에서 중앙아시아 차세대 프로젝트를 벌이고 있는데, 타지키스탄에서 차세대 인사들이 참여하였다. 그리고 2016년에 '타지키스탄 문화의 날' 행사가 2016년 5월에 서울에서 개최되었다. 한-중앙아친선협회가 주최하여 행사가 이루어졌다. 타지키스탄에서도 한국의 날 행사가 개최되었다. 그리고 9월에 타직-러시아 슬라뱐스키대학교 신 캠퍼스에 한국문화센터가 개설되었다. 이 대학은 종합인

문대학으로 모스크바 소재 슬라뱐스키 대학과 연계한 교육 커리큘럼으로 교육 수준이 높은 대학으로 평가받고 있는데, 2016년 9월 개교 20주년을 맞아 신축한 캠퍼스 건물에 한국정부가 한국문화센터를 개관하고 한국어 교육을 실시하였다. 타지키스탄 한국 교민은 약 100여 명 정도이다. 한국정부는 두샨베에 세종학당을 설립하였다. 두샨베 세종학당은 한국어 교육 확산을 위한 기관 간 협업 추진으로 이루어졌다.

2021년, 박병석 국회의장이 중앙아시아 3개국을 방문했다. 타지키스탄, 키르기스스탄, 투르크메니스탄 등이었다. 박병석 의장은 라흐몬과 '루스탐 에모말리' 상원의장을 만나 수력발전 분야 협력 방안을 협의했다. 루스탐 의장은 "수력 발전소 설립에 한국 기업의 동참을 요청했다. 그리고 큰 틀 내에서 직항노선 개설에 합의했다"고 밝혔다. 2021년 5월 27일, 경남 함양군은 타지키스탄 정부대표단과 상생발전 관련 업무협약을 체결했다. 10월 20일, 한국 외교부는 타지키스탄과 제 4차 경제·기술·과학협력 공동위원회를 열고 협력 강화 방안을 협의했다.

2022년, 코이카(KOICA: Korea International Cooperation Association)는 인도, 타지키스탄, 우크라이나에 사무소를 개설하고 개발협력 사업을 펼칠 것이라고 발표했다. 한-타지키스탄 수교 30주년을 기념하는 국악공연이 2022년 4월 26일, 두샨베의 '코히 보르밧' 공연장에서 개최됐다. 주타지키스탄 한국대사관이 주최한 이 행사는 '두샨베에서 서울까지'라는 주제로 국립국악원 공연단의 부채춤, 판소리, 시나위 합주, 판굿과 소고춤 등으로 구성되었다. 2022년 11월 25일, 외교부 박진 장관은 부산에서 개최된 제15차 한-중앙아시아 협력포럼에서 중앙아시아 5개국과의 협력을 제안했다.[56]

2장 타지키스탄 국내 정치

1. 라흐몬 대통령 체제: 권력 공고화 시기

타지키스탄 국내 정치의 핵심 인물은 에모말리 라흐몬(Emomali Rahmon) 대통령이다. 그는 1994년에 대통령이 된 이후 2023년 3월 현재까지 29년 동안 집권하고 있다. 라흐몬은 국내 정치 분야에서 독재 권력을 유지하며, 매우 강력한 권위주의 통치를 펼치고 있다. 중앙아시아 국가 중에서도 타지키스탄은 다른 '스탄' 국가와 비교해 경제발전이 가장 뒤떨어져 있다. 라흐몬은 고인이 된 우즈베키스탄의 '이슬람 카리모프'(Islam Karimov) 전 대통령, 카자흐스탄의 누르술탄 나자르바예프(Nursultan Nazarbayev) 전 대통령처럼 권위주의 체제를 가동하였다. 독립 이후 타지키스탄은 내전을 경험하면서 혹독한 국가건설의 과정을 밟았는데, 라흐몬은 매우 강력하고 확고한 권력을 유지하고 있다.

많은 국민은 국가 안보를 굳건히 방어하고 있다는 점을 들어 대통령에 지지 의사를 표명하고 있는 상황이다. 라흐몬은 정치적 반대파인 야권

타지키스탄 국립 박물관에 소장되어 있는 라흐몬 대통령 초상화(필자 촬영)

을 언론 미디어를 동원하여 억압하였고 독립 언론 미디어 활동을 방해했다. 현재 타지키스탄의 빈곤층은 약 50%이다. 1백만 명 이상의 해외 이주 노동자들이 러시아, 카자흐스탄에서 번 돈을 고향으로 송금하고 있다. 외면적으로 타지키스탄의 내정은 비교적 안정되었다. 라흐몬은 내전 시기에 권력을 쟁취한 이후 점진적으로 강화하면서 독재 체제를 확립했다.

1992-97 타지키스탄 내전 상황

국내 정치 관련, 우선 내전(1992-97)에 관한 이해가 있어야 한다. 그 과정은 다음과 같다. 1982년부터 1985년까지 '라흐몬 나비예프'(Rahmon Nabiyev)가 타지크 공산당 제1서기를 역임하였다. 이후 그는 타지키스탄이 독립한 1991년에 첫 번째 대통령으로 선출되었다. 이때 반대그룹에서 엄청난 시위가 있었는데, 이들은 대선이 조작되었다고 반발했다. 1992년 3-4월에 친정부 그룹과 야당 그룹이 수도인 두샨베에서 시위에 나섰다. 양 진영에서 격렬한 군사 충돌이 있었고 야당 지지파들은 두샨베 국영 TV를 장악했다. 1992년 5월 중순, 나비예프는 소위 '국가화해위원회'를 조직하고 양쪽의 화해를 시도했다. 당시 '다블라트 오스만' IRPT(Islamic Renaissance Party of Tajikistan; 타지키스탄 이슬람 부흥당) 부의장이 신정부의 총리가 되었다. IRPT는 수천 명의 회원을 보유하고 있었다. 소련 시기 경제 이권을 가지고 있던 남동지역의 쿨롭(Kulob), 북쪽 수흐드 지역의 정치 엘리트들은 대통령과 반대그룹 사이에 맺어진 정치적 협약을 강력하게 거부하고 국가를 통제하고자 시도했다.[57] 국가권력을 쟁취하기 위한 정파들이 경쟁함에 따라 내전이 발발했다. 내전은 개혁연합세력인 'UTO'(The United Tajik Opposition)와 친공산 보수 세력, 즉 정부군 세력이 대립되어 발생했다. 정부의 압력에 대응, 서방 지원을 받는 '민주당', 민족주의자인 '라스토헤즈(Rastokhez)운동', 그리고 분리주의자인 '랄리 바다흐샨'(Lali Badakhshan)이 UTO를 결성했다. 반군의 핵심 세력은 UTO를 이끌었던 IRPT였다. 우즈베키스탄과 러시아는 친공산주의 세력을 지원했다. 그 이유는 IRPT가 이슬람 원리주의의 전파와 신정 국가 건설을 표방하고 있어 반군이 승리하면 이슬람 원리주의가 주변 국가로 확산될 수도 있었기 때문이다.[58]

1992년 5월, 정부군과 반군이 내전에 돌입하였으며, 이전 공산주의자들이 세력을 떨치던 후잔트와 쿨롭을 중심으로 세력을 형성하던 정부군에 대항하여 가름(Garm), 쿠르간 투베(Kurgan-tube), 고르노-바다흐샨(Gorno-Badakhshan)지역을 교두보로 삼은 무슬림 반군 및 민주주의 연합이 힘을 합쳐 나섰다. 계속된 전투로 인해 많은 수의 인명 피해가 발생하였다. 내전은 비극적이었다. 나비예프 반대 세력은 주로 IRPT였는데, 아프가니스탄 '무자헤딘'(Mujahideen)으로부터 군수 물자와 훈련을 받았다. 무자헤딘은 아랍어로 성전에서 싸우는 전사(戰士)를 의미한다. 반군은 이슬람 성전(聖戰)을 주장하면서 전투를 벌였다. 친공산주의자들은 소련 군대로부터 무기를 공급받았다. 양측은 먼저 남부에서 전투를 벌였고 나중에는 수도까지 전선이 확대되었다.

1992년 9월 초 반군은 나비예프 대통령을 사임하게 만들었으며, 의회 의장인 '아크바르소 이스칸다로프'가 임시 대통령으로 선출되었다. 그러나 정부군은 러시아와 우즈베키스탄으로부터 군사지원을 받으면서 유리한 국면으로 전쟁을 이끌었다. 반군 측에서 수천 명의 난민이 발생하였고, 이들은 아프가니스탄 국경을 넘었다.[59] UTO는 아프가니스탄에 지부를 두고 정부군에 히트 앤드 런(hit-and-run)작전을 구사했다. 나비예프는 북부에 속하는 후잔트(레닌아바드) 출신이었는데, 소련 시기 이 지역 출신들이 정치 엘리트로 통치 그룹에 속해있었다. 이에 불만을 품은 세력들이 반군으로 대항하였다. 내전은 지역주의 양상으로 흘러갔다. 후잔트, 쿨롭 지역은 나비예프를 지지한 반면, 반 나비예프 세력, 쿠르간 투베, 고르노-바다흐샨의 파미르 인들, 라쉬트(Rasht) 분지 지역 세력이 반군으로 가세했다.[60] 내전은 1996년 휴전 협정, 1997년 평화 조약 체결로 종결되었지만 약 5-10만 명 정도의 사망자가 발생했다.

내전의 원인: 지역주의

내전의 원인으로는 지역주의의 영향력이 매우 컸다.

타지키스탄 내 우즈베크, 키르기스, 타타르 인은 순니파이다. 그런데 산악지대의 고르노-바다흐샨 거주민의 대다수는 이스마일 시아파이다. 타지키스탄에는 우즈베크인, 그리고 우즈베크인과 결혼을 통해 우즈베크어를 사용하는 타지크인으로 구성된 지역이 있는데 후잔트가 이에 속한다. 우즈베크 인이 약 30% 거주하였다. 남동쪽의 쿨롭에는 우즈베크 인이 약 45%로 추정되며, 두샨베 남서쪽의 쿠르간 투베(Kurgan-Tube)에는 32%의 우즈베크 인이 거주한다. 이 지역들은 우즈베키스탄에서 가까운 곳에 위치한다. 투르크화 또는 우즈베크화의 정도에 따라 타지키스탄을 여섯 지역으로 크게 구분하기도 한다. 즉 후잔트, 히사르, 쿠르간 투베 지역은 우즈베크화, 또는 투르크화된 지역이고 쿨롭, 가름, 고르노-바다흐샨은 타지크 민족성이 강한 지역이다.[61]

투르크화, 혹은 우즈베크화된 지역에서는 정치권력과 경제 이익이라는 혜택을 많이 받았다. 산업 투자의 상당 부분이 북부의 후잔트 및 히사르에서 이루어졌다. 쿠르간 투베는 대규모 관개계획을 통해 중앙아시아의 대표적인 면화재배 단지가 되었다. 소련 시기 이 지역으로 노동력 제공을 위해 산악 지대의 타지크인이 강제 이주되었다. 이들은 분리된 종속 민족 집단으로 변해갔으며, 그 주변인들은 이들을 가름 인이라고 명명했다. 이러한 우즈베크-타지크인의 인구 구성은 내전의 불씨로 작동되었다. 후잔트 인은 당과 국가 지도력을 장악하였으며, 이들은 우즈베크 인과 연계되어 소련 내에서 강력한 역할을 하였다.[62]

내전은 소비에트의 유산이 남긴 지역주의가 작동하였다. 후잔트,

2021년 11월, 두샨베 거리 상점(필자 촬영)

쿨롭은 구공산권 세력의 영향력이 컸다. 이에 반해 동쪽 지역인 고르노-바다흐샨과 중앙 계곡 지역인 가름은 소련 시기 경제적으로 소외되어 있었다. 반군 세력은 소외된 곳을 중심으로 형성되었다.[63] 내전은 공산권 세력에 대한 반발로 촉발되었지만, 소외 지역을 중심으로 강력히 발생한 측면도 무시할 수 없었다.[64] 후잔트는 비교적 풍요로운 지역이었다. 이에 반해 경제적으로 빈곤하며 이슬람 세력이 강하게 작동했던 쿠르간 투베 지역이 대립하였다.[65] 이 내전에는 또한 많은 외세가 개입했는데, 상기에 언급한 것처럼 러시아, 우즈베키스탄 군대가 참여하였다.

이외에도 내전에는 씨족, 종족주의가 발동되었다. 대가족이 포함된 친족, 부족이 연계된 성격도 있었다. 일종의 피의 복수가 진행되었다. 피의 복수 관습으로 인해 이 지역 분쟁은 더욱 추악하고 비 통제적 사건이 되어갔다. 개인적 피의 복수도 다양한 수준에서 벌어졌다. 특히 IRPT의 우스몬 부의장의 일부 친척들이 쿠르간 투베에서 반대파인 쿨롭 지역 사람들에게 살해당했는데, 이 사건이 시발점이 되어 전투 양상은 치열하게 발전했다.

정부군인 쿨롭 사령관은 다음과 같은 매우 적의 있는 내용의 전언을 남기고 있다.[66]

> 이곳은 아시아이다. 당신은 벨벳 글로브를 낀 채로 이곳에서 싸울 수 없다. 미치지 않는 유일한 방법이 하나 있다. 피를 강처럼 쏟는 것이다. 당신은 한 가지 더 이해해야 한다. 당신의 적은 이 땅을 밟을 권리 조차도 없다. 나는 나의 어머니, 아내, 그리고 3명의 아이가 죽었다는 것을 알았을 때, 그리고 이슬람주의자들이 나의 가족을 죽일 때에 비열하고 잔악한 행동을 했다는 것을 인식했다. 그래서 적들이 나의 포로로 잡히면, 그들을 죽이는 것으로는 충분하지 않다. 나는 그들이 천천히, 그리고 고통스럽게 죽어가는 것을 보기를 원한다. 먼저 그의 귀를 자르고, 다음에 혀, 코, 손가락을 자를 것이다. 그는 고함을 지르며 피를 흘리면서 고통스러워할 것이고, 나는 죽은 나의 아이들을 상기할 것이다. 내가 가지는 유일한 안타까운 일은 그의 고통을 연장할 수 없다는 사실이다.

1994년 UN과 러시아는 내전을 종식하기 위해 중재에 적극 나섰다. 러시아가 먼저 UN에 내전의 정치적 해결을 위해서 중재를 요청하였다. UN과 러시아가 외교적 압력을 펼치면서 1995년 8월 당시 라흐모노프(라흐몬) 대통령과 UTO 의장인 '누리'(S.A. Nuri) 간에 국가 화해 의정서가 채택되었다. 1996년 12월 모스크바에서 '빅토르 체르노미르딘'(Viktor Chernomyrdin) 러시아 총리가 참석하고 UTO 대표를 의장으로 하여 '국가화해위원회'(CNR: Commission on National Reconciliation)가 설립되었다.[67] 1997년 평화 협정이 체결되면서 정식으로 내전이 종결되었다. 합의 사항 중에는 정부 내각에 반군, 즉 야당의 지분으로 30% 참여가 가능하게 되어 반군은 국가 행정 기관 업무에 합류하였다.

반군 측 사령관이 내무부 소속의 정부 업무를 맡아 참여하는 등 정부와 야권 세력 간에 정치적 안정에 도움을 준 일이 있었다. 이 조치는 양 진영의 화해 협력에 도움이 되었다. 상당수의 반군 참여자들이 국가 행정 업무를 맡았다. 2011년 5월, UTO의 '올림 오딜로프'(Olim Odilov)는 자신과 더불어 과거 UTO 사령관이던 '미르조쿠야 아흐마도프'(Mirzokhuja Ahma-dov), 그리고 이외 반정부 군사투쟁을 주도한 수십 명의 군사 지도자들이 내무부와 면담을 거쳐 메디컬 테스트를 받았으며, 업무 배당을 기다리고 있다고 밝혔다. 아흐마도프와 추종자들은 반정부 군사투쟁이 격심했던 동부 지역인 '라쉬트' 계곡의 거주민들이었다.

아흐마도프는 그 이전에 이미 라쉬트에서 범죄와의 전쟁을 주도하는 정부 리더로 일하다가 2008년 은퇴한 적이 있었다. 그러나 2010년 9월 19일, 라쉬트에서 수십 명의 정부군이 테러리스트들의 공격을 받고 사망하자, 정부는 아흐마도프와 그의 동료들이 테러리스트와 연루된 것으로 비난했다. 그러자 이들은 즉시 자신들의 무기를 버리고 정부군의 반정부 테러리스트 군사작전에 참여했다. 반정부 군사 활동을 이끌던 '압둘로 라히모프'(Abdullo Rahimov)는 2011년 초에 사망했다. UTO의 또 다른 군사 사령관이던 '소흐 이스칸다로프'(Shoh Iskandarov)는 2011년 4월에 내무부 산하 라쉬트 지역 책임자로 임명되었다.[68]

라흐몬 대통령의 초기 집권과 통치 방식들

라흐몬은 1994년 대선에서 첫 번째 대통령으로 선출되었다. 내전 시기에 선출되었기 때문에 그는 기존의 공산당 지도자에 저항하는 국민들과의 관계에서 권위주의 정권을 구축하고 유지해야할 필요성이 있었다. 라흐몬은 권력 강화와 안정을 위해 국민들로부터 정당성을 얻기 위

두샨베 인근 산악 지역 전경(필자 촬영)

해 억압보다는 회유를 선택했다. 라흐몬은 절차적 민주주의, 즉 투표를 통해 쟁취한 권력을 활용하였는데, 모든 정책을 제도적 절차 방식으로 추진했다. 내전 종식 이후 그는 '사만 왕조'가 국가의 역사적 근본이라고 주장했다. 민족 정체성 확립을 통해 국민을 통합하기를 원했다. 내전으로 산업 시설이 대부분 파괴된 상황에서 권위주의 체제로는 국가를 통치하기가 쉽지 않았다.[69]

라흐몬의 통치 방식 중에는 권력에 위협적이지 않는 이들을 사면하는 정치 행태가 있었다. 그는 2011년 7월 27일, 약 8천 명의 교도소 수감자들에 대한 특별 사면 요청서를 하원에 제출했는데, 사면 대상자는 신체장애자들, 2차 세계 대전 참전자들, 군대 탈영병들, 암이나 중병에 시달리는 사람들이 포함되었다. 이들은 9월 9일 독립 20주년에 맞추어 특별 사면되었다. 경제 사범들도 자신들이 끼친 손해액에 대한 배상금을 지불하면 사면 받을 수 있었다. 1997-98년에 대 정부 군사 행동을 일으켰던 이들과 불법 이슬람 단체 소속으로 수감된 이들도 포함되었다. 다만 살인, 테러, 중범죄자들은 사면 대상에서 제외되었다. 2011년 기준, 교도소 수감자는 약 13,000명이었다. 1991년 이래 20년 간 타지키스탄

에서는 11번의 특별 사면 조치가 있었으며, 2009년 11월에도 약 1만 명이 사면되었다.[70]

라흐몬, 1선(1994−99), 2선(1999−2006), 3선(2006−13) 대통령 선출

라흐몬 대통령은 내전 이후 강력한 대통령 리더십을 가동하였다. 그는 야당에 대한 정치적 감시, 언론에 대한 직접 통제 등을 통해 자신의 정권을 공고히 했다. 1994년 11월, 최초로 대통령에 선출된 라흐몬은 1999년 9월, 기존 5년인 대통령 임기를 7년으로 연장하는 헌법 개정안을 국민투표를 통해 통과시켰다. 그리고 이어진 1999년 11월, 대선에서 득표율 97%의 압도적 승리로 재선에 성공했다. 그는 2006년 11월 '국민민주당'(PDP: people's Democratic Party) 후보로 대선에 출마, 79%의 지지로 2선에 성공했다. 라흐몬은 정치적 라이벌 없이 당선되었다. 가장 강력한 야당 세력이던 IRPT도 별다른 역할을 하지 못했다. 대통령은 2007년 4월 14일, 러시아식 이름인 '에모말리 라흐모노프'(Emomali Rahmonov)에서 타지크 식 이름인 '에모말리 라흐몬'(Emomali Rahmon)으로 개명했다.

2006년 당시 대통령의 권한은 어떠했을까? 그는 상원의원의 1/4을 임명할 수 있는 권한을 가지고 있었고 상원 의원은 34명이 정원이었다. 대통령은 또한 각 주의 지사를 임명하는 권한을 가지고 있었다. 이를 통해 대통령은 중앙권력뿐만이 아니라 지방을 직접 통제하는 합법적 기반을 가졌다. 라흐몬은 권력 유지를 위해 2006년에 만료되는 임기를 연장하기 위해 대통령직을 두 번 더 연임할 수 있도록 허용하는 헌법안을 2003년에 국민투표로 통과시켰다. 타지키스탄은 대선 및 의회 선거를 정기적으로 치루고 있으며, 외형적으로 절차적 민주주의를 준수하였다. 그러나 2005년 총선, 2006년 대선에서 불법선거 의혹을 받으면서 절차적 민주주의의 형태와는 거리가 먼 정치 과정이었다는 평가를 받았다.

타지키스탄 의회는 양원제이며 하원은 63석이다.

2005년 3월 총선 결과 집권 여당인 국민민주당 51석, 공산당(the Communist Party) 5석, IRPT 2석, 독립당 5석을 획득했다. 당시 총선에서 집권 여당의 의석은 약 80%였으며 이는 집권당의 권력이 매우 강력하다는 것을 의미했다. 당시 라흐몬의 후계자로 부상되던 인물은 두샨베 시장인 '마흐마드사이드 우바이둘로예프'(Makhmadsaid Ubaidulloyev) 정도였다. 그는 친러 경향의 인물이었다. 내전 시기 권력을 쟁취한 라흐몬은 내전을 종결한 책임자로서 국민들로부터 강력한 지지를 받았다. 2006년 대선에서는 1999년 대선에서 받은 97% 득표율보다 훨씬 낮은 79%의 지지율로 3선에 성공했다.

타지키스탄 정치 상황에 대한 국제 사회의 비판적 입장

국제 사회는 타지키스탄의 정치적 상황, 내정 등을 언급하면서 인권 개선을 주장하는 등 인권 문제를 계속 제기하였다. 미 국무부가 발간한 2012년도 '인권보고서(Country Reports on Human Rights Practices)'에는

두샨베 시내 옷 가게 전경(필자 촬영)

타지키스탄의 인권 개선 필요성에 대해 언급되었다. 이 보고서는 타지키스탄이 권위주의 국가이며, 정치적으로 대통령과 지지자들이 지배하는 정치 구조를 가진 국가라고 평가하였다. 보고서에는 국가의 헌법은 다당제 정당 시스템을 인정하고 있지만, 실제 정부는 진정한 민주주의를 방해하고 있는 세력이라고 적시되어있다.[71] 이후 연례 보고서도 유사한 내용으로 발표되었다.

2010년 타지키스탄 총선

2010년 2월 28일 총선에서 국민민주당이 하원 63석 중에 54석을 획득했다. 이외 IRPT, 공산당, 농업당(the Agrarian Party), 경제개혁당(the Economic Development Party)등이 각각 2석을 얻었다. 유권자 약 350만여 명이 참여한 총선에서 8개 정당이 출사표를 던졌다. 총 63석 중 41석은 소선거구에서 승리한 후보가 차지하고 나머지 22석은 총 유권자의 5% 이상을 득표한 정당에 배분되는 방식이었다. 국민민주당은 71.04%로 압도적인 1위, IRPT는 8.22%를 얻어 2위를 차지했다. 공산당은 7.01%의 지지를 받았다. 의석수는 IRPT 4석, 공산당 2석, 농업당 2석, 경제개혁당 2석, 무소속 1석이었다. 하원 소선거구 1차 투표에서 과반수 득표자가 없을 경우 2차 투표를 실시하는데, 1차 투표에서 투표율이 50% 미만인 경우에도 2차 투표를 실시한다. 선거 전 공산당은 후보자에게 요구되는 보증금 7,000소모니(약 1,600달러)가 과도하게 책정이 되었다며 폐지할 것을 제안하였지만, 관철되지 않았다.

내정의 불안 요소는 반정부 군사 세력 정도

라흐몬은 국내 정치 분야를 직접적으로 통제하면서 당시 우즈베키스탄, 카자흐스탄만큼의 강력한 권의주의 국가 체제는 아니었지만, 상당할 정도의 권력을 향유하면서 정치 안정을 구축하였다. 당시 내정의 가장 불안한 요소는 반정부 군사세력 정도였다. 특히 IRPT가 관여했다는 직접적인 증거는 없지만 2010년 가을, 두샨베 국가 형무소에서 25명의 테러리스트가 탈주한 사건 때문에 국내 안보 및 정치 상황이 매우 불안정했다. 이들 중 대다수는 사살되거나 생포되었다. 특히 라쉬트 지역에서 벌어진 반정부 군사 활동은 내정의 심각한 위협 요소였다. 2010년 가을 이후 이 지역에서 반정부 군사 활동으로 약 1백 명의 정부군 사망자가 발생했다. 지역 군벌이 이곳을 장악하면서 정부군과 전투를 벌였다. 내정의 공고화를 위해 군사 작전이 정부에 의해 강력 추진되었다. 정부는 언론 미디어를 장악하고 있었고 동부 지역을 중심으로 한 반정부 활동 상황에 대한 언론 보도를 통제했다. 정치적 불안정성이 언론 미디어 탄압으로 이어졌다. 국가언론은 탈주 사건과 관련된 보도를 전면 금지하였다. 정부는 테러와 관련된 일에 매우 민감한 반응을 보였다. 2010년 9월 초 언론인인 '틸라브 라술조다'가 후잔트 지역의 경찰서를 겨냥한 자살 폭탄 차량 공격 사건을 기사에 게재하자 정부는 그를 구금하였다. 당시 라쉬트에서는 정부가 낮 시간에는 통제력을 가지고 있었지만, 반정부 세력이 야간에 이 지역을 통제한다고 할 정도로 지방 정부의 불안정성이 높았다.

대통령은 주지사에 대한 임명권을 가지고 있기 때문에 지방 상황에 대한 통제권을 가지고 있었다. 대통령은 중앙권력과 지방에 대한 직접적인 통제권을 행사할 수 있는 합법적 기반을 구축했다. 라흐몬은 이슬람 테러리스트의 준동에 가장 민감하고 이슬람 원리주의 세력에 매우 강력히 대처해왔다. 권력 유지는 무슬림 세력에 대한 통제였다. 그러나 미국 등 서방 각국은 타지키스탄 동부의 정치적 긴장 상태에 우려를 표시하였다. 서방은 타지키스탄 정부가 국제기관의 외교적 해결 방식을 수용하도록 촉구했다. 2012년 9월 7일 개최된 '유럽안보협정 상임위원회' 제 923차 회의에서 참석자들은 이 같은 성명서를 제출하였는데, 2012년 7월 사살된 IRPT의 '사브잘리 마마드리조예프' 살해 사건에 대한 타지키스탄 정부의 공정한 수사를 요청했다. 2012년 7월 23일, 고르노-바다흐샨의 IRPT 책임자인 '마마드리조예프'가 실종되었는데, 3일후에 도시 교외의 정부군 기지 근처에서 시체로 발견되었다. IRPT 관계자들은 이 사건에 정부가 개입하였다고 주장했다. IRPT는 사건 관련 조사를 조속히 요청했지만 정부 조사는 제대로 진행되지 않았다.

유럽안보협정 상임위원회는 내전 시기 반군 사령관이던 '이몸나자르 이몸나자로프'가 2012년 8월에 살해된 사건에 대해서도 공정한 수사를 타지키스탄 정부에 촉구했다. 그런데 도리어 정부는 2012년에 벌어진 일련의 사건을 통해 정부 차원의 탄압을 강화하였다. 정부는 고르노-바다흐샨에서 7월에 벌어진 정부군과 지역 군벌 세력과의 전투 배후에는 IRPT가 관여했다고 간주했다. 동부 지역은 아프가니스탄과 국경을 접하고 있어 마약의 유통지로 알려져 있다. 정부는 이 지역에서의 완전한 통제권을 원했다. 그러나 자국 내정에 관한 내외의 비난이 증폭되자 정부는 언론미디어에 적용하던 광범위한 명예훼손 관련 법안을 시민 위반 행위로 완화하는 조치를 취했다. 유럽안보협력기구와 '미디어 프리덤'(Media freedom)은 2012년 초, 전 세계에서 언론 탄압을 받던 국가에 언론 자유 법령이 채택되어야 한다고 촉구했다. 그러나 타지키스탄은 공공장소에서 대통령비난 행위에 적용하던 벌금형, 그리고 5년 이하의 징역형을 유지하였다.

라흐몬, 2013년 4선 대선 승리

2013년 11월 6일, 라흐몬은 4번째 대선에서 83.6%의 득표율로 당선되었다. 4번째의 연임이었다. 라흐몬은 5명 정도의 잘 알려지지 않은 후보자와 대결을 벌였다. 대통령 후보는 라흐몬을 포함, '이스모일 탈바코프' 공산당 의장, 민주당의 '사이드자파르 이스모노프' 의장, 사회당의

두샨베 인근 마을 도로에 있는 대통령 사진 전경(필자 촬영)

'압두할림 가포로프' 의장, 농업당 대표인 '톨리베크 부호리이예프', 경제 개혁당의 '올림존 보보예프' 의장 등 총 6명이었다. 라흐몬 83.06%, 탈바코프 4.99%, 부호리이예프 4.57%, 보보예프 3.87%, 가포로프 1.49%, 이스모노프 후보가 1%를 득표했다. 투표율은 86.6%로 매우 높았다.

'무히딘 카비리'(Muhiddin Kabiri) IRPT 의장과 '사회민주당'의 '라흐마틸로 조이로프'(Rahmatillo Zoirov) 의장은 '개혁연대'를 조직하고 여성 법률가인 '오이니올 보보나자로바'(Oinikhol Bobonazarova)를 후보로 내세웠지만, 대선에 필수적으로 필요한 추천인인 21만 명의 추천을 받지 못해 후보 자격을 상실했다.[72] 2013년 대선의 경우 국제 선거 옵서버단은 선거가 국민에 의해 올바른 선택으로 이루어지지 않았다고 평가하였다. 당시 '유럽안보협력기구'(OSCE: Organization for Securiy and Co-operation in Europe)는 대선이 비교적 조용하고 평화적으로 진행되었지만, 국민이 후보를 진정으로 선택하기에는 무엇인가 결여된 대선이었다고 총평했다. OSCE는 라흐몬 후보자가 정부의 언론 미디어를 선거 목적에 활용하여 선거 캠페인을 유리하게 이끌었다는 비판적 입장을 가졌다. 라흐몬은 대선 기간 현직 대통령의 직위를 적절히 이용하였고 자신에게 집중된 대량의 선거 미디어 뉴스를 보도하는 등의 편파적인 선거 캠페인을 진행하였다는 것이다. 부정투표라고 의심되는 직접적인 지표도 발견되었다. 이외에 각종 위임 투표, 가족 투표, 그룹 투표 등이 광범위하게 행해졌다. 선거 옵서버단은 유력 야당후보가 필요한 추천인을 확보하지 못해 대선 후보에 미등록한 사건을 정부의 방해 공작 때문에 비롯되었다고 주장했다.

선거 과정에 대한 야권의 입장은 매우 강경했다. 사회민주당의 리더인 조이로프는 대선을 인정하지 않는다고 밝혔다. 추천인을 확보하지 못한 보보라자로바는 라흐몬 이외 5명의 선거 후보자들은 후보 등록에 필요한 숫자인 21만 표를 확보하였지만, 왜 득표수는 이보다 더 적은 것인지에 대해 의문을 표했다. 그녀는 선거는 선거위원회 관리들과 후보들에 의해 이루어진 정치적 쇼에 불과했다고 강력히 비판하였다.[73] 야권은 라흐몬이 사적 권력 네트워크를 강화해왔다고 비판했으며, 대선도 그러한 양상으로 이루어졌다는 입장을 보였다. 2013년 당시 타지키스탄의 빈곤층은 50%에 이르렀다. 1백만 명 이상의 해외이주노동자들이 해외에서 일을 하고 있었다. 주요 야당인 사회민주당은 대선이 헌법 원칙을 지키지 않았고 민주주의 가치에도 합당하지 않았으며, 진정한 국민의 선택을 할 수 없다는 이유를 들어 대선 자체를 거부했다. 타지키스탄에서는 7년 만에 대선이 있다. 2013년 대선 이후에는 다음 대선이 2020년 11월에 개최되어야하는데, 정부는 2020년 10월로 결정하였다. 라흐몬은 매우 강력한 권위주의 정권, 즉 경성 권위주의 체제를 가동하였다.

2015년 총선(하원 선거)

2015년 3월 1일 총선에서 집권당인 국민민주당이 65.2%의 지지율로 승리를 거두었다. 전체 유권자 4,323,634명 중에서 3,791,827명이 투표권을 행사, 투표율은 87.7%였다. 1991년 소련 해체 이후 처음으로 공산당과 IRPT가 비례대표 지지율 5% 미만을 받음으로써 의석수를 확보하지 못했다. 전체 63석 중 지역구는 41석이며, 비례대표 선출 의원은 22석이다. 인민민주당은 지역구 35석, 비례대표 16석을 얻으면서 총 51석을 얻었다. 5년 전 총선에서 획득한 54석보다 3석 줄어들었다. 농업당 5석, 경제개혁당 3석, 사회당(Socialist Party) 1석, 공산당 2석, 민주당(Democratic Party) 1석이었다. 사회당은 하원에서 처음 의석을 얻었다. 선거가 부정으로 얼룩졌다고 비판한 사회민주당은 의석을 얻지 못했다.

　‘쇼디 샤브돌로프’(Shodi Shabdolov) 공산당 당수는 선거는 “정치적 익살극”이라고 비판하였다. IRPT의 ‘무하마달리 하이트’(Muhammadali Hait) 대표는 선거 개표는 밀실에서 이루어졌으며, IRPT가 개표 과정에 참여하지 못했기 때문에 선거 자체가 공정하지 못한 것이라고 비판하였다. IRPT는 내전 당시 정부에 의해 불법적인 정당으로 선포된 적도 있었지만, 1997년 평화조약을 체결하던 당시 내전 종결의 주요 역할을 하였으며, 이후 공식 정당으로 인정받았다. 선거 참관인으로 참여한 OSCE는 선거가 “금지된 정치적 공간”에서 열렸으며, 후보자들을 위한 활동 공간을 제공하는 데 실패했다고 평

두샨베 내 타지크 전통 식당 내부 전경(필자 촬영)

가하였다. OSCE의 특별 코디데이터인 '마리예타 티데이'(Marietta Tidei)
는 선거 캠페인을 통해 다양한 정파들이 참여하였는데, 불행하게도 경쟁
기회가 골고루 부여되지 못했으며, 국가 기관은 법적인 제한을 가했으
며, 타지키스탄 이 직면한 실제적 이슈에 대한 논쟁 공간도 충분히 확보
되지 못했다는 입장을 전했다.[74]

라흐몬, '국가발전개념' 제정 강조

라흐몬은 법치주의에 근거, 민주적이고 세속적인 국가를 지향하는
"국가발전개념"(National development concept)을 제정해야 한다고 타지크
지식인과의 회동에서 밝혔다. 그는 2015년 3월 19일, 학자, 작가, 예술
인, 그리고 다른 저명인사들과의 연례 회동에서 이같이 말하고 이는 장
기적인 2050 발전개념으로 국가이익에 명백히 근거해야한다는 점을 강
조했다. 이 국가발전개념은 국가 및 세속주의에 근거한 발전을 목표로
하는 내용이다. 당시 이슬람 극단주의자들이 활동이 늘어나고 정부가 극

두샨베 인근에서 시내로 들어가는 도로 전경(필자 촬영)

단주의자들에 대한 체포에 나서고 있었다. 2015년 총선에서 IRPT가 최초로 하원 의석을 확보하지 못하자 정부는 이슬람 극단주의자들을 제어하기 위한 방안을 내세웠는데, 이는 그러한 대책에 속했다. IRPT는 정부로부터 지속적인 정치적 압박을 받아왔다. 이슬람 불법 단체인 '자마트 안사룰라'(Jamaat Ansarullah) 소속 5명의 회원에 대한 재판이 2015년 3월 19일에 시작되었다. 라흐몬은 IS에 가담하기 위해 중동으로 떠난 타지키스탄 청년들을 국가의 잠재적 위협 요소로 보았다. 이들이 시리아와 이라크에서 고국으로 돌아오면 이슬람 극단주의자가 될 가능성이 높다고 정부는 판단했다.[75]

2. 라흐몬 대통령 체제: 독재 권력 확립

라흐몬, 2015년 헌법 수정: 종신 집권 가능

라흐몬은 고(故) '이슬람 카리모프' 우즈베키스탄 전 대통령, '누르술탄 나자르바예프' 전 카자흐스탄 대통령처럼 권위주의 국가 체제를 가동하였다. 독립 이후 타지키스탄은 내전을 경험하면서 혹독한 국가건설의 과정을 밟았는데, 라흐몬은 매우 강력하고 확고한 권력을 지금까지 유지하고 있다.

라흐몬은 정치적 반대파인 야권을 언론 미디어를 동원하여 억압한 정치가로 유명하며, 독립 언론 미디어 활동을 방해했다. 라흐몬의 권력이 독재 체제로 전환되던 시점은 2015년이라 할 수 있다. 하원은 2015년 11월 16일을 '대통령의 날'로 지정하는 법안을 그해 4월 15일 승인했다. 11월 16일은 라흐몬에게 정치적으로 의미가 있는 날이다. 1992년 11월 16일, 최고의회는 훈자트에서 회기를 열고 최고회의 의장으로 라흐몬을 선출했다.

두샨베 인근 마을에 세워져있는 대통령 사진(필자 촬영)

하원은 소련 시기 집단 농장의 책임자로 일한 경력이 있는 라흐몬에게 2015년 12월 9일, 종신 면책 특권을 수여하는 내용의 법안을 전격 통과시켰다. 당시 대통령은 63세였다. 이는 라흐몬이 이슬람 원리주의자들이나 야권과의 경쟁에서 확실한 우위를 차지하였다는 것을 의미하며 독재적 권력이 발동된 사건으로 수용될 수 있다. 헌법 개정 배경으로는 2015년 IRPT가 대법원에 의해 불법 단체로 선포되면서 야권 세력이 매우 약화된 상황이 일정 부분 작용했다. 라흐몬은 이 사건 이후 정치 분야에서 독재 통치 강화를 위한 일련의 계획을 추진했다. 그는 언론과 지지자들에 의해 내전 이후 국가에 안정을 가져다 준 훌륭한 지도자로 칭송받았다. 정부는 이슬람 원리주의자들의 세력을 강력히 억제하면서 대통령 권한을 대폭 강화했다. 이는 경성 권위주의가 확연히 정착했다는 것을 의미하며, 독재 체제의 구축을 반증하는 증거이다. 하원은 '대통령의 날'로 지정하는 법안을 2016년 4월 15일에 승인했다. 대통령의 날은 공휴일로는 지정되지 않았다.[76] 2016년 5월 22일, 정부는 라흐몬의 종신 집권이 가능한 헌법 수정안에 대한 국민투표를 실시했다. 라흐몬 대통령의 임기 제한을 폐지시키는 법안이 통과되어 그는 종신 집권의 길을 열었다.

수정 헌법의 내용

그렇다면 수정 헌법의 주요 내용은 무엇일까? 현 대통령은 "타지키스탄의 국가 연합과 평화의 건설자"로 공식적으로 지정되었다. 대통령의 권한이 대폭 확대되었으며, 대통령 친인척 보호 규정이 있는데, 대통령의 직계 가족은 종신 면책 특권을 가지며, 소유 재산도 소송 절차로부터 면제되었다. 대통령이 직무 수행 중의 모든 일에 대해서는 형사 소추를 받지 않는다. 그리고 매우 특징적인 수정 내용으로는 대선 입후보자 자격이 기존의 35세에서 30세로 낮추어졌다는 점이다. 이는 2020년 대선 때에는 라흐몬 대통령의 장남인 '루스탐 에모말리'의 연령이 32세가 되기 때문에 수정 헌법으로 루스탐은 2020년 대선 출마가 가능하게 되었다. 루스탐이 아버지를 대신해서 2020년 대선에 입후보할 것이라는 예측이 많았지만, 결국 2020년 대선에는 아버지가 나섰다. 의회는 대통령 입후보 자격 조건을 무제한으로 하는 내용을 통과시키면서 라흐몬이 종신 대통령이 될 수 있도록 하였다.[77]

헌법 개정으로 라흐몬은 야권과의 경쟁에서 절대적이고 확실한 우위를 차지하였다. 2016년 수정 헌법에 대한 국민투표에서 94%의 압도적 찬성이 있었다. 의회는 정부의 핵심 인사들이 주도하였다. 정부로부터 정치적 탄압을 수차례 받은 저명한 인권 행동가인 보보나자로바는 이 법안은 "민주주의를 비웃는 일"이며 향후 민주주의 원칙을 방해할 것이라는 비판적 입장을 가졌다. '쉬쿠리존 주후로프' 하원 의장은 이 법안은 "타지키스탄의 민주주의 과정"에 저촉되지 않으며, 특히 국가 지도자 칭호는 중앙아시아의 다른 국가에서도 있었다고 밝혔다.

대통령이 이러한 권한을 얻음으로써, 지도자 권력 측면에서는 카자흐스탄과 투르크메니스탄의 경우와 거의 유사한 특권을 소유하게 되었다.[78] 수정 헌법 내용에는 현 대통령에 대해 '국가 지도자'라는 호칭을 수여했다. 나자르바예프 카자흐스탄 대통령은 재직 시 2000년 이래 면책 특권을 가졌다. 그는 2010년, "국가 지도자"의 칭호를 부여받은 바 있다. 투르크메니스탄의 '사파르무라트 니야조프'(Saparmurat Niyazov) 전 대통령도 사망 이전까지 '투르크멘바시'(Turkmenbashi: 모든 투르크멘의 지도자) 호칭을 받았다. 후계자인 '구르반굴리 베르디무하메도프'(Gurbanguly Berdymukhammedov) 전 대통령도 '아르카다그(Arkadag)', 즉 보호자(Protector)라는 칭호를 수여 받았다.[79]

우즈베키스탄에서는 카리모프 대통령이 권위주의 통치를 가동했는데, 2016년에 사망했다. 나자르바예프 대통령은 2019년 공식적으로 대통령직을 사임했다. 자신에 대한 우상숭배 통치를 했던 니야조프 대통령은 2006년에 사망했다.

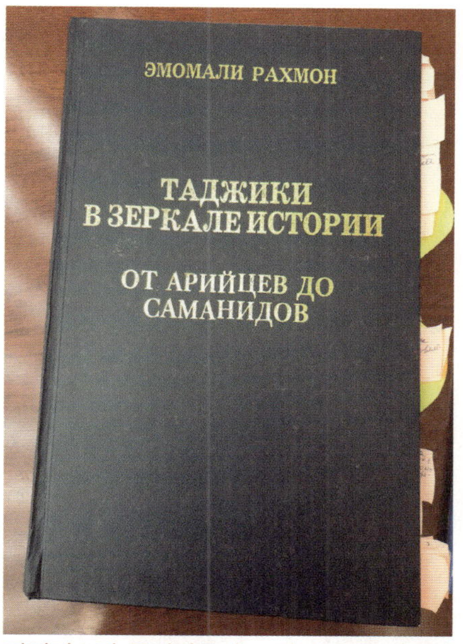

타지키스탄 국립박물관 소장 라흐몬 대통령 저서인 『타지크 역사의 창문에서: 아리안에서 사만왕조까지』(필자 촬영)

이후 투르크메니스탄 베르디무하메도프 대통령은 개인 숭배를 중심으로 하는 독재적 통치 체제를 가동하였고 현재는 그의 아들인 '세르다르 베르디무하메도프'(Serdar Berdimuhamedov)가 대통령직을 수행 중이다. 전 베르디무하메도프 대통령은 2023년 3월 현재 상원의장에 재직 중이다. 타지키스탄에서는 라흐몬 대통령의 1인 독재 체제가 장기간 지속되고 있는 상황이다.

그리고 수정안에는 대통령 유고시 상원의장이 권한 대행을 맡고 3개월 이후 대선을 실시하도록 되어있다. 타지키스탄 관리들의 44%가 35세 이하인데, 라흐몬의 친인척 등이 국가 요직에 자주 등용되고 있는 가운데,

타지키스탄 국립 박물관 내 라흐몬 대통령 사진(필자 촬영)

장남인 루스탐은 2013년부터 관세청에서 근무하다가 2015년부터 부패척결부서(anticorruption agency)의 국장으로 재직했다.[80]

그는 2017년 1월 12일, 두샨베 시장에 임명되었다가 이후 실질적 2인자인 상원의장으로 임명되었다. 2016년 헌법 수정안에 대한 국민투표 실시 이후 대통령 딸인 '오조다 라흐몬'이 상원의원으로 선출되었다. 당시 38세였던 '오조다 라흐몬'은 2016년 1월 27일 이래로 대통령 자문위원직을 맡았다. 하원과 달리 상원의원은 직접선거로 선출되지 않는다. 33명의 상원의원 중 25명이 도시 및 지역에서 비밀투표로 선출되고 이외의 8명은 대통령에 의해 지명되는데, 오조다 라흐몬은 지역 연합회에 의해 선출되었다. 셋째 딸인 루크쇼나 라흐모노바는 2016년 11월 25일 외무부 차관에 임명되었다. 라흐모노바는 영국 주재 타지키스탄 대사관에서 근무한 경험이 있다. 이런 방식으로 대통령의 가족 및 친인척 등이 요직에 등용되었다. 라흐몬 대통령의 자녀는 총 9명이다. 타지키스탄 인권 단체와 야당 인사들은 라흐몬이 반대 세력의 어떤 의견도 경청하고 있지 않다고 비판했다.[81] 루스탐은 대학교 학위를 3개를 가지고 있다. 타지키스탄은 정부 직책에 젊은이들을 임명하는 정책을 추진하였으며, 가족에 관한 인사도 그러한 정책의 일환이라는 것이 정부의 설명이다. 관리들의 44%가 35세 이하이다.

라흐몬 대통령과 아들 루스탐(타지키스탄 정부 공식사이트)

이외에 헌법 수정안에서 눈여겨볼 사항은 종교 기반의 정당 창설은 금지된다는 내용이다. 종교 자유가 불허되었다는 의미이다.[82] 이슬람 원리주의자들을 대처하는 부분에서 가장 강력한 통치 방식이 대통령의 권한을 지속적으로 강화해 나가는 일이었다. IRPT 등 종교 정당의 출현은 원천적으로 봉쇄되었다. 이슬람은 라흐몬에게 그다지 중요한 민족 통합 요소가 아니었다. 민족건설과 국가건설을 위해 역사를 미화하고 민족주의를 강조하면 되지, 굳이 이슬람 가치를 내세울 필요가 없었다. 정부는 극단적인 이슬람이 전파될 것을 우려해왔다. 이는 IRPT 상황과도 연결된다. 독립 직후 IRPT가 설립되면서 국가 통치에 부정적인 영향력으로 작동하였다고 정부 지도자들은 판단했다. 그런 연유로 타지키스탄에서는 이슬람 가치를 국가건설 과정에서 강조하지 않았다.

라흐몬은 2016년 독립 25주년 기념일을 앞두고 12,000명 이상에 달하는 범죄자들을 사면하는 법률안을 의회에 제출했다. 대통령 공보실은 8월 17일, 이 법률로 3,000명 이상의 수감자들은 즉각 석방되며, 선고 유예 받은 자들과 아직 형기가 결정되지 않은 범죄자 4,000명 이상이 완전히 사면된다고 발표했다. 5,000명 이상 재소자들의 형기가 감소되고 수사가 진행되거나 현재 조사가 임박한 혐의자에 대한 조사도 중단되었다. 여성, 10대, 55세 이상 경과 된 성인 남성, 전쟁 베테랑, 군 복무자들도 사면 대상자에 포함되었다. 살인자, 테러리스트, 종교적 극단주의자와 이와 유사한 범죄자들은 사면 대상에 포함되지 않았다. 이는 그만큼 정부가 이슬람 극단주의의 출현을 두려워하고 있다는 것을 반증하는 내용이다. 25주년 독립 기념일은 2016년 9월 9일이었다. 국제인권단체들은 타지키스탄 정부가 반 테러리즘 법률을 자국의 정치적 반대자들을 탄압하는 데 사용하고 있다고 수년간 이를 비난해왔다.[83]

2016년, 라흐몬의 권한이 매우 강력해진 가운데, 대통령을 부각시키는 여러 정책이 추진되었다. 12월에 국립은행은 대통령의 초상화를 새롭게 발행하는 1,000소모니 고액권 지폐에 사용할 것을 고려하기도 했다. 1,000소모니 고액권은 약 US 127달러 정도의 가치이다. 현재 타지키스탄의 최고 고액권은 100소모니로 12.7달러 정도이다. 카자흐스탄이 독립 25주년을 기념하는 일련의 행사로서 10,000텡게(약 30달러)의 고액권에 나자르바예프 대통령의 초상화를 싣는 것으로 결정했다는 발표가 있은 직후에 타지키스탄에서 이러한 움직임이 있었다.

타지키스탄이 카자흐스탄의 예를 따르고자 시도한 것은 이번이 처음은 아니었다. 상기에 언급했듯, 2015년 12월, 라흐몬이 "국가의 리더"라는 칭호를 받고 재임 중의 일로 형사 소추를 영구적으로 받지 않는다는 권한이 헌법 수정을 통해 이루어졌는데, 이는 나자르바예프 대통령의 예를 동일하게 따른 결정이었다. 대통령에 대한 2,000개의 헌법 조항의 법령문서도 카자흐스탄과 거의 비슷하다. 투르크메니스탄에서는 니야조프 전 대통령이 1993년에서 2,005년까지 모든 지폐와 동전에서 자신의 초상화가 실려 있었다. 2,006년에 니야조프가 사망한 이후에서야 그의 초상화는 투르크멘 민족의 역사적 인물로 대체되었다.[84]

정부는 IRPT 이외 이슬람 극단주의자들에 대한 단속에 적극 나섰다. 2020년 1월 28일 검찰은 무슬림 형제단(Muslim Brotherhood) 회원 113명을 체포했다. 타지키스탄은 무슬림 형제단을 이슬람 급진주의 단체로 규정하고 있다. 타지키스탄은 극단적 이슬람주의가 발흥하지 않도록 2017년 이후부터 이슬람과 관련된 시설에 대한 탄압에 나섰는데, 3년간 약 2천 개의 모스크를 폐쇄하였다. 모스크가 운영이 되는 곳에서도 이맘의 설교 내용은 사전에 정부의 승인을 받아야한다.[85] '히즈브 웃 타히르'(해방당)의 경우, 이 단체의 동원조직으로 모스크가 활용된다. 모스크 내에서 스터디 그룹이 운영되거나 신규 회원이 모집되었다.[86] 정부는 그러한 이유로 모스크를 폐쇄하였는지 그 근거는 확실하지 않지만, 이슬람 극단주의가 발흥할 여지를 원천적으로 남기지 않는다는 의지가 엿보이는 대목이라고 하겠다.

2020년 총선, 여당 압승

여당인 타지키스탄 국민민주당은 2020년 3월 1일 하원 선거에서 승리하였다. 전체 득표의 50.4%를 차지하고 47석을 확보했다. 비례대표제 투표에서 12석을 얻었는데 이는 최근 총선에서 가장 적은 의석수이다. 야당은 하원 선거가 자유롭지 못한 환경에서 실시되었다고 비난했는데, 투표함 조작, 중복 투표 등 다양한 선거 부정이 적발되었다. 친여 성향 정당인 경제개혁당 16.6%, 농업당 16.5%의 득표율이었다. 사회당은 5.15%, 민주당은 가까스로 5.1%를 받아 비례대표 의석수를 획득했다. 전체적으로 국민민주당 47석, 농업당 7석, 경제개혁당 5석, 공산당 2석, 사회당 1석, 민주당 1석으로 전체 63석이다. 이 선거는 IRPT가 2015년, 법적 등록이 금지된 이후 첫 번째 선거였다.[87] 공산당은 전체 득표율이 3.1%에 그치면서 비례대표제에서는 의석수를 가지지 못했지만, 지역

타지키스탄 국립박물관에 소장된 라흐몬 대통령과 모친(필자 촬영)

구 투표에서 2석을 받았다. IRPT가 불법화됨으로써 유일한 야당으로 남은 사회민주당은 비례대표에서 0.3%의 득표율로 참패하였으며, 지역구 의석도 얻지 못했다. 총선 투표율은 86.14%였다.

라흐몬, 2020년 대선 92% 득표율로 5선에 성공

2020년 10월 11일 대선에서 라흐몬은 92.08%의 득표율로 당선되었다. 투표율은 약 85.44%였다. 2위는 농업당 후보인 '루스탐 라티조다'(Rsutam Latifzoda)로 3.06%의 득표율을 보였다. 라흐몬은 5선에 성공하였으며, 2027년까지 33년간 타지키스탄을 통치하게 된다. 2020년 10월 5일에 68세가 된 라흐몬은 1994년에 첫 번째 대통령에 당선된 이후 5번의 선거에서 모두 승리했다. 대선 입후보자는 총 5명이었는데, 모두 친정부 정당 소속의 인사들이었다. 라흐몬은 7년 더 대통령직을 유지하게 되었으며, 포스트 소비에트 공간에서 2023년 3월 현재, 가장 장기간 권력을 유지하는 지도자가 되었다. 벨로루스의 '알렉산드르 루카셴코'(Alexander Lukashenko)도 첫 번째 대통령직에 1994년 당선되었기 때문에 이 2명의 대통령은 거의 비슷한 기간 대통령직을 수행하고 있다. 그런데 2020년 대선 이후 벨로루스 정국은 매우 심각한 상황으로 치달았지만, 타지키스탄의 2020년 대선은 여당의 견고한 승리로 끝났다. 내정은 매우 견고하다. 라흐몬은 강력한 권위주의 독재 정권을 가동하고 있다. 선거에 관련, 국민 소요가 없다. 타지키스탄은 현재 표면적으로 정국 안정을 이루고 있고 IRPT의 영향력도 거의 미미한 편이다. 정부가 IRPT에 가한 정치적 압박 정책은 강력한 효과를 얻었다.

IRPT는 한때 이슬람 신정국가 건설에 대한 비전을 가진 적도 있지만, 내전 이후 이슬람 원리주의 행태를 보인 적이 없었다. 그리고 이슬람 원리주의자들과의 종교적, 정치적 연대를 추진하지 않았다. 이러한 관점에서 정부가 IRPT를 견제하면서 2015년에 불법단체로 선언하고 정당 등록을 금지한 것은 정권 안정을 위한 조치였다고 할 수 있다. 라흐몬은 IRPT의 영향력 차단에 성공함으로써 독재적 권위주의 정권을 완성하는 정치적 승리를 거두었다. 상당한 기간 동안 정권이 안정될 것으로 판단된다. 그리고 향후 IRPT가 국내에서 재건되어 활동할 가능성은 거의 없다고 할 수 있다. IRPT는 정치적 과정의 경로를 거쳤지만, 현재 시점에서는 표면적으로 소멸되었다고 보는 것이 타당하다.

그러나 늘 그렇듯, 서방은 이번 대선의 공정성에 대해서도 비판했다. EU 회원국 정상들과 EU 위원장이 회동, EU 정책을 결정하는 최고 의사 결정 기구인 '유럽 이사회'(European Committee)의 '피터 스타노' 대변인은 성명을 통해 대선이 "평화적이고 질서 있는 방식"으로 수행된 것으로 보이지만, OSCE의 선거 감시자들이 제안한 일련의 권고 사항인 미디어 환경의 독립성 등이 구현되지 못했다고 언급했다. 일반적으로 타지키스탄의 대선과 총선은 서방의 선거 옵서버들에 의해 자유롭거나 공정한 선거로 인정받지 못했다. 그동안 행해진 대선, 총선 등 그 어떤 선거에서도 OSCE는 자유롭고 민주적인 선거로 인정하지 않았다. OSCE는 줄곧 라흐몬 후보자가 정부의 언론 미디어를 선거 목적에 활용하여 선거 캠페인을 유리하게 이끌었다는 입장이었다. 라흐몬은 대선 기간에 현직 대통령의 직위를 적절히 이용하였고 대통령 자신에게 집중된 대량의 선거 미디어 뉴스를 보도하는 등의 편파적인 선거 캠페인을 진행하였다는 것이 정치전문가들의 공통적인 견해였다. 2020년에 행해진 총선에서도 다원적 정치 토론이 없었으며, 기본적인 정치적 권리와 자유에 대한 체계적인 침해로 엄격하게 통제된 환경에서 총선이 이루어졌다는 평가를 OSCE로부터 받았다.

2020년 총선에서 사회민주당은 유일한 야당 세력이지만, 단일 의석 확보조차도 실패했었다. 이번 대선에서 사회민주당은 선거를 거부하고

2020년 대선에서 **투표하는** 라흐몬 대통령(출처: 타지키스탄 국가 공식 사이트)

 중앙아시아 국가 타지키스탄: 일반 개관·이슬람·국내정치·국제관계

불참했다. 사회민주당은 대선에서 한 사람이 모든 후보에 대해 반대투표를 하더라도, 중앙선거관리위원회는 개표 숫자와 결과를 발표하기 때문에 아무런 의미가 없다며 선거를 보이콧 한다는 입장을 보였다. 라흐몬은 확고한 권력을 유지해왔다. 라흐몬을 지지하는 국민들은 내전에도 불구하고 평화를 공고히 하고 안보를 굳건히 했다는 점에서 지지 의사를 강력히 표명하였다. 라흐몬은 반대 세력인 야권을 언론 미디어를 동원하여 억압하고 사실상의 독립 언론 미디어의 활동을 강력하게 억압했다.

2020년 대선은 과거 가장 강력한 야당이던 IRPT가 2015년 불법 단체로 규정된 이후 처음 치러진 대선이었다. 2015년 9월 29일에 대법원은 IRPT를 "극단적인 테러리스트 집단"으로 규정하고 모든 활동을 금지시켰다. 정부는 이 사건을 계기로 이슬람주의자들에 대한 전격적인 체포에 나섰다. 10월에는 IRPT 소속 고위 관리들 23명이 검찰에 의해 체포되었다. 카비리 의장도 아직까지도 해외를 전전하고 있다. IRPT 소속의 많은 지도자들과 관리들이 수감되었다.

대선 앞둔 타지키스탄 이슈

대선을 앞두고 타지키스탄 내부적으로도 여러 이슈가 있었다.

첫째, 라흐몬의 아들인 루스탐이 아버지를 대신해 후보자로 나설 것이라는 예측이 많았다. 그는 2020년 4월에 상원의장으로 선출되었다. 아버지가 대통령으로 자신의 의무를 다하지 못하는 상황이 발생할 경우, 아들이 대신 그 역할을 할 수 있다는 것을 보여준 사건이었다. 그는 상원의장이면서 두샨베 시장이다. 루스탐은 대선후보로 아버지가 최종 결정되기 이전에 주재한 회의에서 정당, 전문 협회, 수그드, 카틀론 지역, 고르노-바다흐샨 자치구, 두샨베 시는 대통령 후보를 발표할 자격이 있다고 결정한 적이 있었다. 이런 결정 이후에 그가 아버지를 대신해 후보자로 나설 수도 있다는 관측이 있었다. 서방 전문가들은 당시 라흐몬이 출마하여 계속 권력을 유지하거나, 자신이 출마하는 대신에 아들이 후보자가 되어 중앙아시아에서 최초로 부자 승계 권력 이양을 시도할 수 있다고 내다보았다. 의회도 일반적으로 대선이 11월에 행해진 것에 비해, 이번에는 10월 11일로 선거 날짜를 앞당겼다.

루스탐이 상원 의장에 임명된 것은 대통령 권력 승계를 위한 강력한 직책을 얻었다는 것을 의미한다. 수정 헌법에 따르면, 대통령 유고시나 직무 수행이 불가능할 시에 대통령 직위는 상원 의장이 권한 대행이된다. 이후 3개월 이내 대선이 치러진다. 현재 정치 체제에서 루스탐은 2인자이다. 라흐몬의 건강 상태에 대해 신뢰되는 정보는 거의 없다. 라흐몬은 타지크인의 신체 기준으로 본다면, 비만이고, 그의 형 '루리딘 라흐몬'은 2017년에 심부전으로 사망한 적이 있는데, 당시 형의 나이는 67세였다. 2020년 대선에 나서던 라흐몬의 연령은 67세였다.

라흐몬은 언론과 지지자들에 의해 내전 이후 국가에 안정을 가져다 준 훌륭한 지도자로 칭송받아왔다. 의회가 그에게 '국가 지도자' 호칭을 부여했는데, 이는 라흐몬이 아들을 위해 대선에 참여하지 않거나, 혹은 다른 누군가가 대통령에 출마하더라도, 나자르바예프 전 카자흐스탄 대통령처럼 '국가 리더'로서 강력한 권력을 유지할 수 있다는 것을 시사했다. 2016년 5월 22일 국민투표를 통해 라흐몬은 종신 대통령을 할 수 있는 권한을 가졌으며, 자신과 가족에 대한 종신 면책 특권을 받았다. 헌법 수정안 국민 투표에서 국민들은 압도적인 찬성으로 이를 승인하였다. 라흐몬 대통령은 종신 대통령이 가능하다. 수정헌법에 대한 2020년 5월 22일 국민 투표 출구조사에서 투표자의 94.5%가 41개에 달하는 헌법 수정안에 대해 찬성하였다. 투표율은 92%였다. 수정안에는 종교를 근거로한 정당 창설도 금지하였다. 타지키스탄 정치 체제를 비판하는 이들은 종교적 자유와 시민 사회에 대한 존중이 사라지고 정치적 인기주의에 영합하는 일들만 나타나고 있다는 시각을 가지고 있다.[88]

둘째, 대선에 결정적 영향은 없었지만, 선거를 앞두고 코로나 19 상황도 정부를 긴장하게 만든 요소였다. 코로나 19 확산으로 경제적 불안감이 심화 되면서 그동안 경제를 지탱해 온 수십만 명의 이주 노동자들이 러시아에서 일을 할 수 없어 지역 경제에 필요한 송금이 원할치 않았다. 루스탐은 최근 몇 년 동안 공개 행사에서 아버지와 함께 사진을 찍는 빈도가 늘어났다. 이는 그가 대통령직을 승계할 수도 있다는 것을 시사했다. 그러나 2020년 들어 이러한 행보는 많이 줄어들었다. 코로나 19 상황이 심각하기 때문인 것으로 파악되었다. 대통령은 그동안 자주 시행하던 두샨베 외곽의 히소르와 루다키 마을 방문 자체를 줄였다. 정치 평론가들은 대통령의 이 같은 행동을 선거 전의 초기 행보로 해석하였다.

대선을 앞두고 코로나 19로 인해 선거 연기에 관한 주장도 일부 제기되기도 했지만, 정부 당국은 2020년 4월말까지 코로나 19 발병 사례를 발견하지 못했다고 주장했다. 코로나가 확산하는 데도 침묵하는 태도를 보여주었다. 당국은 폐쇄 등의 예방 조치를 채택하지 않았는데, 대선 전 코로나 상황이 통제되고 있다는 인상을 국민들에게 심어주기 위해 노력하였다. 의회에서 대선 일자를 공식적으로 공표하면서도 코로나 위기를 인정하지 않았으며, 선거 연기와 같은 조치에 대해서도 전혀 언급하지 않았다. 코로나에 관련, 다른 중앙아시아 국가들은 2020년 3월에 발병 상황을 기록하기 시작했다. 그러나 타지키스탄은 발병 그 자체를 부인했다. 그러다가 정부는 4월 말에 코로나 발병 사례 보고를 시작했다. 국제인권단체는 종교 자유, 시민 사회, 정치적 다원주의에 대한 경시가 증가하다고 비판하였다.

타지키스탄은 라흐몬 이외에도 가족이 국가 경영에 여러모로 참여하고 있다. 이런 상황을 종합적으로 감안한다면, 라흐몬의 독재 체제는 당분간 견고하게 진행될 것이다. 우즈베키스탄에서는 카리모프가 권위주의 통치를 가동했지만, 고령으로 이미 사망했다. 나자르바예프는

2019년에 공식적으로 대통령을 사임했다. 그는 상왕의 위치에 있었지만, 2022년 1월 카자흐스탄에서 시위 상황이 발생하면서 나자르바예프의 과거 강력한 권위는 무너졌다고 하겠다. 키르기스스탄은 예외적으로 대통령 교체가 빈번하지만, 타지키스탄에서는 라흐몬의 1인 체제가 견고하게 지속되고 있다.[89]

3. 타지키스탄 정부와 사회 문화 영역: 통제와 감시

정부, 새로운 종교 법안 제정으로 종교 단체 통제

정부가 2009년 새로운 종교 법안을 입안하면서 종교 단체들에 대한 직접 통제 권한을 가졌다. 법안에 따르면 정부는 종교 문서를 검열할 권한을 가지며, 정부가 인정하는 장소에서만 종교 의식을 거행해야 한다. 종교 단체의 등록을 위해서도 과거보다 더 까다로운 조건을 충족시켜야만 한다. 러시아의 일반 종교 관련 법안이 급진적인 이슬람 단체에 대한 통제를 강화하는 목적에서 시행된 측면이 있는데, 타지키스탄의 신종교 법안에서는 이슬람 단체는 정부의 단속과 탄압대상에서 제외되었다. 이슬람 반군의 내전 참여 등 이슬람 야당과 단체들에 의해 극심한 내홍을 겪었던 정부가 이슬람 정당과 단체에 대한 단속의 의미보다는 서방의 기독교 전파나 서방 문화 전파에 일정한 제동을 걸기 위한 의도로 보인다.

타지키스탄 정부, 종종 웹사이트 서비스 전면 중단: 미디어 통제 강력 실시

정부의 인권 탄압 사례 중에는 타지키스탄 내 웹사이트와 관련, SNS(사회통신망) 서비스가 전면적으로 중단되는 일도 포함되었다. 정부는 미디어에 대한 정치적 통제를 가했다. 특히 지메일, 구글, 유튜브, 페이스북 서비스에 접속이 불가능하도록 웹서비스가 종종 차단되었다. SNS 서비스에 대한 국가 통제가 빈번히 일어났다. 2014년 10월, 웹서비스가 제대로 이루어지지 않았는데, 국가통신위원회는 기술적인 문제로 SNS 서비스가 중단되었다고만 전했다. 타지키스탄 이동통신업계에서는 국가통신위원회의 명령으로 이러한 일이 발생했다고 주장했다. 이는 국가 통치 체제가 반민주적이라는 것을 의미한다. 2014년 10월 5일 이래 페이스북, 유튜브, 그리고 러시아의 매우 인기 있는 사회통신망 서비스 등 수백 개에 이르는 웹사이트 서비스가 전격 차단되었다. 야권 단체인 'Group 24'가 대규모 반정부 시위를 10월 10일에 개최하면서 홍보 수단으로 사회 미디어를 적극 이용하고 있다는 이유 때문에 차단되었다. 대법원은 2014년 10월 9일, 이 단체를 극단주의 그룹으로 규정하고 불법화시켰다. 이 단체의 지도자는 망명중인 사업가인 '우마랄리 쿠바토프'(Umarali Quvatov)였다.[90]

정부는 빈번하게 웹사이트 등을 폐쇄하는 행동을 자행했다. 의회는 대테러 방지 대책의 일환으로 인터넷과 유선전화시스템 차단을 합법화했다. 페이스북, 트위터, RFE/RL, 기타 뉴스 포탈 등을 포함한 웹사이트와 사회 네트워크망에 대한 접속이 여러 차례 차단되었다. 2016년에도 그러한 일이 반복되었다. 인터넷 웹사이트 접속이 제한되던 때는 야권 그룹이 시위를 준비 중이거나 국가 안보국이 테러리스트들에 대한 군사 작전을 실시하는 경우였다. 미국과 EU 관리들은 인터넷과 개인 사이트 접속에 대한 차단에 대한 우려를 표명해왔다. 타지크 관리들은 그동안 인터넷 접속의 어려움은 기술적인 문제로 인해 야기되었다고 밝혀왔다.[91]

2016년 'UN 표현의 자유 및 인권 특별조사위원회'(The UN special rapporteur on the right to freedom of opinion and expression)는 타지키스탄의 시민 그룹, 독립 미디어, 정치적 반대파가 직면한 상황에 대해 큰 우

려를 표하였다. 3월 10일 이 위원회에 소속된 '데비드 카일'(David Kayle)
은 모바일 서비스를 포함하여 웹사이트, 네트워크 등이 정부에 의해 빈
번하게 폐쇄되거나 통제되고 있다는 내용의 성명서를 발표했다. 카일은
정부가 IRPT를 불법화하면서 비밀 재판을 통해 이 정당의 지도자들을
기소하고 야권 단체인 'Group 24' 회원들과 독립적인 정치가들을 공격
한 일련의 사건 등을 언급하였다. 카일은 정부가 정치적 이유로 감금된
모든 이들을 석방하고 중범죄자로 기소된 사람들에 대해 공정한 재판이
진행되기를 촉구했다. 그는 당시 타지키스탄을 방문한 결과에 대해 UN
인권위원회에 보고서를 제출할 준비를 하고 있다고 밝혔다. 카일은 타지
키스탄에서 표현의 자유에 관한 권리를 더 좋게 증진시키는 방법을 권고
할 것이라고 강조했다.[92]

　　서방 국가는 주요 웹사이트가 차단된 것에 대한 우려를 표명했다.
미국은 인권 영역에서 여러 요청 사항을 타지키스탄 정부에 촉구했다.
2014년 6월 4일 타지키스탄 주재 미국 대사관은 차단된 웹사이트에 대
한 제한을 철폐하라고 타지키스탄 정부에 요청하였다. 미국 대사관은
"각각의 관점을 자유스럽게 표명하는 개인적 자유는 전 세계적인 일"이
라는 내용의 성명서를 발표했다.[93] 타지키스탄의 주요 웹사이트는 2014
년 5월 28일 이래로 차단되었는데, 타지키스탄 인터넷 서비스협회장인
'아소무딘 아토예프'(Asomuddin Atoev)는 웹사이트 차단은 국가통신서비
스의 명령을 따르는 일부 인터넷 서비스 업체에 의해 이루어졌다고 밝혔
다. 아토예프는 2014년 5월 27일에 보도된 타지키스탄의 고위 경찰 간
부가 IS에 합류했다는 소식이 웹사이트 차단과 관련이 있는 것 같다고
강조했다.[94]

　　정부는 국가통신서비스의 명령을 따르는 일부 인터넷 서비스 업체
가 웹사이트를 차단했다는 궁색한 답변을 내놓았다. 심지어 정부는 고위
경찰 간부가 'IS'에 합류했다는 소식이 퍼지면서 웹사이트가 차단되었다

고 발표하였다. 통신서비스 관리들은 자신들은 인터넷 서비스 차단과 어떠한 관련성이 없다고 언급했다. 정부는 시민 사회를 통제하고 독립적인 종교단체에 대한 각종 규제 정책을 가동하였다. 정부는 정치적 이유로 감금당하고 있는 정치범들을 석방하고 교도소에서 자행되고 있는 고문 방지와 미디어 자유를 전면적으로 허용하라는 'UN인권위원회'의 요구를 거절했다.

정부, 미디어 콘텐츠 통제 칙령 발표

정부는 국영과 민간 부분에서 미디어 콘텐츠를 통제하는 5년 기한의 칙령을 제정했다. 2016년 8월, "TV와 라디오 프로그램 준비를 위한 가이드라인"을 발표했는데, 이에 따르면, 정부는 국가방송위원회를 통해 소유주에 관계없이 모든 TV와 라디오의 콘텐츠를 제정하고 통제하는 권리를 가지게 되었다. 정부는 본 칙령을 통해 언론인들이 국가 이익을 증진하는 것을 목표로 하고 있다고 강조했다. 이 칙령으로 권위주의 정부가 개인 미디어를 검열하기 위한 더 많은 권한을 가지게 되었다. 정치 발전과 언론 자유라는 관점에서 보면 이는 부정적이다. '에드워드 레몬' 베를린 엑스터(Exeter)대학의 연구원은 이 칙령은 정부가 정보 독점의 권리를 얻고 미디어에 관한 모든 사항을 정치, 경제, 사회적 실재로 반영하기 위한 정책이라고 강조했다. 국가 문화, 교육, 그리고 건강 생활 방식 등은 이 칙령에 근거, 규칙적으로 행해져야 한다. 의무적인 콘텐츠는 "사회 경제, 문화 영역, 예술, 교육, 과학과 스포츠 분야에서 정부 정책을 전파해야 하는" 것으로 의무화되었다. 칙령에는 "TV와 라디오 위원회" 내에 소위 "예술 위원회"라는 특별위가 TV와 라디오 프로그램을 정기적으로 모니터링하고 심리해야 한다고 규정되었다.[95]

서방에서 이러한 정치적 탄압을 중지하라는 요구도 증가하고 있지만 정부는 이를 무시하고 있다. 'UN인권위원회'는 정치적 이유로 감금당

타지키스탄 국가 홍보 소개 엽서모음(필자 촬영)

하고 있는 정치범들을 조건 없이 석방하고 교도소에서 자행되고 있는 고문 방지와 미디어 자유를 전면적으로 허용하라고 타지키스탄 정부에 요구했지만 거절당했다. UN은 타지키스탄 정부가 인권 행동으로 수감되어 있는 이들에 대한 정당한 재판을 진행할 것을 요청했으며, 특별히 이들을 변호하다가 감금된 변호사들에 대한 공정한 재판을 촉구했다. 정부는 정치인, 인권운동가, 변호사 등 정치적 반대 그룹에 대한 어떠한 정치적 동기도 없으며, '고문방지협약의정서'에 비준할 준비를 갖추고 있지 못하다고 밝혔다. 정부는 미디어 자유에 관한 더 좋은 환경을 조성하라는 UN의 권고에도 미디어 발전과 자유 언론을 위한 "필요한 모든 조건"을 충족하고 있다는 입장을 견지하고 있다.[96]

　‘프레스 프리덤 월드와이드’(Press freedom worldwide)가 2010년 전 세계 언론 실태 보고서를 발표한 가운데, 타지키스탄은 러시아, 카자흐스탄, 아르메니아, 키르기스스탄, 아프가니스탄 등 63개국과 함께 ‘비자유’(not free)국가군에 포함되었다. 이 보고서는 언론 상황이 가장 열악한 국가로 북한, 벨라루스, 투르크메니스탄, 우즈베키스탄, 이란, 미얀마, 리비아 등 10개국으로 평가했다. 또한 ‘부분적 자유’(partly free)로 분류된 국가는 우크라이나, 세르비아, 루마니아 등 65개국이었으며, 언론 자유가 보장된 국가는 조사 대상 196개국 중에 약 1/3인 68개국이었다. 이 보고서는 대체적으로 10년 이상 전 세계 국가의 언론 상황이 현저히 나빠졌으며, 세계 인구의 1/6만이 언론에 자유롭게 접근할 수 있다고 강조했다. 이날 보고서는 ‘세계 언론 자유의 날’ 하루 전에 공표되었다. 특히

2021년 11월 17-24일까지 개최된 CAFA(중앙아시아 축구협회) 주관 U-15 축구대회 장소(필자촬영)

지난 1년간 언론 자유가 급격히 제한된 국가는 이집트, 헝가리, 멕시코, 튀르키예, 우크라이나 등이었다.[97] 타지키스탄은 자유가 없는 독재적 통치 행위로 이루어졌다고 할 수 있다.

미국은 타지키스탄의 인권 문제에 관심을 가졌다. 힐러리 클린턴 국무장관이 2011년 10월 22일 타지키스탄을 방문하였다. 최초로 이 지역을 순방한 클린턴 장관은 라흐몬과 지역 현안인 마약 수송 문제와 이슬람 테러리즘에 관한 의견을 나누었다. 미국은 아프가니스탄의 물품 공급의 연결로로 타지키스탄을 전략적으로 활용하였다. 타지키스탄과 우즈베키스탄은 2009년 아프가니스탄에서 나토 군사 작전용 비 살상 군사 용품을 육로로 공급하는 계약을 미국과 체결한 바 있다. 클린턴 장관은 타지키스탄 지식인 그룹과의 모임에서 미국은 전 세계 인권에 무척 큰 관심을 가지고 있다고 강조했다. 클린턴은 미국은 타지크 시민들이 적절한 교육을 받고 땅을 소유하며 자유롭고 독립적인 언론 미디어를 즐길 수 있기를 바라고 있다는 점을 언급했다. 그리고 시민들이 동등한 정치적 권리, 특히 남성과 여성이 동일한 권리를 누리기를 바란다고 덧붙였다. 미국은 종교 자유를 포함, 젊은이와 노인들, 남성과 여성이 동등한 권리를 가져야 한다는 점을 강조해왔다. 클린턴의 이러한 발언은 타지키스탄 정부가 18세 이하 청소년들과 여성들이 금요일 모스크 회합에 갈 수 없는 내용의 법령 제정을 우회적으로 비판한 것이었다.[98]

국제 사회는 타지키스탄의 정치적 상황, 내정 등을 언급하면서 인권이 개선되어야 한다고 인권 문제를 계속 제기하였다. 미국의 '국제종교자유위원회'(USCIRF: US Commission in International Religious Freedom)가 발표한 2012년 연례보고서에 따르면, 타지키스탄과 튀르키예가 종교 자유를 최고로 억압하는 국가군에 포함되었다. 종교 자유와 관련, 튀르키예와 타지키스탄을 포함하는 16개 국가가 특별한 관심을 받아야 하는 대상국으로 선정되었다. 튀르키예와 타지키스탄 이외에 미얀마, 북한,

두샨베 소재 '타지키스탄 화가 아카데미' 정문(필자 촬영)

이집트, 이란, 이라크, 나이지리아, 파키스탄, 중국, 사우디아라비아, 수단, 투르크메니스탄, 우즈베키스탄, 베트남, 에리트레아 등이 종교 자유를 억압하는 국가군이었다. 미 의회는 국제종교자유위원회를 지난 1998년에 설립했으며, 이 위원회에서 채택된 보고서는 대통령이나 국무부 등에서 정책 결정에 활용하고 있다. 보고서에서 종교 자유를 침해하는 최고 단계의 국가로 지정되면, 이 국가들에 대한 제재가 결정된다.[99]

미 국무부가 발간한 2012년도 '인권보고서(Country Reports on Human Rights Practices)'에서도 타지키스탄의 인권이 개선되어야 한다고 기술되어 있다. 이 보고서는 타지키스탄이 권위주의 국가이며, 정치적으로는 대통령과 그의 지지자들이 지배하는 정치 구조를 가진 국가라고 평가하였다. 보고서에는 국가의 헌법은 다당제 정당 시스템을 인정하고 있지만, 실제 정부는 진정한 민주주의를 방해하고 있는 세력이라고 지적되었다.[100] UN은 2016년 5월에 발간한 보고서에서 'IRPT'와 'Group 24'의

회원들을 포함, 정치적 동기로 인해 감금되어 있는 정치범들을 즉각적으로, 조건 없이 석방하라고 촉구했다.

휴먼 라이츠 워치, 중앙아시아 인권 문제 지적

'휴먼 라이츠 워치'(HRW: Human Rights Watch)는 인권 변호 및 연구를 하는 비영리 기구 단체이다. 이 기구의 본부는 뉴욕에 있으며, 암스테르담, 베이루트, 베를린, 브뤼셀, 시카고, 제네바, 요하네스버그, 런던, 로스앤젤레스, 모스크바, 파리, 샌프란시스코, 도쿄, 토론토, 워싱턴 D.C. 등에 지부가 있다. '휴 윌리엄슨(Hugh Williamson)' 휴먼 라이츠 워치' 유럽 및 중앙아시아 이사는 성명을 통해 "일부 중앙아시아 국가들은 아프가니스탄에서 전개되는 위기에 대한 글로벌 대응에서 중요한 역할을 하고 있지만 국내 인권 문제도 심각하게 해결해야할 상황"이라고 강조했다. 아프가니스탄 위기는 중앙아시아에 새로운 도전이 되고 있으며 인권과 법치에 대한 존중은 이러한 문제를 처리하는 데 핵심 요소가 되어야 한다는 것이 HRW의 입장이었다. EU는 2019년 중앙아시아에 대한 새로운 전략을 채택하였는데, 중앙아시아 지역의 인권 보호 목표였다. 세계에서 가장 억압적이고 폐쇄적인 국가 중 하나인 투르크메니스탄에서는 수십 명이 강제 실종되는 사건도 벌어졌다. 투르크메니스탄은 어떤 독립적인 시민 사회 단체나 언론도 운영되지 않는 독재 국가이다. 예를 들면 투르크메니스탄 당국은 공식적으로 코로나 바이러스가 발견되지 않는다는 입장을 가지고 있다. 심지어는 이러한 정보 접근을 공개적으로 요구하는 사람들에 대해 국가는 보복조치를 내렸다.

카자흐스탄 정부도 노동조합에 대한 반대 정책을 취했다. 카자흐스탄은 평화적 집회와 노동조합에 관한 새로운 법률을 채택했다. 그러나 평화적인 시위대와 금지된 반대 운동 지지자들은 여전히 구금되고, 벌금이 부과된다. 독립적인 노동조합은 등록 및 운영에 "심각한 장애물"에 직면해 있다. 휴먼 라이츠 워치는 키르기스스탄 관리국 의회에서 "비정부 단체에 불필요한 재무 보고 요건을 부과하는 법안과 '거짓' 정보를 처벌하는 지나치게 광범위한 법안"을 포함해 여러 가지 "문제적인" 입법 조치를 취하고 있다. 특히 국가의 헌법 개혁의 여러 조항이 국제 인권 규범과도 모순되고 있다. 우즈베키스탄에서는 실제적으로 야당 후보가 출마할 수 없는 미르지요예프 대통령의 재선이 국가의 인권 상황에 "명백한 후퇴"(clear setbacks)와 일치했다고 이 단체는 전했다. 독립적인 인권 단체의 등록이 계속 거부됨에 따라 당국은 대통령 선거를 앞두고 정치적 야당 인사들을 괴롭히고 솔직하고 비판적인 블로거들을 표적으로 삼았다.[101]

4. 타지키스탄 경제 개관

타지키스탄의 주요 산업은 농업, 수력 발전 등이다. 국토의 98%가 산악지대이며 교통, 운송 인프라가 부족한 관계로 대외경제 환경이 매우 열악한 편에 속한다. 중앙아시아 국가들이 석유, 가스, 광물 자원을 기본적으로 풍부히 소유하고 있는 것에 비해 타지키스탄은 자원 보유가 많지 않고 보유 자원에 대해서도 투자가 잘 이루어지지 않는다. 소련 해체 이후 교통 인프라가 제대로 형성되지 않아 국경 지대의 중국, 아프가니스탄, 우즈베키스탄, 키르기스스탄과의 교역에도 어려움을 겪어왔다. 수력 발전소 건설을 통해 전력 수출로 경제 발전을 추진한다는 계획이지만, 관련 국가, 즉 우즈베키스탄의 반대와 투자 유치가 어려워 추진이 원활하지 않다. 타지키스탄은 취약한 국내 인프라와 대외 경제 환경, 1990년대 내전으로 경제발전이 원활하지 않았으며 빈곤인구가 많다. 타지키스탄은 자원보유 국가처럼 대외 경제 변동에 매우 취약한 구조를 지니고

있다.[102]

　　타지키스탄은 전체 인구 중 농업 종사자가 약 70%이다. 농촌 발전이 국가 경제의 주요한 역할을 담당한다. 국가개발전략에서 식량안보 보장, 지속가능한 자원 이용으로 환경보호 등 농업부문 역할이 강조되어 있다. 이 전략에 따르면 빈곤감소 전략, 식량안보 프로그램을 통해 식량의 안정적 공급과 빈곤감소를 위해 농업발전을 목표로 한다. 타지키스탄은 국가개발전략에 부응, 아시아개발은행, 유럽부흥은행(EBRD: European Bank for Reconstruction and Development)을 비롯, 미국, 영국 등에서 생산성 향상을 위해 시설정비, 관개수로 공사 등을 진행했다. 유럽부흥은행은 타지키스탄의 토지 정리와 토지 소유권 문제에 관한 컨설팅 사업을 진행했다.[103]

　　타지키스탄에는 국제 경쟁 상품이 거의 없다. 알루미늄 정도이다. 타지키스탄 경제에서 수출은 매우 중요하다. 면화와 알루미늄 수출이 원활하지 않으면, 경제에 심각한 피해가 된다. 정부는 일련의 수입 대체 정책을 구사해왔는데, 경상수지 적자 폭을 감소시키기 위함이다. 타지키스탄 경제는 수입 소비재, 자본재에 의존하는 구조를 보여 왔다. 수출은 알루미늄, 면화, 전력 산업 정도에 그치고 있다. 수출 베이스가 원활하지 않은 것도 경상 수지 적자에 영향을 미쳤다. 이런 산업 분야의 수출이 활황세가 되지 않으면 경상수지 적자 감소가 어렵다. 타지키스탄은 수출의 주요 요소인 전력산업 발전을 위해 대외국가들과 전력 프로젝트를 가동해왔다. 11억7천만 달러의 프로젝트인데, 타지키스탄, 아프가니스탄, 키르기스스탄, 파키스탄 등이 참여하는 'CASA-1000 프로젝트'이다. 이 프로젝트에는 미국, 영국, '세계은행', '유럽투자은행', 그리고 '이슬람개발은행' 등이 재정 지원을 해왔다.[104] 2022년 8월, 정부는 2022년 말까지 이 프로젝트를 완료하겠다는 입장을 밝혔다. 정부 측에 따르면, 당시까지 93-95% 정도 이 프로젝트가 완료되었다.

　　세계경제전문가들은 타지키스탄에서 비즈니스 산업의 발전을 위해 은행 시스템 개선이 필요하다고 강조하였는데, 특히 은행의 대출 업무가 실제적으로 강화될 필요성이 있다는 점을 지적하고 있다. 국가 산업 원칙하에 이는 필수적인 정비 사항이다. 중소기업의 비즈니스 환경개선도 필요하다. 타지키스탄의 주요 산업 구조는 서비스업이 약 60%, 제조업이 약 20%, 농업이 20%이다. 주요 수출품은 알루미늄, 전력, 면화, 과일, 의류 등이며, 주요 수입품은 석유제품, 알루미나, 기계 설비, 식료품 등이다. 주요 부존자원으로는 수력, 우라늄, 수은, 갈탄, 납이 있다.

수력 발전소 건설은 타지키스탄 경제의 현안 이슈

　　수력 발전소 건설에 가장 중요한 국가는 이란이다. 이란은 타지키스탄 수력발전소에 투자하는 대표적인 국가이다. 2010년 11월, 라흐몬 대통령과 이란의 '마지드 남주'(Majid Namju)에너지 장관은 '상투다-2'(Sangtuda-2) 수력발전소 플랜트 건설 기공식에 참석, '아무 다리야' 강의 지류인 '바흐쉬'(Vakhsh)강을 봉쇄하는 버튼을 눌렀다. 이란은 타지키스탄 수력 발전소 건설에 재정적 지원을 해왔다. 이와 관련, 타지키스탄과 우즈베키스탄 간의 분쟁이 심각했다. '상투다' 및 '로군'(Rogun) 수력발전소 건설 추진으로 우즈베키스탄은 자국의 농업용수가 고갈될 우려가 있어 이를 강력히 비난하였으며, 우즈베키스탄 국경을 통과 타지키스탄으로 수송되는 화물 운송을 몇 달 간 봉쇄하기도 했다.[105]

　　로군 건설은 1959년에 처음 제안되었다. 댐 건설은 1976년에 시작되었지만 소련 해체로 중단되었다. 1994년 타지키스탄과 러시아 사이에 로군 댐 건설 완료 협정이 체결되었다. 2008년 5월, 정부는 로군 댐 건설이 재개되었다고 발표했다. 대형 전력 프로젝트인 로군 댐 건설 기공식이 2016년 10월 29일, 라흐몬이 참석한 가운데 개최되었다. 이 기공식은 10월 28일, 타지키스탄의 가장 큰 수력발전소에서 기기 불량으로 전

국적으로 3시간 정도 정전 사고가 발생한 사건 이후에 전격 이루어졌다. 로군 댐 건설 관련, 이란의 '살리니 암프레길로'는 상투다 수력발전소에 이어 타지키스탄 정부와 39억 달러의 대형 계약을 체결했다. 타지키스탄은 전력 수급에 있어 수력 전기에 전적으로 의존하고 있는 실정이며, 정전 사태가 종종 발생하고 있다. 이 건설 프로젝트가 실현된다면, 이곳에서 생산되는 전력은 타지키스탄 전 지역으로 공급되며, 아프가니스탄과 파키스탄에도 전력 공급이 이루어진다. 우즈베키스탄은 남부 타지키스탄에서 이러한 대형 댐이 건설된다면, 면화 생산을 위한 용수 공급이 부족하게 될 것으로 우려하고 있다.[106] 타지키스탄은 전력 수급에 있어 수력 전기에 전적으로 의존해왔다.

로군 댐 건설을 둘러싸고 타지키스탄과 우즈베키스탄 간에 국가 갈등이 있었다. 특히 양국 분쟁은 다양한 사회 경제 배경을 갖고 있는데, 핵심적 요인은 수자원 관리와 배분 문제였다. 특히 로군 프로젝트를 둘러싸고 갈등이 있었다. 타지키스탄이 바흐쉬 강에 세계에서 최고로 높은 댐 건설을 가동했는데, 그것이 바로 로군 댐 건설 프로젝트이다. 타지키스탄으로서는 매우 중요한 사업이지만, 우즈베키스탄은 이 프로젝트를 저지하고자 하는 의도가 강력했다. 강 하류의 자국 농민의 생존권을 보장하는 일이라고 판단했기 때문이다. 강봉구는 물-에너지 자원의 통합적 협력과 관리의 성공 여부의 최고의 핵심 사항은 로군 댐 건설 프로젝트라고 주장했다. 이는 경제적 지역통합의 다자간 협력 확대 및 경제적 지역 통합의 여부를 알 수 있는 시금석이기 때문이다.[107]

필자는 2021년 11월 29일 주 타지키스탄 한국 대사관 개소 기념 한-타지키스탄 학술회의에 한국 측 대표로 참석하였는데, 학술회의가 열리기 전인 11월 27일, 학술회의 참가 교수들과 국제교류재단의 사무국 관계자들과 함께 '누렉 수력발전소'(Nurek Hydropower Plant)를 방문하였다.

누렉 수력발전소(Nurek Hydropower Plant) 정문 앞(필자 촬영)

누렉 수력발전소 전경(필자 촬영)

이 수력발전소는 3GW 규모의 발전 용량 증대를 위한 재활 프로그램으로 운영 중에 있다. 이 발전소는 1972년에서 1979년 사이에 시운전

된 9개의 발전 장치로 구성되었는데, 시설은 50년 이상 사용되어왔다. 장비 노후화와 유지 관리 부족으로 현재 설계 용량의 77% 정도로 가동 중이다. 국영 전력회사 바르키 토직(Barqi Tojik)이 소유하고 운영하고 있는데, 타지키스탄 전체 발전량의 70% 이상을 차지하는 전략적으로 매우 중요한 발전소이다.

이 수력 발전소는 현재 재활 프로젝트가 진행 중이다. 약 2억 8,500만 파운드(3억 5,000만 달러)의 비용이 소요될 것으로 추정된다. 1단계 재활 프로젝트는 2019년 3월에 시작되어 2023년까지 계속된다. 이후 2억 8,500만 파운드(3억 5,000만 달러)의 추가 비용이 필요할 것으로 추정되는 2단계 보수 및 현대화 작업이 이어진다. 2단계 재활 프로젝트는 2028년 완료될 예정이다. 이 발전소는 두샨베에서 남동쪽으로 약 70km 떨어진 바흐쉬 강에 위치하고 있다.[108]

타지키스탄, WTO 가입

타지키스탄의 WTO 가입이 2012년 12월 10일 정식 승인되었다. WTO 본부가 있는 제네바에서 파스칼 라미 WTO 사무총장과 라흐몬 대통령이 가입 의정서에 정식으로 서명했다. 라미 사무총장은 타지키스탄의 WTO 가입으로 타지키스탄은 글로벌 경제 및 무역 구조에 참여하게 되었으며, 이제 타지키스탄은 공정하고 비차별적인 경제활동을 시작하였다고 강조했다. 타지키스탄의 WTO 가입은 세계 158번째이며, 중앙아시아에서 키르기스스탄에 이어 두 번째 가입한 국가가 되었다. 키르기스스탄은 1998년 WTO에 가입했다.[109] 이후 2013년 1월 9일 국내 의회의 비준을 받았다. 정부는 2001년 5월, WTO 가입을 신청하고 그동안 양자 및 다자 협상으로 13개 회원국과 상품 분야의 양자 협상을 타결하고 6개 회원국과 서비스분야 양자 협상에 합의했다. 한국은 2012년 7월, 타지키스탄과 상품 분야의 양자협상에 타결하고 타지키스탄의 조기 가입을 지

원해왔다.[110]

러시아, 타지키스탄 천연가스 개발 투자

러시아는 타지키스탄 경제의 핵심 파트너 국가이다. 특히 에너지 자원 관련, 매우 중요한 국가이다. 러시아의 '가즈프롬'(Gazprom)이 타지키스탄 천연가스 개발을 위한 투자에 나섰다. '가즈프롬'의 '알렉세이 밀러'(Aleksei Miller) 사장은 2013년 9월 17-18일 타지키스탄을 방문하고 라흐몬과 에너지 협력 방안에 관한 회담을 가졌다. 밀러 사장은 가즈프롬이 타지키스탄의 천연 가스 개발권을 더 많이 확보하기 원한다고 언론에 밝혔다. 가즈프롬은 2010년 이후타지키스탄 북부 2개의 주요 천연가스 발굴 지대에서 약 1억5천만 달러를 투자했다. 밀러 사장의 방문 이전인 2013년 8월 가즈프롬은 두산베 북쪽 40km 거리의 '사리카미쉬'(Saryqamysh) 천연가스 개발 지대에 1천5백만 달러를 투자한다고 발표했다. 타지키스탄은 포스트 소비에트 공간에서 가장 빈곤한 국가에 속하며, 내전 피해 복구를 위해 많은 투자가 필요한 국가이다.[111]

타지키스탄 경제와 관련, 바람직하지 않는 사건도 발생하였다. 200대의 독일산 자동차가 타지키스탄에서 도난당했다고 독일 '빌트'지가 2013년 12월 20일 보도했다. 도난당한 자동차들의 대부분이 라흐몬과 연관된 측근들이 소유하고 있는 것으로 알려졌다. 타지키스탄 외무부는 조사가 진행 중이라고 밝혔는데, "독일 자동차들은 타지키스탄에 도착하기 이전에 여러 국경을 통과하며, 이 과정에서 국경의 세관 당국에 의해 허위 위조 증명서가 발견되었을 것"이라면서 타지키스탄의 사건 연루설에 대해 강한 의구심을 보였다. 주 베를린 타지키스탄 대사관은 이 보도가 근거 없다고 부인하면서 불법 수입 방지를 위해 도난 차량의 데이터베이스 자료를 제공하라고 독일 측에 과거에 요청한 바 있다고 밝혔다.[112]

　이외에 타지키스탄의 저명 사업가가 이란에서 체포된 사건이 발생하였다. BBC는 2014년 1월 3일 타지크 저명 사업가가 이란에서 19억 달러에 달하는 불법적인 원유 수익 거래 혐의로 체포되었다고 보도했다. 미국 재무부와 EU가 원유 거래 세탁협의로 블랙리스트에 올린 바 있는 '바바크 잔야니'(Babak Zanjani)는 2013년 12월 30일 테헤란에서 전격 체포되었는데, 잔야니는 혐의를 부인했다. 그는 이란의 '하산 로우하니'(Hassan Rouhani) 대통령이 서방의 대 이란 경제 봉쇄의 기회를 이용해 경제적 이익을 얻고 있는 특권 계층과의 전쟁을 선포한 2013년 9월 이래로 이란 당국의 조사를 받아왔다. 잔야니는 두바이, 튀르키예, 말레이시아의 석유 회사 네트워크를 통해 원유를 판매하고 이란 정부가 175억 달러의 수익을 창출하는 데 도움을 주었다고 시인해왔다. 그러나 이란의 새로운 정치적 지도자들은 잔야니와의 협력을 중단하였다.

　잔야니는 타지키스탄에서 라흐몬 대통령의 비호 하에 불법적인 비즈니스 네트워크를 구축했다. 그는 자신과 연결된 비즈니스 네트워크의 가치를 135억 달러 정도로 추산하였다. 이는 타지키스탄 연 GDP의 2배 규모였다. 라흐몬이 잔야니를 지원하면서 잔야니는 은행, 항공, 택시와 버스 터미널 사업 등을 장악하는 사업 수완을 발휘했다. 국제경제전문가들은 타지키스탄에서 사업을 원활히 하기 위해서는 정치적 고위층과의 커넥션이 필수적이며, 이런 일이 없이 해외 투자는 성공할 수가 없다고 강조하는 편이다. 잔야니가 국내 사업에 투자를 시작하였지만, 국내 경제 규모가 매우 협소한 관계로 사업 투자 자체를 의심스런 눈초리로 보는 시각이 많았다. 도리어 그의 행동은 천연자원이 부족한 타지키스탄이 돈 세탁의 중심지로 전락할 가능성도 있었던 것으로도 받아들여졌다. 당시 국제 감시단은 이러한 상황으로 인해 타지키스탄의 불법적인 돈 세탁에 대해 면밀한 조사를 펼쳤다.

　잔야니의 사업체는 타지키스탄 내 뿐만 아니라 국외에도 있다. 두

바이에 소재하고 있는 '소리네트 그룹'(Sorinet Group)은 잔야니가 회장이며, 이 그룹에는 최소한 24개의 회사가 포함되어 있으며 건설, 화장품, 호텔업, 운송, 원유 및 가스 회사 등으로 다변화되어 있다. 2013년 12월, 이란 의회는 잔야니의 서류들을 조사하면서, 그가 19억 달러 상당의 금액을 타지키스탄으로 옮기기 위해 타지키스탄 국영 은행을 이용한 흔적을 발견했다고 주장했다. 그러나 타지키스탄 국영 은행의 대변인은 그 서류들은 가짜이며, 잔야니는 더 이상 국영은행인 '콘트 인베스트먼트 뱅크'(Kont Investment Bank)와 아무런 관련도 없다고 밝혔다. 이 은행은 미국 재무부에 의해 경제 제재를 받고 있다.[113]

타지키스탄의 교통 인프라 개발 계획

타지키스탄에서 교통 인프라 개발은 매우 중요하다. 국가 경제의 안정적 성장 기반을 마련하기 위해 주요한 사항이 된다. 타지키스탄은 소위 '내륙국가(landlocked country)'이다. 이러한 지리적 특성상 교통인프라가 매우 부족하다. 이에 따라 국내외 교역에서 운송비용이 높게 책정되어 있고 주요 시장으로의 접근성도 떨어져 있다. 교통 인프라를 개발하면 교역 활성화에 기여할 수 있으며, 국가 경제의 안정적 성장에 큰 도움이 될 것이다. 이에 따라 정부는 국가 차원의 교통인프라 개발을 추진하는데, 도로·철도·항공 분야에서 발전을 도모하기 위한 단기 및 중장기 프로젝트를 추진하고 있는데, 2025년까지 총 23억 달러를 투자한다는 계획이다. 재원의 일부는 국제개발금융기구로부터 지원을 받을 예정이다. 그리고 현재의 낙후된 도로 정비와 국내 및 국제 연결망을 확충하고자 한다. 철도 분야에서는 기존의 철도망 개보수와 현대화 작업을 추진하고, 국제 철도노선 개발 계획을 가지고 있다. 항공 분야에서는 공항 및 항공 운항을 위한 장비 및 시스템 구축을 적극 추진할 계획이다.[114]

2030 타지키스탄 국가발전전략은 2015년 이후 정부의 국가 발전 목표, 분야별 세부 과제를 일괄적으로 포함하고 있다. 이 발전전략은 2015년 타지키스탄의 사회·경제 현황을 규명하고 기존 정책의 성과를 정리하고 있는데, 이를 토대로 2030년 대내외 상황에서 시나리오별 기대효과, 국가 비전, 목표가 상세히 설정되어 있다. 타지키스탄은 2030 국가발전전략을 통해 정부 역할을 강화하는 방향으로 설정하였다. 특히 지방 정부의 역량 강화가 핵심 사항이었다.

인구 문제가 커다란 사회 문제로 대두되었는데, 국민 생활과 직접 연결되는 사회 복지 문제를 우선 해결하는 전략을 채택하였다. 이는 교육, 보건·의료, 문화, 환경, 주거 등의 분야이다. 타지키스탄 국내 경제 문제 중 심각한 문제는 15~65세 인구가 전체 인구의 약 63%인데, 일자리 부족 현상이다. 그런 관계로 러시아, 카자흐스탄 등 인접 국가로 타지크 노동자들이 유입되어 일하며, 국내 송금액은 경제에서 매우 주요한 비중을 차지한다. 경제부문에서는 에너지, 농업, 제조업, 교통 산업 등을

두샨베 인근 마을 모습(필자 촬영)

핵심으로 실물 경제를 중점적으로 육성한다. 특히 정부는 실물 경제를 성장시켜 이를 통해 실업 문제를 해결하면서 제품의 경쟁력을 강화하는 전략을 준비하였다. 그리고 대내외 경제 충격에 대응하는 금융 체계 구축과 금융 상품의 다양화를 통해 지속가능한 경제성장을 도모하자는 것이 2030 국가발전전략의 핵심 내용이다.

2022년 상반기 GDP 성장률은 7.4%

2022년 7월 14일 '자브키 자브키조다'(Zavki Zavkizoda) 경제개발통상부 장관은 기자회견을 통해 2022년 상반기 GDP 성장률을 7.4%로 발표했다. 이 규모는 2021년 동기 대비 1.3%p 감소했다. 상반기 경제 성장을 이끈 산업은 물류 운송, 제조업이었다. 상반기 인플레이션은 전년 대비 0.2%p 상승한 4.1%였다. 2022년 상반기 GDP는 총 461억 소모니(한화 약 5조 8,850억 원)를 상회하였으며, 운송 산업의 GDP 성장 기여도는 18.7%, 제조업 17.3%, 서비스 12.8%를 기록했다. 자브키조다 장관에 따르면, 상반기 식품 가격은 지난해 같은 기간에 비해 7%, 비식품 가격은 2.3% 상승했다. 그런데, 2022년 1월의 타지키스탄과 '국제통화기금'(IMF) 대표단 연례회담에서 국제통화기금은 2022년 타지키스탄 GDP를 5.5% 성장률을 전망했다. IMF는 억눌린 수요와 기저효과로 타지키스탄의 경제 회복이 지속될 것이라고 전망하였는데, IMF는 타지키스탄의 2022년 인플레이션은 7%로 예측했다.[116]

3장　타지키스탄 이슬람 원리주의

1. 타지키스탄 이슬람 원리주의의 태동

타지키스탄 이슬람 원리주의를 이해하기 위해 먼저 중앙아시아 이슬람의 기본 특성에 대해 언급하기로 한다.

중앙아시아 이슬람은 전통적, 관습적 형태를 지닌 사회 문화 요소이다. 필자는 여러 차례 중앙아시아는 견고한 사회통합성을 보이는 권역권에 속하며 비교적 안정적인 사회 기반을 가진 특성을 보인다고 강조해왔다. 중앙아시아 사회가 농업사회, 농민공동체적 의미가 강한 사회이긴 하지만, 이슬람이 시민 통합의 역할을 했기 때문이다. 이슬람은 중앙아시아 사회의 통합 역할을 담당했다. 그런데 중앙아시아 이슬람이 문명공존, 통합적 사회의 소통을 이끌어왔다면, 이슬람 원리주의는 그 반대편에 서있다. 1990년대 이슬람 원리주의는 사회의 정치적 불안정성을 이끌었다. 내전 당시까지만 해도 이슬람 원리주의 단체였던 IRPT가 반군 역할을 했기 때문이다. 이슬람 원리주의는 중앙아시아 이슬람의 특성이던 소통과 통합을 손상시킨 측면이 있다. 이슬람 원리주의자의 목표는 신정국가 건설이었다. 그래서 소련 시기 중앙아시아 지도자들은 이슬람 원리주의자 이념을 받아들일 수 없었고 이들을 통제했다.[117]

중앙아시아 이슬람 원리주의의 출현은 해외로부터의 이슬람 운동에 기인한다는 주장이 많이 제기되었다. 특히 이란의 '아야톨라 호메이니'(Ayatollah Khomeini) 운동과 아프가니스탄으로부터 이슬람 원리주의가 많이 유입됨으로써, 해외로부터 이슬람 영향력을 받아왔다. 그런데 타지키스탄 이슬람 원리주의는 이슬람 혁명 운동이나 아프가니스탄 전쟁으로 형성된 것은 아니었으며, 이 2개의 주요한 사건 이전에 이미 태동되어 있었다. 유의해야 할 점은 이슬람 원리주의는 중앙아시아 전역에서 출현한 보편적인 현상은 아니다. 많은 이들은 자신의 종교 정체성을 이슬람이라고 적시하지만, 그렇다고 이슬람 종교법이 아니라 세속 법으로 국가 통치가 이루어지기를 원하는 입장이다. 특히 이슬람주의에 기초한 정당은 설치되지 않아야 한다. 이슬람 원리주의자들의 이러한 입장으로 국민들은 이슬람 원리주의가 사회의 안정성을 해친다고 우려했다.[118]

타지키스탄 이슬람 원리주의 운동은 1970년대 중반부터 시작되었다. 비록 중앙아시아가 1920년대 이후로 이슬람 세계로부터 단절되어 있었다고 하더라도, 타지키스탄에서 정치적 이슬람이 성장하는 계기가 된 사건은 이란의 이슬람 혁명, '무함마드 지아 울 하크'(Muhammad Zia ul-Haq) 장군에 의한 1970년대 파키스탄의 이슬람화, 그리고 1980년대 러시아의 침공에 저항한 아프가니스탄 '무자헤딘' 등의 영향이 컸다. 무자헤딘은 20세기에 이란, 아프가니스탄에서 흔하게 사용된 용어였다. 무자헤딘은 아프가니스탄의 많은 게릴라 조직과 연관되어 있다. 특히 무자헤딘이 유명하게 된 사건은 1979년 소련군이 아프가니스탄을 침공하면서 소련 군대와 싸운 아프가니스탄 전사를 일컫게 되었는데, 아프가니스탄 공산주의 정부가 무자헤딘에 의해 무너졌다. 무자헤딘은 사전적 의미로는 지하드와 연관된 용어이다.[119]

1985년 이후 '미하일 고르바초프'(Mikhail Gorbachev; 1931-2022)에 의한 글라스노스트(공개; Glasnost) 정책도 이슬람 부흥에 영향을 미쳤다. 호메이니에 의한 이슬람 혁명 운동이 일어난 당시, 소련 정부는 중앙아시아 국가와의 우호 관계에 손상이 가지 않기 위한 목적으로 젊은 이슬람 물라(이슬람의 법과 교리에 대해 정통한 사람을 가리켜 쓰는 존칭; Mullah) 들을 체포하지 않았다. 그 대신 소련 정부는 그들을 지방으로 쫓아내는 방식을 선택했는데, 결과적으로 의도하지 않게 이슬람 원리주의 세력이 확대되었다.[120] 소련 시기 타지크 이슬람 사회에서는 반 이슬람 선전이 공산당에 의해 줄곧 제기되었고, 이슬람에 관한 공공의 무관심으로 인해 이슬람 자체가 시민들 사이에 강하게 부각 되지 못했다. 타지크 무슬림의 대부분은 고르노-바다흐샨 지역의 '이스말리'파와 일부 쉬아 무슬림을 제외하고는 '하나피'(Hanafi)순니 계열이다.[121] 타지크 공동체와 종교 지도자 간에 권력 구조와 리더십에 관련, 순니파와 쉬아파 간에 역사적, 이념적 차이가 있어 다르게 발전해왔다. '하지 악바르 투라존조다', '코죄 칼란' 등 타지크 이슬람 지도자들은 이란의 이슬람과 타지키스탄의 이슬람 상황에는 차이점이 분명히 있다고 강조해왔다.

물라 '압둘로 사이도프'는 이슬람 지도자였는데, 1983년에 이슬람 신정국가에 대한 비전을 설교를 통해 공표하기 시작했다. 그는 당시 공중 앞에서 연설하는 것을 매우 조심스러워했는데, 매우 은밀한 방식으로 이슬람을 선전하고자 했다. 그는 설교 시에 불빛을 흐리게 해서 자신의 얼굴이 잘 나타나지 않도록 하였다. 1985년 말에 이슬람 원리주의자들이 쿨롭과 쿠르간 투베 지역에서 활동하였는데, 이들은 기본적으로 정부의 행정 체제에 종속되어 있었다.

1986년 압둘로 사이도프는 신정국가의 이상을 공공연하게 퍼트렸다. 그는 자신의 추종자들에게 27차 소연방 공산당 대회에서 이슬람 신정국가가 중앙아시아에 설립될 수 있도록 청원 하라고 재촉했다. 그는 자신의 주장이 잘 받아들여지지 않자, 신정국가 실현을 위한 지하드(성전)를 촉구하는 대범함을 보였다. 이슬람 원리주의자들로 인한 정치, 안보적 위협에 노출되지 않도록 소련 당국은 그를 체포하였다. 사이도프를 석방하기 위한 추종자들의 시위는 성공하지 못했고, 압둘로 사이도프는 수감되었다. 당시에 지부 지도자들은 신정국가의 현실화는 시기상조라고 판단하였다.

타지크 이슬람 원리주의자들은 동부 산악 지대에서 반정부 군사 활동을 하였다. 그런데 2023년 현재 이슬람 원리주의자들의 세력은 많이 약화되었다. 정부는 이들을 테러리스트들로 규정해왔다. 이들의 활동은 정부 입장에서 내정의 불안정성 요소였다. 대통령 권력 유지의 가장 불안한 정치적 요소는 반정부 군사 이슬람 세력 정도이다. 타지키스탄이 직면하는 내정의 까다로운 부분은 아프가니스탄과의 국경 근처에서 자행되고 있는 불법적 마약 거래이다. 타지키스탄은 아프가니스탄에서 러시아나 유럽으로 불법적으로 유입되는 주요한 마약 수송지이다. 타지키스탄은 이슬람 군사주의자들을 억제하기 위해 종교 탄압을 펼치고 있으며, 국제적으로도 종교 탄압의 주요 감시 대상국이다. 타지키스탄 내전으로 이슬람 원리주의자들의 세력이 매우 강력하게 표명되면서 타지키스탄은 매우 극심한 혼란에 시달리게 된다. 내전이 발발하던 당시 이슬람 원리주의자들의 특성과 그 행동 과정은 타지키스탄 이슬람 원리주의를 이해하는 주요 기준이 된다.

독립 이전부터 이슬람 원리주의 세력이 잔존하고 있었던 타지키스탄에서는 다른 중앙아시아 국가보다도 먼저 이슬람 원리주의 세력이 정부의 핵심 세력으로 부상하기 위하여 준비하고 있었고, 이것이 내적 갈등으로 변해서 나타났던 분쟁이 내전이었다. 물론, 내전에는 지역주의가 강하게 발동하여 일어난 측면도 있었지만, 이슬람 원리주의 세력이 소비에트 시기부터 나름대로 그 세력을 가지고 있지 않았더라면, 분쟁의 핵심 세력으로 발전하지 못했을 것이다. 예를 들면, 투르크메니스탄 경우는 이슬람 원리주의 세력이 독립 이전부터 강하게 나타나지 못했으며, 독립 이후에는 니야조프를 중심으로 하는 구 공산권 세력이 매우 강력하게 독재 체제를 확립할 수 있었던 배경이 되었다.

내전과 이슬람 원리주의자들과의 관계

첫째, 이슬람 원리주의 세력은 홀로 반정부 군사 행동을 지향한 것이 아니라 시민 및 민주주의 그룹과 강력한 연대를 결성, 정부군에 대항했다. 이슬람 원리주의자들은 공산 세력과 싸웠으며, 민주주의 세력과 연합했다. 내전은 이슬람 세력과 민주주의 세력 간의 연합을 가져다주었다. 주체는 IRPT였다. 이들은 공산주의 세력과 대칭적으로 존재하는 그룹이며, 공산주의자들에 맞서 투쟁하는 반대그룹이었다.[122] 정부 세력은 과거 소련 체제의 정치적 지도자들을 의미하였다. 이슬람주의자들은 정부 세력과 갈등을 빚었으며, 이데올로기적으로 정부와는 다른 입장을 취했다. 내전 도중에 러시아와 서방측은 1992년 봄-가을에 이슬람 운동의 급진화를 인식했다. 서방은 반군이 이란과 아프가니스탄 이슬람주의자들의 지원을 받는 것으로 판단하였다. 서방측 미디어는 미래에 중앙아시아에서 발생할 갈등은 타지키스탄에서 이루어질 것으로 판단하였다. 그리고 서방 미디어에 의해 내전은 중앙아시아 분쟁의 본보기로 인식되었다. 1992년 11월 공산주의자들에 의해 여전히 통제되던 최고 소비에트는 '라모말리 라흐모노프'(후에 라모말리 라흐몬으로 이름 변경)를 최고 지도자로 선출했다. 1992년 12월 신정부는 두산베시를 장악했고 IRPT를 포함한 모든 반대당을 불법화 시켰다.[123]

둘째, 이슬람 원리주의자들은 이슬람 세력이 중앙아시아에 강력히 부상해야 한다는 이념적 목표 의식을 가졌다. 그들은 국가 권위에 도전하는 이슬람 세력이 하나의 정치적 세력화에 성공해야 한다는 결의를 다지고 있었다. 반군은 전투를 벌이면서, 명확히 이슬람 상징을 이용하였다. 즉 녹색 깃발, 코란 인용, 그리고 이란의 이슬람 혁명 때 사용되었던 구호 등이다. 신정국가 건설을 위해 반군 세력은 반정부 노선에 적극 참여하였다. 타지크인은 IRPT를 정치적 정당으로 간주하였다. IRPT는 지역과 씨족의 이익을 대변하였으며, 이슬람 가치를 가장 핵심적인 투쟁의 이념으로 내세웠다.

셋째, 이슬람 원리주의 세력은 지역주의 특성을 적절히 활용했다. 자신이 속한 지역과 반대의 입장을 가진 다른 지역 그룹과의 투쟁의 강도를 높이기 위해서 지역주의를 가동할 수밖에 없었다. 이들이 이를 의식적으로 추진하였다기보다는 내전 이전의 국가 상황이 그러한 배경을 이루었다. 타지키스탄 내에서는 구소련 시기부터 정치 경제적 발전 관계에 따라 지역별로, 씨족, 친족 공동체 라이벌이 존재하고 있었다. 이들 개별적인 씨족 세력은 다른 씨족 세력과의 변별성을 가지기 위해 이슬람 이념을 종종 활용하였다.

넷째, 정부는 내전을 전후해 이슬람 세력을 반정부 집단으로 간주하고 이에 대한 대처에 나섰다는 점이다. 러시아를 비롯한 국제 사회의 중재로 내전이 종식되었을 때, 정부는 이슬람주의와 연관된 어떠한 행동이라도 근절하기 위해 법적 구속력을 행사하고자 했다. 이슬람을 근거로 하는 정치적 그룹은 1992년에 비 합법화되었다. 언론 자유가 매우 심각하게 억제되었고, 반대당 신문은 폐간되었다. 많은 언론인들, 그리고 반정부 인사들이 체포되었으며, 실종된 사람들도 있었다. 그들 중 일부는 사망한 채로 발견되었다. 양측으로부터 화해와 일치가 정치적 행위를 통해 제기되었다. 그러나 이슬람-민주 연합 그룹은 소규모의 게릴라전을 아프가니스탄에서 펼쳤다.[124] 민주당 등 세속 정당에서 반정부 활동을 펼치면서 IRPT에 전격 참여한 것과는 다르게 일부 무슬림 종교지도자들은 정부의 회유 등을 통해 라흐몬 체제에 충성을 맹세하였다. 내전은 기득권 유지와 새로운 이익 창출을 위해 이데올로기를 활용한 집단 사이의 충돌로 해석될 수 있다. 즉 내전은 지역주의가 많이 작동한 분쟁이었으며, 한정된 자원을 두고 매우 날카롭게 대척점에 서 있었던 세력 간의 갈등 양상으로 전개되었다. 아울러 독립 이전과 이후, 이슬람 원리주의자들의 군사적 및 정치적 활동이 활발히 이루어져 내전이 촉발되었다.

다섯째, 이슬람 원리주의 세력이 강화되면서 러시아, 우즈베키스탄 등 관련 국가들이 타지키스탄 정부군을 지원, 내전은 국제적 사건으로 비화되었다는 사실이다. 1995년 초, 약 25,000명 정도의 러시아 군인들이 카자흐스탄, 우즈베키스탄, 키르기스스탄에서 차출되어 타지키스탄으로 파견되었다. 이들은 주로 아프가니스탄 국경지대에서 국경 경비 업무를 담당했다. 정부는 아프가니스탄 당국이 반군들에게 무기를 공급하고 반정부 활동이 가능하도록 지원해주었다고 간주하였다. 국내 정정은 매우 불안하였으며, 무장한 반군그룹은 투르순자데 지역과 쿠르간 투베 지역을 1996년 1월에 점령하였으며, 수도인 두샨베로부터 불과 12마일 떨어진 곳에 군대 세력을 형성하고 있었다. 정부군은 결국 반군의 요구를 수용하면서 정부 쪽 인사들을 해고하였는데, '잠쉬드 카리모프' 총리도 포함되어 있었다.

정부, 테러리즘 억제 전략 수립

타지키스탄 정부는 이슬람주의자들의 정치적, 군사적 행동에 위협을 느끼고 러시아, 우즈베키스탄 정부와 '트로이카' 체제를 형성하여 극단주의 이슬람 테러리스트의 출현을 저지하고 테러리즘을 억제하는 전략을 수립하고자 했다. 아프가니스탄 이슬람 원리주의자들인 탈레반에 권력이 넘어갔을 때, 타지키스탄에서 긴급하게 평화 협상이 개시되었다. 1996년 12월에 러시아의 압력을 받고, 라흐몬은 야당연합과 내전 종식, 평화정착에 공식 합의했다. 1997년 6월 27일, 정부군은 반군인 UTO와 '평화와 민족화해를 위한 일반 협정'을 체결하였다. 이후 국가화해위원회가 창설되었다. 내전 결과로 약 6-10만 명이 사망하고 70만 명의 이재민이 발생했다. 유엔이 중재한 협정안이 발효되어 반군 세력은 고위공직자의 30%를 지분으로 받았으며, 요직은 IRPT가 맡았다.

러시아 군대는 평화 협상의 과정 중에 타지키스탄을 안정화하는 데 실제적인 도움을 주었다. 러시아 군대가 국경지대를 경비함으로써, 아프가니스탄 국경 안보 문제가 상당한 부분 해소되었다. 국경이 안정되면서, 타지크 야당연합의 전투원들과 피난민들이 아프가니스탄에서 타지키스탄으로 돌아오는 현상도 발생했다. 평화 협상 이후에도 이슬람주의 자들에 의한 군사 행동의 가능성은 언제나 있었다. 1998년 8월 이들은 키르기스스탄에서 키르기스 인을 인질로 잡고 정부와 대치하였다.

중앙아시아 이슬람 세력의 위험성 혹은 위협이라는 언급이 나올 때 정치적 사건이나 학술적 개념에서 자주 등장하는 부분이 타지키스탄 내 전이다. 학자들은 그러한 주장을 뒷받침하기 위해 종종 내전을 언급하고 있다. 기본적으로 타지키스탄 이슬람 원리주의를 이해하기 위해서는 먼 저 내전의 중심세력인 이슬람 원리주의자와 정치적 세력과의 관계는 어 떤 식으로 규정해야만 하는지에 대한 면밀한 검토가 필요하다. 예를 들 면, 투르크메니스탄 경우는 이슬람 원리주의 세력이 독립 이전부터 강하 게 나타나지 못했으며, 독립 이후에는 니야조프를 중심으로 하는 구 공산 권 세력이 매우 강력하게 독재 체제를 확립할 수 있었던 배경이 되었다.

정부는 반군 세력과 평화 협정을 체결할 때에 IRPT가 합법적인 정 당으로 등록하고 활동한다면, 도리어 이슬람 극단주의가 줄어들 것이 라는 판단을 하였다. 정부는 IRPT를 실제적으로 합법화하였다. 정치 정 당법의 새로운 버전이 화해위원회에서 입안되었으며, 이 위원회는 대통 령의 관할 하에 있었다. 위원회는 새로운 법률을 수용하였는데, 이로써 IRPT는 합법화되었다.[125] 이후 아프가니스탄 등의 국가에서 이재민들이 조국으로 돌아왔으며, 야당 무장대는 해산하거나 정부군으로 편입되었 다. 정치적 시스템이 작동되었고, 공정한 선거와 새로운 연합 정부가 결 성되었다. 1999년 11월 대선, 2000년 2월 총선이 있었다. UTO 무슬림 인사들은 신 내각에서 고위직을 받을 수 있었으며, 권력 배분이 이루어 졌다.[126] IRPT는 총선에 참여하였는데, 7.5%의 득표율을 기록하고 하원 에서 2석을 얻는 데에 그쳤다.[127] 내전은 이슬람과 세속주의 사이의 갈 등으로 단순하게 해석될 수 없다.

2. 이슬람 원리주의자들에 대한 정부의 정책

2010년에 타지키스탄 내에서 이슬람 원리주의자들의 활동이 꾸준히 전개되고 있었다. 2010년 9월 타지키스탄의 제2의 도시인 후잔트의 한 경찰서에 대한 자살 폭탄 차량 공격으로 2명의 경찰관과 25명의 부상자가 발생하였다. 이 사건이 중요한 이유는 중앙아시아에서 발생한 최초의 자살 특공대 공격이었기 때문이었다. 2명의 자살 특공대가 참여하였다. 내무부는 이 사건을 이슬람 원리주의 세력과 연계된 것으로 간주했다. 정부는 이슬람 원리주의 단체인 우즈베키스탄 이슬람 운동(IMU: Islamic Movement of Uzbekistan)와 이 사건이 연관되어 있다고 주장하였다. IMU는 내전 시에 IRPT를 지원하고 이슬람 군사주의 세력과 긴밀한 협조 관계를 유지하였다. 정부는 2008년과 2009년 북부의 '이스파라'(Isfara)에서 발생한 수 명의 경찰관 살해 사건을 IMU의 소행으로 간주하였다. 정부는 2000년대 들어 이슬람 원리주의자들의 활동을 예의 주시하고 있었으며, 이 사건을 계기로 이슬람 원리주의자들에 대한 적극적인 압박 정책을 추진하기 시작했다. 그렇다면 정부의 입장은 무엇이었는가?

정부, 이슬람 원리주의자들 강력히 탄압

첫째, 정부는 이슬람 원리주의자들에 대한 강력한 탄압을 추진하였다. 정부는 이슬람 국가 창설을 주장하면서 각국 정부로부터 불법화되었던 대표적인 이슬람 원리주의 단체인 '해방당'(히즈브 웃 타히르: Hizb Ut Tahir)의 타지키스탄 책임자에게 전격적으로 18년 징역형을 선고하였다. 두샨베 시 법원은 2011년 1월 21일, '유수프 카피조프'(Yusuf Khafizov)에게 중형을 내리고 형기가 끝난 이후에도 4년간의 정치 활동을 금지한다는 선고를 내렸다. 그와 함께 기소된 일부 행동대원들도 6년에서 17년 사이의 징역형이 선고되었다. 이들은 민족적, 종교적인 증오를 일으켜 정부를 전복하였다는 죄목으로 기소되었다. 변호인단들은 피고인들이 폭력을 사용하지 않는 순수한 정치적 수단으로 이슬람 국가를 창설하는 목표를 가지고 있을 뿐이라고 변호해왔다. 중형 선고는 이슬람 군사주의 자들에 대한 경고의 성격이 매우 강했다. 2010년 가을부터 격화되고 있었던 동부의 라쉬트 지역에서의 반정부 이슬람 군사주의자들의 테러로 2011년까지 약 1백 명의 정부군이 사망한 데 따른 강경한 조치였다.[128]

둘째, 정부는 국내외에서 이슬람 세력이 강력히 부흥하지 않도록 여러 조치를 내렸다. 2010년 이란의 이슬람 신학교에서 유학하던 타지키스탄 학생 137명이 극단적 이슬람주의의 영향을 받을 것을 우려해 전격 귀국시켰다. 타지키스탄 종교위원회 인사가 이란을 방문, 학생들에게 귀국을 종용하였으며, 이란의 '오스몬'(Osmon) 항공사가 저가로 이들의 귀국을 지원하였다. 10-12세 정도의 어린 학생들은 비합법적인 해외 이슬람 신학교에서 공부하였다. 정부는 어린 학생들이 이슬람 원리주의의 영향에 쉽게 빠져들 가능성이 있다는 이유로 이런 조치를 내렸다. 라흐몬은 유학생들이 극단주의 사상에 빠질까 봐 평소 우려해왔다. 정부의 이 같은 입장에 따라, 2010년에 이집트에서 약 400명, 파키스탄에서 200명 이상의 학생들이 귀국하였다.[129] 그런데 이들이 취업과 교육의 기회를 잘 받지 못해 사회적 문제화가 되었다. 남부 카틀론 지역의 국가 안보부 책임자인 '누스라툴로 미르조예프'(Nusratullo Mirzoev)는 이들에 관련된 가장 중요한 책무는 이슬람 국가에서 유학한 타지키스탄 학생들의 정확한 숫자를 파악하는 것이라고 밝히는 인터뷰를 하였다. 그는 이 지역에서 귀국한 유학생 중 225명은 공식적으로 러시아로 노동 이민을 떠났으나, 이들의 실질적인 출국 목적이나 행방은 파악되지 않았다고 강조했다. 귀국한 학생들이 할 수 있는 일이 없다는 것이 문제였다. 종교부에서는 국민들은 누구나 거주 이전의 자유가 있으며, 해외여행도 금지하지

국립민속박물관 내 타지크 전통 문양(필자 촬영)

않고 있다고 반박하였다.[130]

정부, 청소년들 모스크 출입도 금지

라흐몬은 2010년 12월, 18세 이하의 청소년, 어린이들에게 교회와 이슬람 성전, 그리고 일반 예배 장소의 출입을 금지한 종교 법률을 발의했다. 10대 청소년들은 이슬람 기념 축제나 장례식 때에만 모스크에서 예배드릴 수 있다. 2011년 이 법안은 의회를 거쳐 대통령의 최종 인가를 받았는데, 법률 제정을 앞두고 러시아정교회가 반발하는 해프닝이 벌어졌다. 이 종교 법안의 원래 목적은 극단적 무슬림들이 배출되는 것을 막기 위한 것이다. 러시아정교 사제들은 법안에 반발했는데, 쿠르간 투베의 러시아 사제인 '니콜라이 골루프' 는 이러한 난폭한 법안은 무신론을 주창한 소련 시기에도 존재하지 않았다는 점을 강조했다. 그는 법률안이 통과되면 러시아 정교도들은 타지키스탄을 떠나 러시아로 돌아갈 것이라고 경고했다. 그가 시무하는 정교회에는 어린이를 포함, 약 2백 명의 신도가 출석하는데, 러시아정교회는 출생과 동시에 교회에서 유아 세례를 하며, 어릴 때부터 정기적인 교회 출석을 적극적으로 권유하는 종교 생활 관습이 있다.

18세 이하 청소년 관리 법안의 목적은 국민의 생활 태만을 배격하기 위한 목적이라고 국가 관리들은 강조하고 있지만, 실상은 일반 시민의 종교 자유를 기본적으로 제한하고 있는 내용이다. 이 법안은 청소년들의 몸에 보석을 치장하는 것, 저녁 시간에 인터넷 카페 방문과 외설 필름 시청 등을 금지한다. 또한 청소년들의 종교 예배 장소 출입 금지 뿐만 아니라 종교 행위 자체를 못하도록 하고 있다. 또한 비합법적인 종교 학교를 개설하는 개인에게는 5년에서 12년의 징역형을 부과한다. 이외에도 청소년들의 과도한 노동 행위도 금지된다. 이 법안을 어긴다면, 국가

두샨베 최대 전통시장 내 모습(필자 촬영)

는 부모들에게 벌금을 부과하며, 후견인 자격도 박탈할 수 있다.

국가는 청소년들에게 국가 가치에 부합하는 이름을 부모들이 부여하기를 권고하고 있으며, 이는 사회 내에서 일반적으로 널리 쓰이는 이슬람식 이름을 금지하기 위함이다. 이 법안에 매우 비판적인 이슬람 지도자인 '호지 아크바르'는 12-18세 사이의 청소년들은 자신의 삶을 어떻게 살아야 하는 지를 배우기 위해 정기적으로 무슬림 예배에 참석해야 한다고 밝혔다. 그는 무슬림들의 성스러운 라마단 둘째 날에 이 같은 법안이 최종 공표된 것은 무슬림들에게 절망과 분노를 일으키는 행동이라고 대통령을 비난했다. 야당, 정부 비판자들, 심지어 미국 정부도 이 법안은 명백히 종교 자유를 억제하는 정부의 시책이라고 반발했다. 2010년 여름 이후 정부는 동부 지역에서의 이슬람 군사주의자들의 행동을 예의 주시하고 있었는데, 실제적으로 1백 명 이상의 정부군이 군사 작전 중에 사망했다. 이런 사건이 이슬람 원리주의자들에 대한 정부의 강력한 탄압으로 이어졌다.[131]

이 법안은 2011년 6월 15일에 하원에서 통과되었다. 법안은 대통령에 의해 의회에 제출되었다. 그런데 이 법안에 대해 야당인 IRPT의 2명의 의원만 반대 의사를 표명했다. IRPT의 전 사무총장이던 '아크바르 투라존조다' 의원은 이 법안은 '신의 뜻을 공공연히 반대하는' 일종의 부모 책임 법률에 불과하다고 비판했다. 정부 당국이 이 법안을 실행하는 가장 큰 목적은 젊은이들이 종교적 극단주의의 영향을 받지 않게 하는 것으로 해석되었다.[132]

반정부 무장단체 웹사이트에 출현

2011년에는 웹사이트에서 반정부 무장 단체가 출현하기도 했다. 타지크어로 서비스되는 이 사이트에서는 정부에 대한 새로운 군사 공격을 천명하고 국민들에게 라흐몬에 대항하여 봉기할 것을 요구했다. 반정부 군사 단체인 '타지키스탄 무자히드'인데, 이 단체는 2011년 4월 16일에 살해된 반정부 군사 지도자 '물로 압둘로'(Mullo Abdullo)의 죽음에도 불구하고 자신들은 타지키스탄 정부뿐만 아니라 국가에 고용된 모든 이들을 공격할 것이라고 강조했다. 또 그들은 내전 시에 반정부 군사 활동이 적극적으로 전개되었던 라쉬트와 바다흐샨 지역뿐만 아니라, 칼톤, 수그드, 두샨베 등 전역에서 활동하고 있다고 언급했다. 이들은 라흐몬이 중동의 이집트와 튀니지와 같은 유사한 방식으로 국민들에 의해 물러나야 한다고 주장했다. 물로 압둘로는 두샨베에서 135km 떨어진 누로보드 지구에서 정부의 특수 작전에 의해 수행원인 15명의 반정부 테러 요원들과 함께 사망했다.

이외에도 2010년에 발생한 타지키스탄 최초의 차량 폭탄 테러에 연루 혐의를 받고 있는 53명의 IMU 회원에 대한 법정 심리가 2011년 7월 12일에 시작되었다. 2010년 9월 3일 '아크말 카리모프라'는 후잔트의 반조직범죄 경찰서 정문에서 차량 폭탄 테러를 감행, 자신을 포함한 4명이 사망하고 28명이 부상했다. 이 사건으로 자살 테러자인 카리모프의 형제인 피르다브스 카리모프를 비롯한 53명의 IMU 회원들이 기소됐다. 이들 중 40명은 수그드 지역의 이스트라브샨 도시 거주자들이었다. 테러범인 '아크말 카리모프'(Akmal Karimov)는 이스트라브샨 출생이지만, 사건 이전에 후잔트에 거주했다. 정부 관리자들은 테러리스트인 카리모프가 2009년의 한 납치 사건에도 연루되었으며 아프가니스탄 테러 훈련 캠프에서도 훈련을 이수했다고 밝혔다. 일부 지역 언론과 인권 단체들은 지역경찰들이 용의자들로부터 자백을 받기 위한 고문을 감행하였다고 비난했다.[133]

BBC 타지키스탄 지부 기자 체포

2011년 6월 BBC 타지키스탄 지부에서 활동하던 '우룬보이 우스모노프'(Urunboy Usmonov) 기자가 체포된 사건이 있었다. 8월부터 법정 심리가 시작됐다. 그에 대한 기소 죄목은 이슬람 원리주의 단체인 '히즈브 웃 타히르'(해방당)의 정식 회원이며, 정치적으로 접촉하였다는 내용이었다. 그는 정치적인 접촉을 전면적으로 부정하고 단지 언론 보도의 목적으로서만 만남을 가졌다고 진술하였다. 일부 언론은 우소모노프 기자가 후잔트에서 해방당의 일부 멤버와 기사 보도에 관련되어 접촉을 가진 것으로 보도하였다. BBC는 기소 내용은 전적으로 근거가 없는 것이라는 입장을 견지하였다. 우소모노프는 6월 13일에 체포되었고, 국제 미디어와 인권단체는 이를 언론 탄압 행위로 규정하고 당국을 비난해왔다. 그의 친척들은 우소모노프가 구금된 이후 폭행까지 당했다고 주장했다. 그는 체포 이후 한 달 만에 보석으로 풀려났으며, 불구속 상태로 법정 심리를 받았다. 해방당은 우즈베키스탄 등 중앙아시아에서 활동하고 있는 급진적인 이슬람주의 단체이다. 이후 불법 기소되었던 우스모노프가 석방되었다. 그는 후잔트 법정에서 3년 유죄 선고를 받았지만, 엠네스티 법률에 의거, 석방되었다. 그리고 '마흐마디우수프 이스모일로프'(Mahmadyusuf Ismoilov) 기자는 35,800소모니(약 7,100달러) 벌금형을 선고받고 풀려났다. 그는 시당국을 비판하는 기사를 게재했다고 불법적으로 1년간 교도소에 구금되었다. 국제인권단체들은 이 두 기자들이 구

두샨베 내 조지아 전통 식당(필자 촬영)

금당할 만한 어떠한 범죄를 저지르지 않았으며 비난받을 그 어떤 일도 하지 않았다는 이유로 완전한 석방을 요구해왔다.[134]

이슬람주의자들, 동부 지역 중심 테러

내전 시기 UTO 소속의 '올림 오딜로프'는 과거 UTO 사령관이던 '미르조쿠야 아흐마도프', 반정부 군사투쟁을 주도한 기타 수십 명의 군사투쟁가들과 함께 내무부와 면담을 거쳐 메디컬 테스트를 받고 행정 업무 배당을 받았다. 아흐마도프와 그의 추종자들은 반정부 군사투쟁이 격심했던 '라쉬트' 계곡의 거주민들이었다. 아흐마도프는 2008년 은퇴할 때까지 동부지역인 라쉬트에서 범죄와의 전쟁을 주도하는 정부 리더로 일하였다. 그러나 2010년 9월 19일 이 지역에서 수십 명의 정부군이 테러리스트들의 공격을 받고 사망하자, 정부는 아흐마도프와 그의 동료들이 테러리스트와 연루된 것으로 비난했다. 그러자 이들은 자신들의 무기를 버리고 정부군의 반정부 테러리스트 군사작전에 참여했다. UTO의 또 다른 군사 사령관이던 '소흐 이스칸다로프'는 2011년 4월에 내무부 산하 라쉬트 지역 책임자로 임명되었다.[135]

2012년 이후 이슬람주의자들은 동부 지역을 중심으로 간헐적으로 군사 행동을 취했다. 정부는 이를 이슬람 테러리스트의 행위로 규정하였다. 이슬람주의자들에 의한 정부의 군사적 도발은 국제 문제로 비화 되었다. 미국뿐만 아니라 서방도 매우 심각한 우려를 표시했다. 서방은 타지키스탄 정부가 자국의 분쟁 지역에 대한 국제기관의 외교적인 해결 방식을 받아들이라고 촉구하였다.

최근에 있었던 사건은 타지키스탄 정부가 아프가니스탄, 중국 등의 국경지대인 동부 지역에서 대테러 작전을 수행하면서 5명을 사살하였다고 발표했다. 타지키스탄 정보국은 내무부 정보를 인용, 무장 항쟁을 벌이던 범죄 단체 및 테러 단체 활동 대원들을 진압하였다고 밝혔다. 고르노-바다흐샨에서 정부 규탄 집회가 발생하고 이후 2022년 5월 초부터 정부는 대 테러 작전을 가동하고 있었다. 정부는 정부 규탄 집회 참가자들에 대해서는 조직 범죄자, 테러리스트로 규정했고 서방국가에서는 이를 우려해왔다. 정부는 고르노-바다흐샨 자치주에서 벌인 작전으로 정부군 1명을 포함, 14명의 사망자가 있었다고 발표하였지만, 언론과 인권 단체에서는 이보다 많은 사람들이 사망한 것으로 추정했다.[136]

이슬람 원리주의자들, 수도 두샨베에서도 경찰과 충돌, 수십 명 사망

정부 관리들은 2015년 9월 4일 '압두하림 나자르조다'(Abduhalim Nazarzoda) 전 국방차관이 이끄는 이슬람 반군 세력이 수도 두샨베 근처에서 경찰과 충돌, 8명의 경찰과 9명의 반군이 사망했다고 밝혔다. 정부는 경찰 본부를 습격한 나자르조다 전 차관을 강력히 비난하고 그를 체포하기 위한 군사 작전에 돌입하였다고 밝혔다. 정부 당국은 공격을 감행한 무장단체가 내전 당시 반군과 협력한 IRPT 세력과 연계되었다고 강조했지만, 그러한 증거는 없다. IRPT도 이 사건 이후에 그 연계성을 부인했다. 내무부 웹사이트에서는 이 테러 집단이 9월 4일 동트기 이전에 바흐다트 지역의 경찰 본부를 습격하고 이후에 두샨베 국제공항 인근의 안보부대를 공격했다고 밝혔다.

이 사건은 나자르조다 전 차관이 일련의 무장 폭도들과 함께 경찰서와 무기고를 습격한 테러 행위였다. 13명의 군인을 포함, 최소 45명이 사망했다. 139명이 반테러리스트 작전으로 체포되었다. 내무부 특별 군사 작전을 통해 두샨베에서 약 150km 떨어진 '로미트 고르지'(Romit Gorge)에서 9월 16일 나자르조다 전 차관을 포함한 추종자들이 사살되었다. 나자르조다는 내전 때 반군 리더 중의 한명이었다. 이 사건 직전에 그는 권력 투쟁으로 국방부 차관직에서 해임되었다.[137] 이후 대법원이 IRPT를 불법 단체로 선고했다. 유엔 난민 고등 판무관(UNHCR: United

Nations Hgh Commission for Refugees)은 타지키스탄 정부가 중앙아시아 내 유일한 합법적인 정당인 IRPT를 불법 단체로 선언한 사건을 두고 매우 큰 우려를 표명했다. 정부는 2015년 10월 6일 IRPT 고위관리 23명을 체포했다. 9월의 반정부 테러 사건에 연루된 혐의였다. 정부는 테러 행위, 종교적, 인종적 증오, 무력에 의한 권력 쟁취 등으로 이들을 체포했다고 밝혔다. 상당수가 위조, 사기와 일반 경제 범죄 행위 등과 관련되었다.[138] 그러나 IRPT는 나자르조다와 IRPT의 연계를 강력히 부인했으며, 자신들은 정치적 동기로 체포되었다고 주장했다. 라흐몬은 이 사건 직전에 나자르조다 전 차관을 "범죄를 저지른 혐의"로 해임했다. 나자르조다는 1997년 내전 종식을 위한 평화협정의 결과로 국방부 사령관으로 근무했으며, 2014년에 차관 직에 오른 인물이다. 미 대사관은 대사관 직원들의 외출을 자제시키고, 아이들의 등교를 막아달라고 당부했다. 정부는 히잡 착용 금지와 더불어 무슬림의 상징인 턱수염을 기르는 것도 매우 강력히 단속하기 시작했다.

정부, IS와 연계된 원리주의자들의 세력 봉쇄

정부는 IS와 연계된 이슬람 원리주의자들의 세력을 근원적으로 봉쇄하고자 하였다. IS가 세력을 매우 확대하던 2011년에 라흐몬은 청년들이 중동에서 이슬람 원리주의 단체들에 가입하고 있다고 언급하면서 'IS'를 현대판 역병이라고 비난했다. 그는 수백 명의 청년이 IS 가입 활동을 펼침으로써, 자국 안보가 위협에 처했다고 언급했다. 즉 IS에 합류한 청년들이 고향으로 돌아온 이후 사회가 매우 불안전하게 될 것으로 예측하면서, 이들은 시리아와 이라크의 이슬람 급진 단체에 지원한 위험인물들이라고 강조했다. 국제 위기 그룹에서 발표한 자료에 따르면, IS에 참여하기 위해 시리아로 입국한 이들이 급증하였다.[139]

정부는 이슬람 원리주의자들을 억압하는 하나의 방식으로 이들이

IS와 연계되어 있다는 점을 국민에게 강조하는 선전을 벌였다. 안보국은 300명 이상의 청년들이 시리아에서 전투 활동을 벌이고 있으며, 적어도 50명 정도가 사망했다고 밝혔다. 2014년 12월 라흐몬은 타지크 청년들이 중동에서 이슬람 원리주의 단체에 가입하고 있다고 언급하면서 IS를 현대판 역병이라고 비난했다. 그는 수백 명의 타지크 청년들이 IS에서 활동하고 젊은이들을 가입시키는 활동을 함으로써 자국 안보가 위협에 처해져 있다고 밝혔다. 2015년 2월에 임명된 '유수프 라흐모노프'(Yusuf Rahmonov) 검찰총장은 이슬람 극단주의 그룹의 활동에 관한 특별 센터를 가동하고 곧 활동을 시작할 것이라고 강조했다. 3월 '아나톨리 안토노프'(Anatoly Antonov) 러시아 국방차관은 타지키스탄과 키르기스스탄에 있는 러시아 군사기지를 강화할 것이라고 언급했다. 2015년 당시 국제 위기 그의 발표 자료에 따르면, 지난 3년 간 중앙아시아에서 약 2-4천 명이 이슬람 원리주의 그룹에 참여하려고 시리아로 입국하였다.[140]

정부는 2015년 11월 이슬람 불법 단체인 '자마트 안사룰라'(Jamaat Ansarullah)에 소속된 12명의 회원을 체포했다고 발표했는데, 이 단체는 시리아에서 지하드를 주창하는 이슬람 급진 단체로 추정되었다. 그리고 정부는 시리아의 IS에 지원한 50명의 이슬람 군사주의자들을 체포하였다.[141] 정부는 이들을 '해방당'(히즈브 웃 타히르), IMU, 그리고 '자마트 안사룰라' 등의 이슬람 원리주의 단체와 연계되었다는 이유로 장기 징역형을 선고했다.

IS에 가입하고자 하는 타지키스탄의 청년들은 튀르키예와 시리아 국경을 넘어 IS로 합류하였다. 월경을 시도하다가 체포되는 경우가 빈번하였다. 튀르키예의 〈도간 뉴스 에이전시〉(Dogan news agency)는 2015년 7월 13일에 IS에 합류하기 위해 시도하던 45명의 외국인이 튀르키예와 시리아 국경에서 체포되었다고 보도했다. 이들 중 다수는 타지크인으로 알려졌다. 정부는 대부분 급진화된 이슬람 원리주의자들은 러시아에서 이주노동으로 일하고 있는 120만 명의 타지크인 중에서 발생한 것으로 판단하고 있다.[142] 당국은 경건한 무슬림의 상징인 수염을 기르는 행위를 금지하고, 히잡 착용도 막았다. 정부는 이슬람 급진주의자들의 세력이 타지키스탄으로 유입되고 있다고 판단했다. 현재 IS는 그 세력권을 잃고 예전의 강력한 영향력을 거의 가지고 있지 못하고 있지만, 2010년대에 타지키스탄 젊은이가 IS에 가입한 경우가 많았다.

타지키스탄은 1994년에 제정한 헌법을 통해 종교의 자유를 기본적으로 천명하고 있다. 주된 내용은 누구나 종교에 대해 자신의 태도로 자유로운 결정이 가능하고 개인적, 단체적으로 어떠한 종교에도 입문할 수도 있고 무신론자가 될 수 있다는 내용이다. 헌법에는 타지키스탄은 세속 국가임을 천명하고 있다. 그렇지만 어떠한 종교 이데올로기도 국가 이념을 대신하지는 못한다고 강조한다. 헌법에 의하면 종교 센터, 종교 학교, 선교 단체를 설립할 수 있으며, 특정 개인은 자유로운 예배가 허용된다는 내용이다.[143]

정부, 이슬람 문화 전파 확산 억제책 강구

정부는 자국이 이슬람 문화권과 연계되는 것을 될 수 있으면 억제하고자 했다. 어떠한 차원이든지 이슬람 문화가 전파되거나 이슬람 분위기가 발생하는 상황이 벌어지지 않도록 노력했다. 아랍어 이름 사용 자체를 금지하는 법안을 제정하였다. 2016년 1월 하원은 '가족 및 시민 등록 법안'(Family and Civil Registration laws)으로 명명된 법률을 제정하면서 이와 같은 내용을 포함했다. 법무부 장관인 '루스탐 소흐무로드'(Rustam Shohmurod)는 외국계 이름은 국내 사회의 분열 원인이라고 지적했다. 이 법안은 빈번하게 부모들이 신생아에 아랍 혹은 전통적인 이슬람 이름을 사용하는 경향에 제동을 걸기 위한 목적으로 공표되었다. 라흐몬은 세속 주의를 강화해왔으며, 안정성에 위협이 될 만한 외국 관습이나 종교 행위 등을 방지하고자 했다.

물라는 이슬람의 법과 교리에 대해 정통한 사람을 가리켜 쓰는 존 칭이다. 칼리파는 이슬람 제국 주권자의 칭호로서 예언자 무함마드의 뒤를 이어 이슬람 교리의 순수성을 유지하고, 종교를 수호하며, 이슬람 공동체를 통치하는 모든 일을 관장하는 것을 의미한다. 셰이크는 부족의 원로, 수장, 현인, 이슬람 지식인을 의미하는 아랍어 단어이다. 아미르는 아랍어로 '사령관', '총독'의 뜻이며, 이슬람 세계에서 왕족과 귀족의 칭호로 사용되었다. 수피는 이슬람 신비주의자를 가리키며, 매우 경건한 의미이다.

'타지키스탄 국가 언어 및 용어위원회'(The state Committee for Language and Terminology)는 4,000여 개의 신생 언어 및 용어 리스트를 발표했다. 이 새로운 언어 리스트는 대부분 순수 타지크 언어 혹은 러시아

두샨베 '나브르주' 궁 내부의 이슬람 문양(필자 촬영)

어로 구성되어 있으며, 부모들이 신생아를 위해서 선택할 수 있는 이름 등도 포함되었다. '수쿠리온 주후로프'(Shukurjon Zuhurov) 하원 의장은 공식적인 리스트에서 이름을 선택하는 것은 강제적인 사항은 아니라고 하면서도 타지크 부모들은 타지크 문화와 부합되는 이름을 반드시 선택해야 한다고 강조했다. 언어 위원회는 수정된 법안은 타지크 민족에게만 적용되며, 우즈베크 민족이나 러시아인 등 다른 민족에게는 적용되지 않는다고 밝혔다.

35세 이하의 국민 메카 방문 순례인 '하지' 금지

정부는 35세 이하의 국민이 사우디아라비아의 메카를 방문하는 순례인 '하지'(hajj)를 금지시켰다. 정부의 조치는 'IS'에 참여하는 이들이 증가함에 따라 이슬람 극단주의 사상이 퍼지는 것을 방지하기 위한 목적이었다. 라흐몬은 그 한 달 전에 세속주의에 근거한 장기 "국가발전개념"을 선포했는데, 이번 조치는 그와 상응하는 정부 정책의 일환이었다. 정부는 세속주의에 근거한 장기발전개념(long-term development "concept")을 강화해 나갈

2021년 11월 28일 두샨베 시내 길거리와 가로수 모습(필자 촬영)

방침이다. 정부의 종교 및 문화 위원회는 하지 금지를 2015년 4월 13일 로부터 적용하기로 했다. 위원회는 이번의 조치는 나이가 많은 무슬림들에게 하지 방문을 더 많이 부여하기 위한 목적이라고 언급했다. 최근 사우디아라비아는 매년 하지 방문자의 숫자를 제한하고 있다.

2015년 3월 1일 총선에서 중앙아시아에서 유일하게 공식 등록된 IRPT는 의석 수 확보에 실패했다. 그리고 이후 불법화되면서 정당 등록이 금지되었으며, 정부의 이러한 조치는 이슬람 원리주의자들에 대한 압박 수위를 점차로 높여가고 있는 시점에서 이루어졌다. 3월에 일부 모스크의 이맘들은 IRPT 폐쇄 조치에 대한 대응 방안을 마련하기를 자국 무슬림들에게 촉구했으며, 이를 해결하기 위해 국민투표를 실시하자고 제안하였다.

4장   IRPT(타지키스탄 이슬람 부흥당)

1. 1990년대 소련 시기 IRP 형성과 타지키스탄 IRP 지부

타지키스탄 이슬람 원리주의와 IRPT의 관계

타지키스탄은 중앙아시아 국가 중에서도 우즈베키스탄과 함께 이슬람 원리주의 세력이 가장 강력한 국가에 속한다. 이슬람과 관련된 사건은 우즈베키스탄보다 더 강력하였다. 우즈베키스탄에서는 IMU를 중심으로 독립 이후 이슬람 원리주의 세력이 국민들에게 강하게 침투해 들어갔다. 내전 시기 이슬람 원리주의 세력이 반군의 핵심을 이루는 등, 사실상 이슬람 군사주의자들의 영향력이 강하게 나타났다. 내전을 통해 정부와 반군 세력은 첨예한 대치를 이루면서 극심한 군사 분쟁 상황으로 발전했다. IRPT가 반군의 핵심 세력이었다.

1990년대 우즈베키스탄, 타지키스탄에서 강력히 세력을 형성하던 이슬람 원리주의는 2000년대 들어 매우 약화되었다. 청년들을 중심으로 이슬람 원리주의 단체가 일정한 세력을 형성한 적이 있었지만, 점진적으로 국민들은 원리주의가 사회 안정성의 저해 요소라고 판단하였다. 원리주의는 국가에 위협 요소였다. 서방에서는 이슬람 원리주의로 말미암아 중앙아시아에 무슬림 국가가 등장하는 것은 아닌가 하는 두려움을 한때 가진 적이 있었다.[144] 타지키스탄에서는 정부와 IRPT의 관계가 매우 중요하다. 내전 이후에 IRPT는 공식적으로 정당으로 기능하였고, 정당 활동을 하였으며 2015년 총선까지는 2명 정도의 하원 의원을 보유하고 있었다.

1990년은 중앙아시아 이슬람 역사에서 매우 중요한 시기로 평가된다. 중앙아시아 무슬림의 정치적 활동이 확대되고 있었다. 이 시기는 소련의 많은 지역에서 시민단체가 조직되기 시작하던 때였다. 일부 무슬림 지식인들, 종교지도자들, 그리고 타타르 지식인들이 1990년 6월 9일 러시아공화국 아스트라한에서 1차 전 소련 무슬림회의가 소집되었을 때 '이슬람 부흥당'(IRP: Islamic Revival Party)을 결성하였다. '아흐마드 악타예프'(Ahmad Akhtayev)가 1대 의장으로 선출되었고 '발리 아흐마드 사드르'(Vali Ahmad Saddr)가 공보 비서 및 선임 이론가로 활동했다. 창설 목적은 무슬림 단결을 포함한 이슬람 부흥이었다. 이외 이슬람 원칙에 근거, 종교적, 문화적, 정치적, 사회적, 경제적 삶을 영위하고 샤리아의 일부 근거를 토대로 부의 축적에 저항하는 교의 실천이었다.[145]

1990년대 타지키스탄 이슬람주의자들은 IRP와 연계되어 있었다. 소련 해체 이전 러시아공화국에서 설립된 IRP지부가 타지키스탄에 설립되었는데, 이후 IRPT로 재설립되었다. IRP 조직 이데올로기는 코란과 순나의 법령을 준수하는 데 기반을 두었다. 샤리아(Sharia)는 코란과 무함마드의 가르침에 기초한 이슬람의 법률을 의미한다. 순나는 무슬림 공동체의 전통적인 사회적, 법률적 관습을 의미한다. 헌장에 적시된 강령에는 비 무슬림 세력에 반대하며, 동시에 '전 세계적인 도덕과 샤리아'에 대항하는 무슬림 공동체와도 대립한다는 내용이 있다. 민주주의 이념의 훼손에는 명백하게 반대했다.[146] IRP는 민주적 수단을 통한 목표 달성에 주안점을 두었다. 공식 출판물에서 IRP는 제정러시아와 소련이 범한 무슬림 억압의 역사 등을 공격했다. 그러나 동시에 평범한 무슬림에 의해 자행되는 무식한 행동, 미신, 불일치 상태, 개인주의 등에 대해서도 비판적 입장을 견지했다. IRP는 구소련에 속하는 모든 공화국에 지부 설립을 결정했다. IRP 설립 모임에 타지키스탄 이슬람 지도자들도 적극 참여했다. '사이드 압둘로 누리'(Sayid Abdullo Nuri), '다블라트 우스몬'(Davlat Usmon)이 IRP 신임 위원회 대표로 선출되었다. 이들은 또한 최고 기구인 '울라마 평의회'(Council of Ulama) 의원이 되었다.[147]

IRP는 오랫동안 러시아 중심주의로 인해 무시되었던 소비에트 무슬림의 이익을 대변하였다. IRP의 목적은 소비에트 무슬림이 쿠란의 원칙에 따라 헌법적 수단을 마련하는 것이었다.[148]

이슬람 원리주의 단체인 IRPT의 출현

IRP는 무슬림 인구가 많은 국가에 지부 설립을 적극 추진했다. 타지키스탄으로 돌아온 무슬림 대표들은 타지키스탄공화국 최고 소비에트에 IRP 타지키스탄 지부 설립을 요청하였다. 그러나 정부는 IRP 지부 설립 콘퍼런스 개최 자체를 거부했다. 1990년 9월에 최고 소비에트는 종교 정당의 활동 금지를 철회하는 법안을 통과시켰는데, 이로써 IRP 정당 등록이 허용되었다.[149] IRP와 조직적으로 연결되어있었지만, 타지키스탄 지부에서는 초기부터 소련에 연계된 이슈보다는 정부 정책에 더 집중하는 모양새를 보였다.[150] 타지키스탄 지부는 그해 10월 6일에 설립되었다. 당시 소련 지도자들은 이를 지원하였는데, 소련공산당에 반대하는 타지키스탄 민족주의자들을 제어하기 위해 IRP를 활용할 수 있다고 판단했다.[151] 타지키스탄 공산당 제 1서기인 '마카모프(Mahkamov)'정부는 이슬람 운동을 억압하지 않았다. 1990년 10월, 반 이슬람 캠페인이 종식된 이후에 이슬람 부흥 운동이 시작되었으며, 이슬람 원리주의자들도 지하에서 벗어나 지상으로 나왔다. 최고 소비에트는 타지키스탄 헌법 및 종교 자유법에 위배 된다는 점을 들어 허락하지 않았다.

그런데 1990년 12월 타지키스탄 공산당은 갑자기 IRP 활동을 불법화하고 어떠한 활동도 하지 못하도록 내무부 및 검찰청에 지시하였다.[152] 정부는 IRP 지부 설립을 강하게 비난했다. 입법부 상원 위원장은 IRP 지부가 합법적인 지위를 갖기를 원하는 이유와 관련, 창립자 중 2명을 심문하였다. 정부는 권력을 장악하고 이슬람 국가 설립을 획책한다고 IRP를 비난했다. 연방 상원에서는 무슬림 단체의 설립은 지역 주민들의 희망과는 배치된다는 점을 강조했다. 의회는 당 강령이 종교와 국가의 분리라는 헌법적 질서를 위반했다는 이유로 IRP 설립은 위헌이라고 선언했다. 그러나 정부의 압박에 맞서 IRP 지도자들은 국민이 IRPT를 지지하던지, 않던지 그 선택권을 가질 수 있어야 한다고 주장하고 주민들의 결정으로만 위헌 여부를 가려야 한다는 의견을 제시했다.[153]

1991년 10월 26일 IRPT는 형식적으로는 세속적이고 민주 국가를 지향하는 정책 플랫폼을 받아들였다. 당시 타지키스탄 공산당은 러시아의 지원을 받고, 세속적 무슬림을 잘 활용하여 선거 국면에서 유리한 고지를 차지하고자 했으며, 정치적 연대를 추진하였다. 그러나 IRPT 이외 이슬람 신정국가 설립을 찬성하는 단체는 등장하지 않았으며, 반군 그룹에 속한 민주당 지도자인 '소도몬 유수포프'는 이를 망상이라고 규정했다. 대부분의 정치 지도자들은 당시 정치적 상황에서 이러한 이상은 비현실적이라고 간주하는 경향이 뚜렷하였다. 그런데 1991년 10월 IRP 본부가 타지키스탄 대선에 '라흐몬 나비예프' 대통령 권한대행을 대통령에 선출하라고 압력을 가했을 때 IRPT는 IRP에서 전격 탈퇴했다. 나비에프는 1982-85년 타지키스탄 공산당 당수였다. IRPT는 민주주의 지지 그룹들과 함께 '다블라트 후도나자로프' 후보를 지지했다.

이제 IRP 타지키스탄 지부는 IRP 본부로부터 탈퇴하고 독립적인 정당인 IRPT를 공식 결성했다. IRPT는 정부에 의해 정당 등록을 인정받았다. 그런데 이전까지도

타지키스탄 국립박물관 내 이슬람 성전 모형
(필자 촬영)

IRPT는 합법, 불법의 과정을 거쳤고 IRPT의 공식 결성 이후에도 합법과 불법이 연속적으로 진행되는 부침을 겪었다. 그만큼 정치적 과정이 순탄치 않았으며, 국가 내정이 험난했다. 1991년 10월 26일, IRPT는 '공산당 센터'에서 당원 657명, 초청 인사 310명, 기자 50명이 참석한 1차 전체 회의를 개최했다. 두샨베 시장인 '마크수드 이크라모프'의 개회사로 시작한 회의에서 '무하마드 샤리프 힘마조다'(Muhammad Sharif Himmat-zoda)를 대표로, '다블라트 우스몬'을 부대표로 선출했다. 당시까지 소련 IRP 지부의 일원이었지만, 이제 그 관계는 종식되었다.

IRP 본부와 타지키스탄 지부는 왜 결별하게 되었을까? IRPT는 공식적으로 성직자를 두고 있었는데, 이런 제도가 IRP 본부의 방침과 배치되었다. IRPT의 민족주의 특성이 IRP와의 연대를 훼손한 측면도 있었다. IRP와 IRPT의 비전과 목표에 갈등이 있었다. IRP는 소련 존속을 희망했고 대통령 선거에서 타지키스탄 공산당 후보인 나비예프를 공식 지지했다. IRP 타지키스탄 지부는 이전에는 타지키스탄 민족주의자들을 비난하는 입장에 있었다. 민족주의자들이 이슬람 가치를 높게 평가하지 않았기 때문이다. 그러나 지부는 이후 민족주의자들과 연대를 하면서 반정부 투쟁을 추진하였다. IRP는 타지키스탄의 IRP 지부의 정치적 노선의 변경을 이해하지 못했다. 이런 이유로 IRP와 타지키스탄 지부의 관계가 급격히 악화, 양측 관계가 종식되었다.[154]

그런데 1991년 8월 29일 모스크바에서 보수파들의 쿠데타 사건이 일어나면서 타지키스탄 내정에 많은 변화가 발생했다. 이 상황에서 마카모프는 보수파들의 쿠데타를 지지했다. 야당은 그의 행동을 비난하면서 그의 사임과 대통령 선거를 요구했다. 야당의 정치적 도전은 효과적이었으며, 마카모프는 쿠데타가 실패로 끝난 직후인 8월 31일에 전격 사임했다. 최고회의는 '카드리딘 아슬로노프'(Qadriddin Aslonov)를 의회 의장으로 임명했다. 그는 1991년 11월 24일로 예정된 대선까지 대통령 대행 역할을 맡았다. 1991년 9월 소련 해체 직전의 혼란스런 상황에서 아슬로노프는 많은 이들이 놀랄만한 정치적 행동을 취했다. 일련의 중요한 변화를 전개했는데, 공산당을 금지하고 레닌 동상을 두샨베 광장에서 철거하고 IRP 지부를 다시 합법화했다.[155]

타지키스탄 의회는 IRP 지부에 합법적인 권리를 허락했다. 의회가 이러한 결정을 내릴 수밖에 없었던 것은 IRP가 이미 국민 속으로 일정한 영향력을 끼치고 있었기 때문이었다. 정당으로 합법화하면 정당 내 무슬림의 여러 행동들을 검열할 수도 있어 오히려 합법화시키는 것이 국가 내 안보적 측면에서 더 안전했다. 타지키스탄 대법원은 IRPT 정당 등록은 불법이었다는 기존의 판결을 뒤엎고 정당 등록은 합법적이라는 판결을 내렸다. 그러나 아슬로노프는 대통령 권한 대행을 맡은 지 23일 만에 의회에 의해 축출되었다. 의회는 공산당을 복원하였으며, 또다시 IRP 지부를 불법화하였다. 이후 '라흐몬 나비예프'는 의회 의장 겸 대통령 권한 대행으로 선출되었다. 나비예프는 마카모프 이전 공산당 제1 서기를 맡았던 인물이었다.

정부가 IRPT에 대해 일련의 강압 정책을 지속하는 이유는 어디에 있을까? 정부는 반정부 이슬람 원리주의 그룹과 지속적으로 군사적 충돌을 벌였다. 라쉬트 계곡을 중심으로 이슬람 군사주의자들이 한동안 자주 출현했다. 내전으로 2010년대까지 정치적 불안정성이 있었다. 독립 이전부터 타지키스탄에 이슬람 원리주의 세력이 잔존하고 있었으며, 중앙아시아의 다른 국가보다도 원리주의 세력이 1991년 독립 이전부터 대두됨으로써 정치적 불안성이 촉발되었다.

정부는 내전 전후 무슬림 반군을 반정부 세력으로 인식하였다. 평화 협상의 결과로 IRPT는 공식 정당으로 의회에 진출하였고 내각에도 각료가 참여하면서 내정에 개입했다. 정부는 당시에 IRPT가 합법적인 정당으로 활동한다면, 이슬람 극단주의가 줄어들 것으로 판단하였고

두샨베 남동쪽 마을의 간판(필자 촬영)

협정 이후 정부는 IRPT를 실제적으로 합법화하였다. 그러나 라흐몬은 IRPT 세력을 억제하기 위해 다양한 정책을 추진해왔다.

라흐몬은 2010년 이후 이슬람 군사주의자, 원리주의자들과 군사적 투쟁을 꾸준히 전개해왔다. 동부에서의 반정부 군사주의자의 테러로 2011년까지 약 1백 명의 정부군이 사망하였다. 이런 상황에 처하자 라흐몬은 이슬람 군사주의자들의 도발에 IRPT가 개입하였다고 판단하고 IRPT에 대해 정치적 압박을 가하였다. IRPT는 2015년까지 중앙아시아의 유일한 합법적인 이슬람 정당이었다. IRPT 이외 야당 세력이 견고하지 못한 타지키스탄에서는 IRPT의 정치적 향방이 매우 중요했다. 그런 관계로 정부는 IRPT 세력을 억압하고자 했으며, 2015년에 IRPT를 불법화했는데, 2023년 3월 현재 IRPT의 영향력은 많이 줄어들었다. 이 정당이 합법적인 단체, 혹은 정당인가, 아니면 불법화로 규정되는 지는 타지키스탄, 더 나아가 중앙아시아 이슬람 원리주의의 행동 양상을 일별한 수 있는 기준점이 되며, 이슬람 원리주의와 정치적 세력의 관계를 파악할 수 있는 준거점이 된다. 그러나 간과할 수 없는 사실은 내전 이후 IRPT는 이슬람 원리주의에 근거한 이슬람 신정국가 건설의 비전을 포기하였다는 점이다. 내전이 평화 협상으로 종결되면서 IRPT는 정당 활동을 함으로써 이슬람 원리주의, 혹은 이슬람 군사주의와는 관련 없는 단체로 활동하였다. 그런데, 정부는 지속적으로 IRPT를 정치적으로 압박해왔다.

2. IRPT 설립 상황 및 조직 이념

IRPT 설립과 내전

소련 해체 직전인 1991년 11월 24일 타지키스탄 대선은 양극화되었다. 야당은 단일 후보인 다블라트 후도나자로프(Davlat Khudonazarov)를 내세웠다. 그는 영화촬영기사이고, 소련 인민대회 의원이었다. 그는 약 30%의 지지를 받았고, 공산당 출신 후보인 나비예프가 58%의 득표율로 선출되었다. 야권은 부정선거임을 주장하면서 선거 결과를 받아들이지 않았다. 당시 IRPT는 민족주의 기반의 '라스토헤즈'(Rastokhez), 서유럽 민주주의를 주창하던 '타지키스탄 민주당'(Democratic Party of Tajikistan), 동부 지역 고르노-바다흐샨의 자치 확대와 파미르 인의 권리 보호를 주장하던 '랄리 바다흐샨'(Lali Badakhshan)과 공동으로 '후도나자로프'를 후보자로 내세웠다. 대선에서 패배했지만, 야권은 30%가 넘는 높은 지지율을 획득했다. 이는 무슬림 세력에게 매우 의미가 있었다. 중앙아시아에서 이슬람권 세력이 세속적인 사회, 정치 세력과 공동으로 대선에 참여한 실제적인 첫 번째 사례였다. 이슬람 세력이 일반 사회에서 정치적 지지를 획득하고 대중 동원도 가능하다는 점을 보여주었다.[156]

선거 후 나비예프 대통령은 강경 조치를 취했다. 야권 인사를 단속하였으며, 심지어는 공산당 내 반대파에 대해서도 정치적 공세를 강화했다. 그는 권력을 공고히 하고자 했다. 중요한 요직에 측근을 기용했다. 그리고 자신의 심복으로 최고회의 의장을 내세웠다. 라스토헤즈, IRPT 인사들이 체포되었다. 두샨베 시장인 '마크수드 이크로모프'(Maqsud Ikro-mov)는 뇌물 혐의로 체포되었는데, 그가 주도적으로 레닌 동상을 철거했기 때문이었다.[157]

1992년 타지키스탄이 독립하면서 내전이 시작되었다. IRPT는 부족주의 및 지역에 기반을 둔 네트워크를 동원하고 전통적인 사회 그룹을 활용하였다. 이 단체의 영향력은 사회로 스며들었으며, 내전 시에 강력한 정치적 세력을 형성했다. IRPT 지도자들은 1980년대부터 활동했으며, 비공식적인 모스크를 활용하였다. 집단농장인 콜호즈 지도자들이 암묵적으로 묵인하여 모스크들이 건립되었다. 내전 중에 이슬람 지도자들은 전통 사회를 활용하였다. 이슬람 원리주의자들은 현장 사령관과 군사 그룹들과 합세하였다. 마을 주민들은 이슬람 전사들, 사령관들에게 도움과 보호를 요청하였다. 지방 공동체의 신뢰를 얻기 위해 이슬람 전사들은 마을 개선 프로젝트 등을 조직하면서 시민 사회의 기능을 수행하였다.[158]

1991년 소련 해체로 타지키스탄 경제 상황은 매우 나빴다.

두샨베 인근 마을 입구의 타지크 국기(필자 촬영)

국민은 소련 해체 이후 독립한다면, 여러 문제가 해결될 것이라는 희망을 가졌다. 그러나 자신들의 주장이 잘 관철되지 않자 다양한 반정부 정치 세력이 IRPT에 참여했다. IRPT는 반군 핵심 세력이었다. 내전으로 약 6-10만 명이 사망했고, 약 70만 명이 난민이 되었다. 'UTO'에 IRPT, 라스토헤즈, 타지키스탄 민주당, 랄리 바다흐샨이 합류했다. 라스토헤즈와 민주당은 구소련 시기 설립된 단체와 성격이 유사했다. 그들은 타지크 언어와 문화, 시장 경제와 의회 민주주의 정착을 주장했다.

반군은 혁명 위원회를 구성했다. 반군이 일정한 세력을 구축하면서, 나비예프는 1992년 5월 11일 연합 정부를 구성하기로 반군과 합의했다. 30% 정도의 내각 요직을 반군에게 양보하는 조건이었다. IRPT의 부의장인 우스몬이 부총리가 되었다. 라스토헤즈의 '미르보보 미라힘'(Mirbobo Mirrahim)은 국영 텔레비전과 라디오 위원회의 대표가 되었다. 그러나 타지키스탄 최고의회는 이 협정이 유효하지 않다고 선언했다. IRPT 의장은 '가름' 지역 출신의 '누리'(Nuri)였다. IRPT에는 청년 추종자가 많았으며, 성직자 그룹과 네트워크로 연결되었다. 성직자들은 내전에 전투병으로 참전할 청년들을 모집했다. 반군은 정부군과 치열하게 전투하면서 강력한 세력을 구축했다. IRPT, 라스토헤즈, 민주당 소속에 후잔트, 쿨롭 출신이 많았다. 이 지역 출신 중에서 저명한 이들은 물라, 즉 이슬람 성직자인 '압둘로 압두라힘'(Abdullo Abdurahim), '사이드 이브라힘'(Said Ibrahim) 등이었다. 일부는 참전하지 않고, 시위 방식으로 반군을 지지했다. 원래 정부 고위 지도자들 중에서 쿨롭 출신이 많았다. 내전이 벌어지면서, 쿨롭에는 반군 지지자들이 증가했다. 특히 누리 의장을 추종하는 쿨롭 출신 사람들이 많았다.[159]

김태연은 우즈베키스탄의 이슬람 원리주의 단체인 IMU와 IRPT는 이슬람을 기반으로 사회정치적 변화를 지향했다고 강조하였다. 양 단체는 국가와 갈등 상황에 처해 있었으며, 비공식 네트워크를 가동하였는데, 운동 조직과 일반 대중을 연결하는 역할을 하였다. 단체 회원들은 반정부 이슬람 세력을 가진 집단 정체성을 공유하였다.[160] 반군은 수도인 두샨베를 장악하고 혁명위원회를 출범하였다. 나비예프 정부는 상기에 언급했듯, 1992년 5월에 연합 정부를 구성하기로 동의했다. 그러나 당시 양측은 평화 협정에 합의하지 못했다.

1993년 나비예프 대통령이 자택에서 의문의 사망을 당했다. 1994년에 들어 정부군과 반군은 본격적인 평화 협상에 돌입했다. 타지키스탄은 유럽 국가의 자문을 받아 새로운 헌법안을 제정했다. 헌법안에 따라 1994년 11월, 3년 만에 대선이 거행되었는데, 라흐몬이 대통령에 당선되었다. 1996년 6월, 라흐몬과 누리 의장 간에 협상이 진행되었으며, 1997년 6월 27일에 모스크바에서 평화 협정을 체결했다. 이로써 내전 시기, 강력한 군사 투쟁을 펼친 IRPT도 군대, 경찰, 그리고 사회 기관에 재통합 되는 점진적인 과정을 거쳤다.[161]

IRPT 초기 주요 지도자들

IRPT의 초기 시절 주요한 지도자는 다음과 같다.

첫째, '사이드 압둘로 누리'(Sayid Abdulloh Nuri)는 당시 비공식적인 성직자였다. 그는 국가가 승인하지 않은 이슬람 교육기관에서 종교 교육을 받았다. 누리는 합법적인 인정을 받지 못한 이슬람 지하 운동가였다. 종교 활동을 했다는 이유로 시베리아 수용소에서 2년 정도 수감되었다.[162] 그는 개방적, 활동적인 정치 지도자였으며, 2006년에 사망할 때까지 IRPT의 대표자였다. 누리는 내전 과정에서 UTO를 이끌었다. 1997년, 정부군과 반군의 서명으로 평화 협정이 체결되었을 때, '국가화해위원회'(NRC: National Reconciliation Commission) 의장이었다.

둘째, '무하마드 샤리프 힘마조다'(Muhammad Sharif Himmajoda)는 세속적인 교육을 받은 인물이며, IRPT의 첫 번째 의장(chairman)이었다.

그러나 실제 당을 이끈 인물은 누리였으며, 힘마조다는 2인자 역할을 했다. 정부군과의 평화 회담에서 힘마조다는 UTO 협상가로 활동했다. 국가화해위원회의 법률 소위원회에서 활동했다. 내전 종식 이후 그는 특별전권대사로 활동했다. 의회 의원으로 일했지만, 2009년에 제정된 종교법을 비난했다는 이유로 정부로부터 사임 압박을 받았다.[163] 그는 의원직에서 물러났고 2010년에 사망했다.

셋째, 다블라트 우스몬은 변호사였으며, IRPT 기초를 만든 인물이었다. 1992년에 형식적이었지만, 연합 정부 내에서 IRPT를 대표하는 인물이었다. 그는 실제적 권력을 가지고 있지 않았지만, 부총리를 맡았다. 우스몬은 내전 중에 UTO를 계속 이끌었다. 1997년 평화 협정에서 합의한 대로 중앙 정부 직책의 30%가 UTO에 할당되었는데, 우스몬은 대외경제 장관으로 임명되었다. 그러나 2000년 2월 27일 총선 이후 라흐몬 대통령은 의회를 통제하기 시작했으며, 이후 우스몬은 정당 활동보다는 정치 평론가로 일했다.

IRPT 통치 강령 및 설립 목적

IRPT는 공산당 통치에 반대하기 위해 다른 야당 그룹과의 연대를 추진했다. 무슬림 지도자들은 이슬람 신정국가 건설에 큰 관심을 가졌다. 그들은 민주주의가 타지키스탄에 제도화되었다면, 타지크 국민은 국민 참여의 제도화를 통해 이슬람 국가를 건설할 수 있을 것이라는 관점을 유지하고 있었다. 시간이 지남에 따라, 신정국가 건설은 IRPT의 실용적 목표가 되었다. 지도자들도 공공연하게 이를 공표하였다. 그들은 목표를 달성하기 위해 폭력 혁명의 방식이 아니라 의회 정체와 국민합의 등을 이루어야 한다고 믿고 있었다.[164]

IRP 강령 27조에는 "당은 샤리아법에 의거, 소수자에 의해 부(富)가 과도히 축적되는 것을 통제한다"고 명시되어 있다.[165] IRPT는 이슬람 정당 형태를 띠고 있었고 사회에서 이슬람 역할이 중요하다고 강조했다. 그러나 지도자들은 가까운 미래에 이슬람 국가의 성립 가능성을 예견하지 않았다. IRPT는 정치적, 경제적 개혁을 주장했다. 그리고 타지크 사회의 문화 복원을 목표로 민족주의 운동을 전개했다. 이슬람 원리주의 이념을 기반으로 했지만, 그 실행을 특별히 강조하지 않았다.[166]

IRPT 이념은 무엇이었을까?

IRPT는 출범 당시부터 사회의 이슬람화를 요구했다는 것이 특징적이다. 타지키스탄은 소련 통치 하에 있었고 국가의 사회-경제 상황이 소련 모델에 근거하고 있었다. 창설 당시 주요 목표는 사회에 이슬람 원칙을 복원하고 이슬람 지식과 가치를 공공 생활로 되돌려 놓은 것이었다. 주요한 행동 강령은 다음과 같다.[167]

1) 타지키스탄 시민들의 영적 부흥 2) 국가의 경제적, 정치적 주권 3) 이슬람의 콘텍스트 속에서 정치적, 법적 권리를 위한 투쟁 4) 다양한 민족 그룹 사이에 이슬람 사상 전파하기 5) 이슬람 원칙에 근거하여 종교적-문화적, 사회-정치적, 그리고 경제생활에 참여하기 6) 청년 세대를 위한 조직 설립 등이다.

IRPT는 사회 발전보다는 종교 가치를 통해서만 구원에 이를 수 있기 때문에, 상기의 목표를 설정했다. 1992년 중반에서 하순까지 약 3만 명의 회원이 있었다. 공산당 다음으로 가장 숫자가 많은 조직이었다.[168] 1991년까지 IRP 타지키스탄 지부는 무슬림 사회에서 광범위한 종교 의제를 고수하면서, 다양한 이슬람 운동 집단을 포괄하는 신앙 운동을 추진했다. 수니파인 하나피 학파의 규범을 재건하기 위해서였다. 지도자인 누리와 힘마조다는 처음에는 이슬람 신앙을 통해 세속적인 정치에 개입해야 한다는 것을 강조했다.

IRPT는 신과 선지자 무함마드에 대한 믿음에 기초한 이슬람 원칙에 근거해서 타지키스탄 무슬림들을 위한 사회-정치적 존재이다.

.....(중략) IRPT는 의회의 정당이며 선거에 참여하고 정당의 후보를 추천한다. ....(중략) IRPT의 목표는 다음과 같다: 타지크 시민들의 영적 부흥, 공화국의 경제 및 정치적 독립, 무슬림 삶의 영역에서 이슬람 원칙이 실행되어야하며, 정치적, 법적 갱신을 도모한다.[169]

3. 내전 이후 새 지도자 카비리의 등장과 IRPT 신 강령

IRPT, 정부 내각에 각료 참여

정부와 반군 간에 1997년 평화협정으로 인해 반군의 30%가 각료로 국가 행정 체계로 입각하였는데, IRPT 출신 사령관을 중심으로 임명되었다. 내전 기간, 군사 사령관 등 반정부 군인들의 상당수가 내무부에서 국가 행정 업무에 참여하였다. 지역의 정치적 안정에 도움이 되었다. 1997년에서 2000년 총선 이전까지 UTO는 중앙과 지방 정부에서 30% 비율로 내각 각료를 배분받았다. 1998년 봄 '국민화해위원회'와 연립내각이 탄생했다.[170] 1999년까지 제 1부총리, 6명의 장관, 12명의 차관, 21명의 시장이 UTO 출신이었다. 내전 시기, 그리고 내전 이후 정부는 IRPT를 불법으로 선언하던 때도 있었지만, 공식 정당으로 합법화 하는 경우도 있었다.

내전 시기 1993년, 정부는 IRPT를 불법 단체로 등록했다. IRPT는 이슬람 국가 창설을 위해 싸웠다. 그런데 평화 협정이 체결되면서 IRPT는 공식적이고 합법적 정당이 되는 계기가 되었다. IRPT는 합법적 정당 자격으로 의회에 진출했다. IRPT 하원 의원은 2명임에도 불구하고, 정부 입장에서 IRPT는 눈에 가시였다. IRPT는 중앙아시아의 유일하고 합법적인 이슬람 정당이었다. 정부는 협정 체결 당시 IRPT가 합법화가 된다면, 이슬람 원리주의자들의 세력도 퇴보할 것이라고 판단했다. 정부가 IRPT

를 합법화한 이유였다.[171] 그런데 소수지만, 일부 리더는 평화 조약 체결을 거부하고 군사 투쟁을 지속하였다. 이들은 IRPT가 정치 활동을 전개, 오히려 이슬람이 광범위하게 전파되지 않았다고 인식했다. 이런 차원에서 일부 지도자는 차라리 세속 정부와 기타 정치적 정당과 연대하면서 정치적 활동을 강화하는 것이 더 필요하다는 입장을 가졌다. 즉 IRPT는 민주주의 원칙을 기본적으로 준수하고 세속적 국가 체제에 합류해야 한다는 분위기가 생성되었다.

조약 서명이후 IRPT는 당의 이데올로기의 급격한 전환을 맞았다. 1997년 이후 정치 노선은 많은 변화를 겪었다. IRPT는 공식적으로 1999년 9월 18일 이후 정치 활동을 본격적으로 시작하였다. 누리는 정치 체제의 현실을 수용하고 라흐마노프 대통령을 비판하던 행위를 멈추었다.[172] 당 내부에서 이념 투쟁 노선이 명확해졌다. 즉 현실 정치에 합법성을 가지고 참여하는 경로를 택했다. IRPT는 지성인, 학생들을 중심으로 신규 회원을 모집하기 위해 애썼다. 특히 1999년 새로운 지도자로 부상한 '무히딘 카비리'(Muhiddin Kabiri)는 청년 세대에게 현대 교육과 기술을 도입해서 훈련시키겠다는 입장으로 선회했다.

무히딘 카비리, IRPT 대표

누리를 잇는 IRPT의 공식 대표는 세속 교육을 받은 무히딘 카비리였다. 그는 1966년 중부의 작은 마을 '파이 자바드'에서 태어났다. 타지키스탄국립대학교의 동양학부에서 아랍어를 전공했고, 러시아 외교부의 외교 아카데미에서 수학하고 예멘의 이슬람 대학에서 공부했다. 카비리는 IRPT의 2인자로서 누리와 비슷한 입장을 견지했다. 그는 정부 체제를 지원할 의사를 나타내었고, 급진적인 이슬람주의로부터 차별화하는 전략을 구사했다.[173] 카비리는 1999년, IRPT 최고간부회의(Presidium)로 선출되었고 2003년에 부의장이 되었다. 그는 누리가 2006년 사망할 때까지 부의장으로 일했다.

카비리가 적극적인 활동을 하던 1999년에 새로 도입된 당 강령에 따르면, IRPT는 타지키스탄이 이슬람 국가가 되어야 한다는 주장을 내세우지 않았다. 당의 목표는 "타지키스탄 사회의 이슬람, 민족적, 그리고 인간적 가치의 증진"이 우선 순위였다. 사회의 혁명적 재구조 보다는 민족적, 문화적, 영적 각성을 증진하는 요소로 이슬람 역할을 한정하였다. 정의와 평등을 위해 투쟁하는 정당으로서의 역할이 강조되었다.[174]

IRPT 신 강령 내용

IRPT는 신전략과 목표를 선언하였는데 그 내용은 다음과 같다.[175]

1) 공화국 내에서 경제, 사회, 문화적 생활의 발전을 보증하기 2) 권리, 민주, 그리고 사회 규정의 발전을 보증하기 3) 타지크 국민 가운데 민족적, 인권적 가치와 더불어 이슬람 가치 발전을 보증하기 4) 정치적 활동과 정부 참여를 통해 국민들, 특히 여성과 청년의 사회적, 문화적 수준을 고양하기 5) 국가의 단결과 통합을 보존하기 6) 국민 사이에서 동포애를 통해 단결 보증하기 7) 경제, 정치, 그리고 사회적 독립을 보장하기 8) 정당 구성원의 참여로 공공 당국의 권위와 합법적인 체제 참여를 통해 목적을 현실화하는 것 등이다.

2003년 9월에 채택된 강령에는 IRPT가 보수 정당으로 "이슬람 가치"(Islamic values)를 수호한다는 모호한 언급이 있었다. 당의 프로그램은 "이슬람 신념의 원칙"에 근거한다고 강조되었다. 가장 우선적인 가치는 민족주의였다. IRPT는 평화 조약을 준수하였으며, 정부를 상대로 어떠한 군사적 투쟁을 시도하지 않았다. 즉 카비리가 지도자로 부상하면서 강령도 변화를 겪었다. 강령 속에 나타나는 타지크 민족 중심의 민족주의 가치는 리더십이 당의 역할에 얼마나 고심하고 있는지를 알 수 있는 대목이다. 평화 협정 체결 이후 라흐몬 정부의 우월적 지위를 인정하는 표현이라고 하겠다. 내전 종식 이후 IRPT도 정치적인 전환을 추진하면서, 공식적으로 정부와 공존하는 정치적 형태를 보여주었다.[176] 카비리의 정치 프로그램은 민주주의와 시장 경제에 대한 서유럽 이념을 이슬람 원칙과 결합시켜 등장했다.

IRPT가 신강령을 추진하면서 2000년대 중반, IRPT는 심한 내홍을 겪었다. 정치적으로 거의 영향력이 미미한 구시대 무슬림들과 새로운 개혁주의자들 사이의 이념적 갈등에 직면했다. 소위 '오래된 경기병'(old guard)의 베테랑이면서 리더인 누리는 IRPT의 새로운 대표로 카비리를 선택했다. 누리가 2006년 8월 9일 사망한 이후 카비리는 의장이 되었다.[177] 이코노미스트는 카비리를 "IRPT의 현대적 인물, 뉴 페이스, 새로운 세대의 상징"[178]이라고 소개했다. 카비리는 최고간부회의의 승인을 받고 의장으로 선출되었다. 그러나 그의 후보 자격은 소위 "오래된 경비병"의 대표들로부터 도전을 받았다. 당의 과거의 강령과 가치를 고수하고자 하는 이들 입장에서 카비리는 이슬람 원칙에서 벗어난 인물로 간주되었다. 이들은 이슬람주의를 강조하고, 이슬람주의에 입각한 정치 플랫폼이 가동되기를 희망하였다.[179] 의장 선거에서 카비리에 패배한 우스몬은 당적을 포기했다. 당이 내부 분열에 빠졌다는 것이 그가 당적을 포기한 표면적인 이유였다. 그는 누리, 힘마조다를 잇는 3인자였으며, 초기의 핵심 활동가였다. 우스몬은 국가화해위원회에서 1992년 5월과 11월 사이 요직을 맡았다. 부총리 직위였다. 평화 협정 이후 2000년까지 경제부 장관을 역임하였다.

카비리는 이슬람의 정치 기구와 정당 구조를 활용해서 어떤 이익을 보존할 수 없으며, 선거에 승리하더라도 헌법에 따라 정부를 통치해야 한다는 입장을 가졌다. 그리고 국가 정치 체제를 위태롭게 해서는 안 된다는 분명한 관점을 가졌다.[180] 당시 '리차드 호글랜드' 주 타지키스탄 미국 대사는 그를 "진정으로 온건하고 민주주의 정치를 이해하는 사람"

이라고 표현했다. 서방 국가는 그를 새로운 세대, 온건한 이슬람 지도자로 명명하면서, 그를 지원하였다.[181] 2006년 대선에서 카비리는 라흐몬 대통령을 반대하지 않았다. 라흐몬은 3번째로 대선에 당선되었다. 그러나 정부는 IRPT의 정치적 활동을 인정하는 태도를 보여주지 않았다. 정부의 입장은 명확했다.

IRPT의 새로운 지도부는 중앙아시아 사회 내에서 이슬람의 공공 역할이 더 많이 이루어져야한다는 입장을 가지고 있었다. 폭력적 방식도 회피되어야한다는 생각이었다. 당국과의 직접적인 대립은 피해왔다. 이들은 민주주의 과정에 참여했고, 헌법 범위 내에서 활동했다. 새로운 지도부는 이슬람 이념 대신에 '평화'적 행동의 대안을 지지하는 독실한 무슬림의 지지를 받았다. 카비리의 노력으로 한때 IRPT와 정부가 공존과 대화의 장에 나서기도 했다. 라흐몬은 2006년 '아리안 문명의 해'(Year of Aryan Civilization)를 선언하였다. 이 선언에는 국가의 공식적인 정체성 정치의 패러다임이 반영되었다. 헌법 요소에서 종교를 제외하는 국가 정책이 추진되었다.

IRPT, 이슬람 신정국가 창설 이념 포기

2009년, 카비리는 IRPT는 정당으로서 세속적 국가 개념을 수용하며, 이슬람 신정국가 창설 목표를 거부한다고 밝혔다. 그가 언급한 내용이다.

이슬람 수니 하나피 종단은 신정 국가의 개념을 지지하지 않는다. 이는 그 누구도 신의 이름으로 국가를 통치하지 않는다는 것을 의미한다. 따라서 우리는 신정 국가, 혹은 이슬람 공화국을 수립하지 않는다. 우리는 이슬람 사회를 창출하기를 원한다. 국가는 테크노크라트 혹은 관습을 행하지 않는 무슬림을 수용하지만, 우리의 가장 분명한

목표는 이슬람 가치를 지닌 사회를 만드는 것이다.[182]

그러나 정부는 IRPT 활동가들을 이슬람 극단주의 세력인 와하비주
의자로 간주하는 태도를 보였다. 정부가 이렇게 판단하는 근거는 부족
했다. IRPT 구성원들은 와하비주의자들과는 상관없는 이념을 따르고 있
었다. 이들은 생활 이슬람인 수피 종단을 추종하였다. 와하비주의자들은
수피 이슬람 관습을 지키지 않는다. 와하비주의는 이슬람 군사주의자들
의 이념적 기반이었다. 내전 시기 와하비주의는 타지크 사회의 양극화에
큰 영향을 미쳤다. 타지키스탄 국민은 이슬람 군사주의자들이 내전을 이
끌고 있다고 생각했다.

카비리는 긴 수염의 이슬람 학자들이 타지크 국민들 사이에서 지지
를 얻지 못할 것으로 판단했다. 이러한 차원에서 그는 더 젊은 세대들이
당의 정체성을 강화하고 미래의 정치적 투쟁을 위한 지지 세력을 구축하
는 일련의 활동을 전개했다. 새로운 당원으로 여성들을 받아들였고, 젊
은 기술관료를 영입하면서 IRPT가 새로운 정체성을 세우고 정당의 정치
적 행동이 무엇을 추구하는 지를 보여주고자 했다. 카비리는 IRP 타지키
스탄 지부가 설립될 때에 회원 중에서 학사 졸업자는 고작 2-3명이었지
만, 2009년도를 기점으로 하면, 49명의 지도자 모두 학위를 소지하고 있
다는 점을 강조했다. 일부는 박사 학위를 취득하였다. 회원 중 여성 비율
은 약 60%였다.

즉 IRPT는 이슬람 국가 건설을 추구하지 않았으며, 신 지도부가 추
구한 이념은 명확했는데, 정치적이지 않았다. 모든 시민들이 이슬람 사
회의 근간인 사회적 정의에 따라 일상의 기본적인 필요가 무엇인지 파악
하고 이에 접근하도록 하는 것이 강령의 지향점이었다. 카비리는 이슬람
극단주의를 추구하는 지하 그룹은 국가 이익에 해를 끼친다고 언급하였
다.[183] 그는 다른 고위 회원들과는 달리 종교 교육을 받지 않았으며, 친

서방 견해를 가졌다. 카비리는 2011년, 의장으로 재 선출된 이후 다음과 같이 밝혔다.[184]

당의 모토는 알라에 대한 신뢰, 조국에 대한 충성, 국민에 대한 봉사 이다. 이제 우리의 강조점이 전환될 것이다. 알라와의 관계는 우리의 개인적인 문제이다. 우리의 첫째 모토로 이슬람 원칙들을 계속 강조 할 필요는 없다. 모토의 두 번째와 세 번째 부분을 향해서도 노력을 집중해야 한다.

카비리는 2010년 11월 2일 '그로스' 타지키스탄 주재 미국 대사와 회동하였을 때에 IRPT가 독립적인 신문을 발행하지 않는다는 입장을 밝혔다. 그는 당시 '라쉬트'와 '이스파라'에서 정부군을 상대로 직접적으로 교전을 벌이고 있던 탈레반 등 반정부세력과 IRPT가 하나의 세력으로 연결되어 있다고 판단하는 정부의 압력을 회피하는 조치라고 강조했다. 당시 그로스 대사는 이와 관련, 타지키스탄 정부 입장을 이해하고 있다는 입장을 보였다. 그런데 카비리 당수가 이러한 입장을 표명한 것은 10월말에 타지키스탄 주재 미국, 영국, 독일, 프랑스 대사와 EU 대표가 타지키스탄에서 언론 자유가 침해되고 있다는 우려를 타지키스탄 외무부에 제기한 것과 관련되어 있다. 서방 대사들은 당시 〈Farazh〉, 〈Paikon〉, 〈Nigoh〉 등 3개 신문이 정부로부터 실질적인 정간 조치를 당했다고 주장했다. 4명의 대사들은 2010년 9월말에도 타지키스탄 '교통 통신부'가 국내 모든 메이저 인터넷 업체에 5개의 웹사이트(Tojnews.tj, Avesta.tj, Tjknews.com, Centrasia.ru, Ferghana.ru)에 대한 접근 금지를 명령했다고 주장한 바 있었다.[185] 대사들은 또 미디어 관련 국내 인권 문제에도 관여했다. 2010년 9월 초, 언론인인 '틸라브 라술조다'가 '후잔트'의 반정부군에 의한 경찰서 자살 폭탄 차량 공격에 대한 기사를 게재하였다고 정부

에 의해 구금되었을 때도 우려를 표명했었다.[186]

4. 타지키스탄 정부와 IRPT 관계

타지키스탄 정치 상황에서 IRPT의 위치

정부는 1997년 이후 IRPT를 합법적인 정당으로 공인했지만, 그렇다고 정치적 이권을 양보하지 않았다. 정부는 선거구 배정을 IRPT에 불리하게 책정하였다. 정부는 이 정당에 적절한 공공 지원을 하지 않았다. 그러나 IRPT는 그러한 어려움 속에서도 일반 국민으로부터 일정한 지지를 확보하면서, 하원에서 의석을 얻었다. 총선에서 10% 이상을 득표하지 못했지만, 비례대표 의석수를 받게 되는 최소한의 득표율인 5% 이상을 받으면서 국민들로부터 정치적 신뢰를 받았으며, 정당으로서의 대중성을 유지했다. 매우 빈약했지만, IRPT는 가장 강력한 정치적 야권 세력이었다. IRPT는 정부 형태가 세속적이어야 한다는 타지키스탄 헌법 조항 수정을 정부에 요구했다. 그러나 에모말리 라흐모노프 대통령(2007년 이후로 에모말리 라흐몬으로 이름 수정)은 헌법 수정 요구를 강력히 거부했다. 헌법에는 함축적으로 이슬람 사회의 전통적 관행에 반대되는 조항이 포함되어있다. 결혼과 이혼을 다루는 제 33조는 일부다처제를 금지하는 내용도 있다. 이 조항이 IRPT 회원에 적용된 적도 있었다. 2010년 2월, 여러 명의 부인이 있었던 IRPT 회원이 카틀란(Khatlan) 남부의 시의회 의원으로 선출되었는데, 선거 후 며칠이 지나지 않아 지방 검사는 그가 의원직을 사임하지 않으면, 일부다처제로 기소하겠다고 경고했다.

정치적으로 IRPT는 국민의 확고한 지지를 얻지 못했다. 총선에서는 라흐몬을 지지하는 국민민주당이 압도적으로 우세하였다. 카비리는 민주주의 증진을 강조했다. 그는 타지키스탄 정부와 대통령이 민주주의를 어떤 방식으로 대처하는지를 지속적으로 주시하겠다는 입장을 보였다.[187] 내전 이후 IRPT는 모든 의회 선거에 참여했다. 2000년, 2005년, 2010년, 2015년 선거였다. 2020년 총선은 이미 2015년에 IRPT가 정당으로서 불법으로 선언되었기 때문에 참여하지 못했다. 2000-10년 총선에서 IRPT는 대체적으로 7-8%의 지지를 받고 하원에서 2석을 차지했다. 2015년 선거에서는 5% 이상의 지지를 받지 못해 의석수를 가지지 못했다. 즉 2015년 총선 이전까지 IRPT는 제한된 정치 공간에서도 일정 부분 국민의 신뢰를 받았던 것이다. 카비리가 의장으로 재선된 이후 내부 자료에 따르면, 회원은 약 41,000명이었다. 타지키스탄 경제는 해외 이주민 노동자의 송금액이 GDP의 상당 부분을 차지하는데, 해외 노동자들에게도 회원 가입을 권유했다. IRPT는 폭력을 정치적 변화의 도구로 사용하는 것에 단호히 반대하면서 민주주의 실행을 강조해왔다. IRPT는 중앙아시아의 이슬람주의와 서방의 자유주의가 이데올로기적으로 융합되었다는 정치적 함의를 가진 정당이다. 즉 중앙아시아의 새로운 정치적 운동으로 해석된다.

IRPT 위상과 총선

IRPT의 위상은 총선 결과를 통해 대체적으로 파악할 수 있다. 2010년 2월 28일 총선에서 라흐몬이 이끄는 국민민주당이 하원 63석(지역구 41석, 비례대표 22석) 중에 54석을 획득했다. IRPT, 공산당, 농업당, 경제개혁당 등이 각각 2석을 얻었다. IRPT가 많은 의석을 얻을 것으로 전망되었는데, 결과는 그러지 못했다. 정치 분석가들은 성급하게 인민민주당과 IRPT가 총선에서 경쟁할 것으로 예측했는데, 선거 결과는 많은 이들을 놀라게 했다. 선거 직전 카비리 의장은 IRPT가 10석을 얻을 것이라고 낙관적으로 전망했다. 이 총선에서 IRPT는 7.7%의 비례선거 득표율을 보였다. 그런데 카비리 의장은 실제적으로는 이를 훨씬 능가하는 30%의 득표를 하였다고 주장했다. 그의 주장에 따르면 선거 부정이 있었다는 의미가 된다. IRPT 당시 당원이 약 40,000명 정도였다. 그런데 총선 결과는 지도부에 실망스러웠다. IRPT 지도부는 자신들이 대중의 광범위한 지지를 받고 있다고 간주하고 있었다.[188]

2015년 3월 1일 총선 당시 IRPT 대표는 '무하마달리 하이트'였는데, 그는 선거 개표가 밀실에서 이루어졌으며, IRPT가 개표 과정에 참여하지 못했기 때문에 선거 자체가 불공정한 것이라고 비판했다. OSCE는 참관인으로 참여하였는데, 선거가 "금지된 정치적 공간"에서 열렸으며, 선거 후보자들을 위한 활동 공간을 제공하는 데 실패했다고 평가하였다. OSCE의 특별 코디데이터인 '마리에타 티데이'는 선거 캠페인을 통해 다양한 정파들이 참여하였는데, 불행하게도 경쟁 기회가 골고루 부여되지 못했으며, 국가 기관은 법적인 제한을 가했으며, 타지키스탄이 직면한 실제적 이슈에 대한 논쟁의 공간도 충분히 확보되지 못했다는 입장을 전했다. 이 총선 이후 정부는 IRPT를 불법화하는 조치를 취했다.

정부의 對 IRPT 압박 정책

21세기 들어 정부는 어떤 방식으로 IRPT를 압박해왔을까? 정부는 이전부터 IRPT를 이슬람 원리주의 단체로 간주하고 있었으며, IRPT 활동 자체에 위협을 느끼고 있었다. 정부는 이슬람 극단주의 세력을 규제하기 위한 다양한 조치를 취해왔다. IRPT 지도자들에 대한 정치적 압박에 나섰다. 2006년 '사둘로 마루포프'(Sadullo Marufov)라는 IRPT 회원이 북부의 '이스파라'시에서 경찰에 억류되었다가 사망한 사건이 있었다. 그는 경찰서 3층에서 추락해 사망한 것으로 발표되었는데, 경찰은 마루포프가 자살하였다고 주장했다. 그러나 IRPT는 경찰이 그를 강제적으로 밀어서 살해한 것으로 추정하였다. 정부는 2010년 8월, 두산베에 소재하고 있는 IRPT 본부의 모스크 예배를 전면적으로 금지했다. 모스크 이름은 '마스지디 나자티호'인데, 종교위원회는 이 모스크가 정부에 정식 등록되어 있지 않다는 점을 내세웠다. 정치 정당은 모스크를 소유할 수 없다는 규정을 폐쇄 이유로 들었다. 이 모스크는 총 2,000명이 한꺼번에 예배를 드릴 수 있는 규모였다.

IRPT는 이 조치를 매우 부당하게 여겼다. 금요일 예배 때에 이 모스크에는 약 2,000명이 출석하고 있었으며, 여성도 약 100명이 참여하였다. 2009년부터 종교위원회는 종교단체의 정치 활동을 억제하기 위해 모든 이슬람 단체와 모스크는 공식 등록하도록 종교 법령을 개정했다. 2009년에 약 3,300개의 소규모 모스크가 있었으며, 금요일 예배 목적의 대형 모스크는 324개였다. 정부는 종교법을 어기고 있다는 이유로 많은 모스크를 폐쇄하였다. 2009년에 제정된 종교법에 근거한 것이다. 칼톤(kalton) 지역에서만 2011년, 3개월 동안 229개의 모스크가 폐쇄되었다.[189]

한때 내전을 주도한 군사 사령관 등 IRPT 지도자들의 상당수가 내무부에서 국가 행정 업무를 맡아서 일했다. 내전 때 UTO 소속의 '올림 오딜로프', '미르조쿠야 아흐마도프' 등 군사 투쟁을 주도한 수십 명이 내무부 업무를 배당받았다. 아흐마도프와 추종자들은 반정부 군사 투쟁이 강하게 나타났던 동부 '라쉬트' 계곡의 거주민이었다. 아흐마도프는 2008년 은퇴할 때까지 이 지역에서 범죄와의 전쟁을 주도하는 정부 리더로 일하였다. 그러나 2010년 9월 이 지역에서 수십 명의 정부군이 테러리스트들의 공격을 받고 사망하자, 정부는 아흐마도프와 그의 동료들이 테러리스트와 연루된 것으로 간주하였다. 그러나 이들은 즉시 무기를 버리고 정부군의 반테러리스트 군사 작전에 참여했다.[190] IRPT는 내전 이후 실제적으로 국가 내정을 분열하거나 정치 불안을 야기하지 않았다. 그러나 정부는 정권의 안정성과 이슬람 원리주의의 억제를 위해 과도한 정치적 압박을 추진한 측면이 있었다.

타지키스탄 정부는 세속적 가치를 추구한 정권이었다. 헌법에는 어떠한 이데올로기도 국가의 통치 이념이 될 수 없다는 조항이 있다. 라흐몬 대통령 등 정권 지도자들은 이슬람주의를 신봉하는 단체가 선거에 승리하고 동시에 정부를 혼란에 빠트리고 정권을 장악할지 모른다는 의구심을 항상 가지고 있었다. 라흐몬은 법치주의에 근거, 민주적, 세속적 국가를 지향하는 "국가발전개념"을 제정하겠다는 입장을 밝혔다. 2015년 3월 19일에 타지크 학자들, 작가들, 예술인들, 다른 저명인사들과의 연례 회동에서 이같이 말하고 장기적인 '2050 발전개념'을 추진한다는 뜻을 피력했다. 그는 국가발전개념은 국가 및 세속주의에 근거한다고 언급했다.

정부는 이슬람 군사주의자들에 의한 각종 군사 작전을 IRPT가 자행한 행동으로 간주하였다. 2012년 7월 23일, 반군 핵심 지역이었던 고르노-바다흐샨의 IRPT 책임자인 '사브잘리 마마드리조예프'가 실종되어 시체로 발견되었는데, 그는 3일 후에 시체로 발견되었다. IRPT는 이 사건에 정부가 개입한 것으로 간주하였고, 관련 조사를 조속히 요청했으나, 조사는 제대로 진행되지 않았다. 도리어 정부는 고르노-바다흐샨에서 2012년 7월에 벌어진 정부군과 이슬람 군벌 세력과의 전투 배후에 IRPT가 관여했다고 주장하면서 공세를 취했다. 정부가 IRPT와 무슬림에 대한 정치적 탄압 정책을 시행하자 EU 등 서방은 이에 반발하였다. 2012년 9월 7일 개최된 '유럽안보협력기구 상임위원회' 923차 회의에서 마마드리조예프 사건에 대한 공정한 수사가 요청되었다. 그리고 내전 시기 반군 사령관으로 활동한 '이몸나자르 이몸나자로프'가 2012년 8월에 살해당한 사건에 대해 올바른 수사가 진행되어야 한다고 촉구되었다.

특히 인권 침해에 대한 문제 제기가 있었다. 심각하게도 국가 보안부에 의해 시민들이 정치적 핍박을 받거나 강제 억류되는 사건이 자주 발생하였다. 독재 국가에서 종종 자행되지만, 개인 의견의 자유로운 표현도 금지되었으며 일부 독립 뉴스 기관이나 웹 사이트 등의 사회 네트워크 정보가 차단되는 행위들이 반복되었다. 무엇보다 종교 자유가 침해되었다. 여성에 대한 폭력과 차별 행위도 종종 벌어졌다. 임의 체포가 행해진다든지, 정당한 사법 심사를 받을 권리가 부인되었다. 교도소 상황도 열악한 것으로 평가되었다.[191]

타지키스탄에서 정치적 이슬람은 일반적으로 2개 그룹으로 분류된다. 첫째, 공식적으로 등록된 IRPT이다. IRPT는 이슬람 순니의 하나피 종단의 원칙을 철저히 지키는 그룹이다. 둘째 그룹은 다양한 이슬람 운동단체이다. '해방당'('히즈브 웃 타히르'; Hizb ut-Tahrir), '살라피야', '바야트 그룹' 등이다. 이 그룹들은 하나피 종단에서 이탈하였으며, 다른 정치적, 종교적 아젠다를 가지고 있다. 살라피야 그룹의 목적은 7세기 초창기 이슬람 관습을 부흥하는 것이다.[192] 타지키스탄 북부에 거주하는 우즈베크 인들이 해방당을 적극 지지하였다. 해방당은 이슬람 살라피 이념을 추종하면서 이슬람 신정국가 창설을 주창하였다.

해방당이 추구한 목표는 세계적으로 칼리프 국가 건설이었다. 이 단체는 무슬림의 행정 조직이 부패했다는 시각을 가지고 있으며 이

타지키스탄 국립박물관 소장 라흐몬 대통령의 직무와 활동(필자촬영)

슬람 국가에서 도덕적 갱신이 필요하다는 확고한 목표 지향점이 있었다. 중앙아시아에서 정치, 종교적 성격을 양면으로 가지고 있는 결사체이다. 정치적, 종교적 성격을 동시에 지니는 대표적인 이슬람 원리주의 단체로 IMU와 해방당이 있다.[193] 해방당은 1990년대 소련 해체이후 중앙아시아에서 급속하게 확산되었다. 그러나 엄밀하게 말해서 IRPT는 해방당처럼 급진적인 이슬람 신정국가 창설을 주장하지 않았다. 특히 내전 이후에는 정부 내각에 참여하고 합법적인 정치 활동을 전개했다.

정부, 2015년 총선 이후 IRPT 불법화 및 정당 등록 금지 강경 조치

IRPT 역사에 있어 2015년은 매우 중요한 해였다. 정부가 IRPT에 대해 불법 단체로 규정하고 정당 등록을 금지했다. 2015년 3월 총선에서 IRPT가 내전 이후 총선에서 최초로 의석수 확보에 실패하자, 정부는 IRPT 정당 등록을 금지했다. 정부는 2015년 총선 이후 IRPT 세력 약화를 위해 전방위적으로 회원들에게 정치적 압박을 가했다. 정부는 IRPT에 대한 불법 선언을 하기 이전부터 이슬람 극단주의 사상이 국내에 전파되지 않도록 일련의 조치를 취했다. 대법원은 2015년 9월 29일, "극단적인 테러리스트 집단"으로 IRPT를 불법 단체로 규정하고 모든 활동을 금지하는 결정을 전격적으로 내렸다. 라흐몬 대통령이 IRPT에 대한 대대적인 정치적 압박을 대폭 강화한 사건이 2015년 총선 이후였다. 정부는 총선을 전후, 이슬람 극단주의자들의 활동이 증가하고 있다고 판단했으며, 의심스러운 인물들에 대한 체포에 나섰다. 정치 전문가들은 IRPT가 하원 의석을 확보하지 못하자 정부가 더 적극적으로 공세 수위를 높인 것으로 해석했다.[194]

타지키스탄 총선에서 비례대표제는 정당이 5% 이상의 득표가 있어야만 의석수를 배당받을 수 있었다. 일부 모스크의 이맘들은 IRPT 등록 금지에 대한 대응 방안을 마련하기를 무슬림에게 촉구했으며, 이를 해결하기 위해 국민 투표 실시를 제안하였다. IRPT는 내전 이후 합법적인 정당으로 인정받았지만, 불법화되기 전까지 IRPT 의원 수는 겨우 2명에 불과하였다. 당시 동부 지역에서는 지역의 군벌 세력과 이슬람 원리주의자들이 정부군과 군사적 충돌을 자주 일으켰다. 특히 이 지역은 아프가니스탄과 국경을 접하고 있고 마약 유통 지역으로 정부는 완전한 통제권을 강력히 원했다.

정부가 IRPT에 대한 전방위적 압박을 가하면서, 심지어 IRPT 당수인 카비리는 정부가 거짓 혐의를 씌워 자신을 체포할지도 모른다는 두려움 때문에 스스로 유배 생활을 선포한다는 발표를 했는데, 이는 그만큼 정부의 정치적 압박이 매우 강력했다는 것을 시사한다. 카비리는 정부가 순수하고 깨끗한 무슬림을 억압하며, 국가 공권력은 향후 위험한 과정을 겪게 될 것이라고 경고했다. 카비리는 서방 국가들이 이슬람 원리주의자들에 대한 두려움을 가지고 있다는 것을 타지키스탄 정부가 적절히 활용하고 있다고 언급하고 아프가니스탄에서의 안보의 불안정을 이용해 국민을 압박하고 있다고 비난했다. 그는 정부가 IRPT에 대한 복수 기회를 줄곧 찾고 있다고 정부를 비판했다. 카비리는 2015년 총선 이전까지 10년간 의원으로 활동했다.

2015년 당시 49세였던 카비리는 "국제사회는 시리아와 이라크에서의 상황 때문에 매우 우려하고 있으며, 무슬림 혐오증이 국제적으로 생산되고 있다. 정부의 일부 사람들은 지금이 우리의 당에 복수할 기회이라고 생각하고 있다. 그들은 새로운 갈등을 유발하고 있기 때문에 큰 실수를 범하고 있다. 그들은 20년 전에도 이 같은 행위를 하였으며, 그것 때문에 내전이 벌어졌으며 이들은 국가와 국민을 위해 큰 모험을 자행하고 있는 꼴"이며, "우리는 정부 당국이 너무 늦기 전에 이를 인식하기를 원하고 있다"[195]고 덧붙였다.

2015년 9월 4일 나자르조다가 전 차관이 이끄는 무장대의 테러 사건이 있었는데, 정부는 이 사건이 IRPT와 연관되어 있다고 강조했다. 그러나 IRPT 관리들은 나자르조다와의 연관 관계를 부인하였다. 검찰청장실은 2015년 10월 6일 IRPT 고위 관리들 23명을 체포했는데, 나자르조다 전 차관이 주도한 반정부 테러 사건에 연루된 혐의였다. 정부가 이들을 체포한 이유는 그들이 테러 행위를 자행하고, 종교적, 인종적 증오를 부추기고 무력으로 권력을 쟁취하고자 했기 때문이다. 정부는 이들 중 상당수가 위조, 사기, 그리고 다른 경제적 범죄 행위와 관련되어 있다는 점을 강조했는데, 이는 정부가 야당을 강력히 탄압하고 있다는 것으로 해석되었다. 이슬람 반군 지도자였던 나자르조다는 내전 종식을 위한 평화 협정의 결과로 국방부 사령관으로 근무했으며, 2014년에 차관직에 오른 인물이다.

라흐몬은 줄곧 IRPT 세력을 억제하기 위한 여러 정책을 추진해왔으며, IRPT를 불법화하고 주요 인사들을 체포하면서 자신의 권력을 더욱 공고히 하였다. 그러나 이에 맞서 이슬람 원리주의자들은 군사 도발을 감행하면서 정부 세력에 강력하게 맞서왔다. 이슬람 원리주의 세력이 거의 약화 된 상황에서도 타지키스탄에서는 당시 이슬람 원리주의의 군사적 행동이 나타나는 현상이 발생하였다.

IRPT 불법화로 IRPT 구성원들 탄압받아

IRPT 불법화로 IRPT 회원들도 정부로부터 탄압을 받았다. 타지키스탄 검찰청장실은 2015년 10월 6일 IRPT 소속 고위 관리들 23명을 체포했다고 밝혔다. 이들은 나자르조다 전 차관이 주도한 테러 사건과의 연관성으로 검찰 조사를 받았다. 검찰청장실은 이 관리들이 테러 행위와 종교적, 인종적 증오를 부추기고 무력으로 권력을 쟁취하는 등의 혐의를 받고 있으며 상당수가 위조, 사기, 그리고 다른 경제적 범죄 행위와 관련되어 있다고 강조했다. IRPT 관리들은 나자르조다와의 관련성을 부인해왔다.

이 사건이후에 정부는 지속적으로 정치적 압박을 가해왔다. IRPT 지도자들을 변호한 2명의 저명 변호사들에게 장기 징역형이 선고되었다. 이들은 민족 혐오증 등 여러 죄목 혐의를 받았다. 이 변호사들은 정부로부터 줄곧 감시 대상으로 지목되었다. 휴먼 라이트 워치와 일부 인권 단체는 이들에 대한 즉각적이고 조건 없는 석방을 요구했다. 해외 망명 생활을 전전하던 카비리 대표는 정부의 요청으로 인터폴 수배자 리스트에 올랐다.[196] 정부는 시민 사회에 대한 통제를 강화하였으며, 독립적 종교 단체에 대한 각종 규제 정책을 가동하였다. IRPT 소속 수십 명의 회원이 수감 되었다.

2016년에도 정부는 무슬림 지도자들을 체포하였다. 3월에 북부 '수흐드'(Sughd) 지역에서 6명의 이맘을 체포했는데, 불법적인 이슬람 극단주의 그룹 참여 혐의를 받았다. 5월에도 5명의 이맘이 체포되었는데, 이들은 극단적인 이념을 전파하고 청년들을 해외의 이슬람 군사주의 그룹에 참여시키는 활동을 하였다는 혐의를 받았다. 미국무부는 2016년 4월 15일, 종교 자유 침해 국가로 중앙아시아에서는 타지키스탄, 우즈베키스탄, 투르크메니스탄 등 3개국을 지정했다. 6월 2일, 비밀 재판을 통해 IRPT 지도자들에 대한 장기 징역형이 선고되었다. 부의장인 '사이드마르 후사이니'와 '무하마달리 하이트'는 무기징역형을, 11명의 고위 관리는 14-28년 장기형을 선고받았다. 전체 170명이 징역형을 받았다. 범죄 행위는 살인과 조직범죄였다. IRPT 지도자들은 그 이전 해인 2015년 9월 사건 공모 죄목으로 기소되었다. IRPT 이외 나자르조다 전 차관의 일부 추종자들은 권력 탈취 시도 혐의로 수감 되었는데, '사드리딘 네마토프', '시로이 오디나예프' 등이 무기징역형을 선고받았다.

그리고 수감 중인 야당 정치인의 변호인이 구금 상태에 있었는데, 그 정치인의 가족은 실종 상황이 되는 상황이 발생하였다. 정치인 '잠쉐드 요로프'(Jamshed Yorov)의 친척들은 변호인이 2016년 8월 22일에 억류되었으며, IRPT 회원들에 대한 대법원의 비밀 비공개 원칙을 위반했다는 혐의가 적용되었다. 이 변호사는 IRPT 부의장인 '무하마달리 하이트'에 대한 비공개 재판 변호를 2016년 여름부터 맡았다. 8월23일, 하이트의 친척들은 하이트 부의장의 부인과 17세 아들이 두샨베의 집에서 수명의 사복경찰이 연행한 이후 실종상태에 있다고 전했다. 두샨베 법원은 2015년 가을 나자르조다가 권력 쟁취의 목적으로 일으킨 반란 사건에 IRPT 지도자와 당원들이 함께 공모했다는 혐의로 유죄판결을 내렸다. 현재 해외에서 망명중인 카비리는 법원의 판결을 전면 거부하고 있다.[197]

타지키스탄 검찰은 IRPT 지도자들을 변호한 2명의 저명한 변호사들에게 장기 징역형을 구형했다. '부주그메흐르 요로반드'(Buzurgmehr Yorovand)와 '누리딘 마카모프'(Nuriddin Mahkamov)변호사에 대한 법정 재판에서 민족혐오증을 비롯한 여러 죄목 혐의로 각각 25년과 23년의 징역형이 구형되었다. 이들의 변호사인 '무아자마 코디로바'(Muazzama Kodirova)는 "어떻게 이 저명한 변호사들이 2명의 극단주의자가 될 수 있겠는가"라고 변호했다. 이들에 대한 재판은 IRPT의 13명의 지도자들에 대한 변호를 맡았던 요로반드의 활동으로 촉발되었다. 정부는 시민 사회에 대한 통제를 하였으며 독립적인 종교단체에 대한 각종 규제 정책을 가동하였다. IRPT의 수십 명의 회원이 체포되어 재판을 받았다. 2명의 변호사는 자신들의 합법적인 활동으로 인해 정부로부터 줄곧 요주의 인물로 지목된 5명의 변호사 중의 2명이다. '휴먼 라이트 워치'와 일부 인권 단체는 이들에 대한 즉각적이고 조건 없는 석방을 요구하고 있다. 2016년 9월초 현재 카비리는 타지키스탄 정부의 요청으로 인터폴 수배자 리스트에 올라있다.[198] 2023년 현재 시점에서 타지키스탄 이슬람 원리주의 세력은 표면적으로 거의 나타나지 않고 있다고 보는 것이 맞다.

국제 사회는 IRPT에 대한 판결 결정을 비판했다. 국제 사회는 중앙아시아 내 유일한 합법적인 정당인 IRPT를 불법 단체로 규정한 결정은 정부의 실책이라는 입장을 보였다. 국제감시단은 2015년 선거가 공정하지 못하였다고 평가했다. 국제 사회는 IRPT가 국가 내에서 합법적으로 미미한 역할밖에는 하지 못하였다고 하더라도, 권위주의 국가인 타지키스탄에서 이러한 정당이 존재한다는 그 자체만으로도 민주주의 원칙이 존중된다는 평가를 내렸다. UNHCR은 타지키스탄 정부의 이러한 결정으로 국민의 인권 문제가 발생하고 있다고 지적했다.[199] UNHCR은 타지키스탄 정부가 중앙아시아 내 유일한 합법적인 정당인 IRPT를 불법 단체로 규정한 결정을 두고 우려를 표명했다. UNHCR은 정부가 이러한 결정을 내린 이후에 타지크 국민의 인권 문제가 발생하고 있다는 점을 지적하였다. UNHCR이 발행한 2015년 10월 2일자 보고서에 따르면, 정부는 2015년 9월 초 이후로 12명 이상의 IRPT 회원을 체포하였다고 지적했다.[200]

10월 2일 휴먼라이트워치의 미국 사무소 고위 위원은 정부가 IRPT를 불법화한 사실에 대해 의문을 제기하고 이러한 행동은 이 국가 내에서 인권 침해가 발생할 수 있는 것이라고 정부의 결정을 비난했다.[201] 휴먼라이트워치의 중앙아시아 지역 연구원인 스티브 수웨르들로우는 타지키스탄에서 불안성과 급진화가 더 이상 일어나지 않도록 서유럽 국가를 비롯한 서방 파트너들이 IRPT를 불법화한 사건에 대해 정부를 압박해야 한다고 촉구했다. "이번 결정으로 타지키스탄의 자유는 전면적으로 비참한 상황이 될 것이다"고 말했다. 그는 불안성과 급진화가 더 일어나지 않도록 서유럽 국가가 이번 사태에 대해 타지키스탄 정부를 압박해야 한다고 촉구했다.[202]

UN의 '의견과 표현 자유의 권리' 특별조사위원인 데이비드 케이는 법원이 무리한 판결을 이끌어냈다고 비난했다. 성명서에는 "몇 명의 야당 지도자들에 대한 가혹한 판결은 이 국가의 표현의 자유를 지속적으로 제한해 온 증거이다"라는 내용이 천명되었다. 성명서의 내용으로는 "정부의 강력한 탄압으로 수년간 반대파의 목소리가 침묵을 지켰다. 극단적이고 임의적으로 야당과 종교 지도자들에 대한 탄압적 방식은 수용하기도 어려울뿐더러 그러한 정책으로 공식적인 논쟁을 넘어서 정치적 극단화를 양산"한다는 내용이 포함되었다. 정부에 의해 IRPT 회원들에 대한 탄압이 심해지면서, 국제 사회도 타지키스탄 정부와 관련 사안에 대해 협상을 벌였다.

그러나 타지키스탄 정부는 정치적 이유로 감금당한 정치범들을 석방하고 교도소에서 자행되는 고문을 방지하고 미디어 자유를 전면적으로 허용하라는 'UN 인권위원회'의 요구를 거절했다. UN은 타지키스탄 정부가 인권 행동으로 수감된 이들에 대한 정당한 재판을 진행할 것을 요청했으며, 특별히 이들을 변호하다가 감금된 변호사들에 대한 공정한 재판을 촉구했다. 본 보고서에 대해 타지키스탄 정부는 정치인, 인권 운동가, 변호사 등 정치적 반대 그룹에 대한 어떠한 정치적 동기도 없으며, '고문방지협약의정서'에 비준할 준비를 갖추고 있지 못하다고 밝혔다. 정부는 미디어 자유에 관한 더 좋은 환경을 조성하라는 UN의 권고에도 미디어 발전과 자유 언론을 위한 "필요한 모든 조건"을 충족하고 있다고 덧붙였다. UN 실무그룹과 타지키스탄 정부는 2016년 9월 22일 제네바에서 타지키스탄의 인권 상황과 관련된 회담을 개최했다. 회담 이전인 2016년 5월에 UN은 타지키스탄 인권 보고서를 제출했는데, IRPT와 'Group 24'의 회원들을 포함, 정치적 동기로 인해 감금된 정치범들을 즉각적으로, 조건 없이 석방하라고 촉구했다.

IRPT는 대통령에 대한 직접적인 비난을 피하면서 시민들에 대한 풀뿌리 정당으로서의 역할을 하고자 애쓴 측면이 있었다. 스포츠 이벤트, 종교 행사, 공동체 이벤트, 그리고 작은 규모의 합법적 시위 등의 활동을 해왔다. 그러나 정부는 IRPT에 대해 전격적으로 불법화를 선언하고 고위관리들을 장기 징역형에 처했다. 필자의 견해로는, 2023년 3월 현재 IRPT는 외형적으로 거의 소멸 상태에 놓여있다.

5장   타지키스탄 국제관계

1. 타지키스탄 대외 정책의 특성

타지키스탄을 둘러싼 국제관계가 안보, 경제 문제를 중심으로 급박하게 돌아가고 있다. 타지키스탄에 대한 직접적인 이해 당사국은 대체적으로 러시아, 아프가니스탄, 우즈베키스탄, 미국 등이다. 그래도 이 국가 중에서 타지키스탄과 관련된 국제관계의 핵심 국가는 러시아이다. 타지키스탄 대외정책의 핵심은 친 러시아 경향이다. 타지키스탄은 러시아 주도의 CSTO, '유라시아경제공동체'(EURASEC: Eurasian Economic Committee)에 적극적으로 참여하였다. '유라시아경제공동체'의 중요성은 EAEU 창설로 희석되었지만, 2010년대 유라시아경제공동체는 러시아 및 구소련국가에 매우 중요한 다자기구였다.

2000년대 타지키스탄 대외정책의 흐름과 친 러시아 정책

2003년 4월, 두샨베에서 CSTO 정상회의가 개최되었다. 회원국은 러시아, 벨로루시, 아르메니아, 카자흐스탄, 타지키스탄, 키르기스스탄 등 6개국이었다. 러시아는 2000년 푸틴 대통령 집권 이후 중앙아시아에서 과거의 강력한 영향력을 회복하는 정책을 적극 펼쳐왔다. 특히 2001년 9.11 사태 이후 미국이 중앙아시아에 공군 기지를 창설하는 등, 매우 적극적인 외교 공세를 펼치자 러시아도 구소련권 지역에서 과거의 강력한 영향력을 복원하는 대외 정책을 구사해왔다.

타지키스탄은 1991년 독립 이후 한때 러시아와 미국에 대해 실용주의와 균형정책을 펼친 시기가 있었다. 그런데 대 러시아 부채가 약 3억 달러 정도로 매우 높았는데, 러시아가 이를 전격 탕감해주었다. 러시

아는 타지키스탄 내에 러시아 군사기지를 설립하고 러시아 군대 주둔
이 가능하도록 했다. 2002년 아프가니스탄에서 세력을 상실한 탈레반은
그 이후에도 미국과 친 서방 아프가니스탄 정부에 강력히 저항했다. 그
런데 타지키스탄을 통해 마약이 해외로 밀매되면서 미국 정부는 타지키
스탄 정부에 대해 부정적 시각을 지니고 있었다. 타지키스탄 이주노동자
들이 러시아에서 벌어들인 엄청난 금액을 자국으로 송금하고 있는데, 이
사실이 친 러시아 대외 정책을 선택하는 하나의 요인이 되었다. 라흐몬
은 2009년 6월 14일, 모스크바에서 개최된 CSTO 정상회담에 참석, 러
시아가 주도하는 CSTO에 적극적인 연대 모습을 보여주었다. 이 회담에
서 CSTO가 주도하는 신속 대응군 창설의 구체적인 방안이 협의되었다.
타지키스탄은 러시아와 중국이 주도하는 SCO 정상회담에도 적극적으로
참석해왔다. 타지키스탄이 친 러시아 경향을 지속적으로 가지게 된 근본
적인 이유는 내전이 결정적으로 작용했기 때문이다. 타지키스탄 구 공산

타지키스탄 국립박물관 내에 소장된 CSTO 정상회담 사진(필자 촬영)

당은 민주 그룹과 이슬람 세력의 협공을 받았으며, 당시 매우 취약한 정권 구조를 가지고 있었는데, 이러한 상황에서 러시아의 원조가 결정적이었다.

러시아는 중앙아시아 국가들과 다자 및 양자관계 협정에 서명하였는데, 1992년, 타지키스탄은 러시아와 양자관계 협정에 서명했다. 러시아가 중앙아시아 대외 정책에서 구사하는 다자 및 양자 지역 협력 질서에 동참하는 대표적 국가가 타지키스탄이다. 러시아는 타지키스탄국경을 강력히 통제하였는데, 2004년, 약 5천 명 수준의 지상군과 공군 비행단으로 구성되는 군사기지 창설을 합의하면서, 군사 영향력을 강화하는 정책을 추진하였다. 타지키스탄은 2001년 아프가니스탄 전쟁 때에는 서방 항공기가 자국의 영공을 통과할 수 있도록 조치하였다. 타지키스탄은 미군 군사 활동이 가능하도록 허용해주었으며, 이를 위해 공군기지 사용 권리를 부여했다. 타지키스탄이 이러한 조치를 취할 수 있던 근본 이유도 공군 기지는 러시아의 관할 하에 있어 러시아정부의 승낙이 있었기 때문이었다.

러시아는 중앙아시아 국가들과 우호 관계와 협력을 추진하였다. 러시아는 정치, 경제, 안보 통합을 통해 강대국 지위 회복이 가능하도록 중앙아시아를 배후 지원기지로 활용하고자했다. 안보 측면에서 러시아는 이슬람 원리주의자들과 테러리스트 세력이 확산되는 것을 저지하고자했다. 러시아는 마약 밀매 방지, 러시아군 주둔 유지, 국방협력 등의 통해 안보 인프라를 유지, 복원하는 정책을 추구하고 있다.[203] 이런 차원에서 타지키스탄은 러시아의 중앙아시아 전략에 매우 중요한 파트너 국가이다. 푸틴은 러시아가 타지키스탄과 아프가니스탄 국경의 안보 책임자가 될 수 있음을 강조해왔다. 아프가니스탄에서 북상하는 이슬람 급진주의 세력은 러시아 안보에 위협적이었다. 타지키스탄이 독립국가연합(CIS: Commonwealth Independence States) 국가들과 긴밀한 관계를 맺었던 것은 동부에서 군사 활동을 한동안 벌였던 반정부 테러리스트에 효과적으로 대항하기 위함이었다.

2010년대 타지키스탄 대외정책

2010년 11월, 타지키스탄은 CIS 안보 관련, CIS 국가들의 고위 관리들과 일련의 회담을 개최하고 중앙아시아 이슬람 원리주의에 관한 안보 사항을 논의했다. 이와 더불어 중앙아시아 지역 현안인 마약 문제를 해결하기 위한 공동 방안을 마련하는 조치를 취했다. 라흐몬은 2000년대 이후 10년 간 아프가니스탄에서 타지키스탄 국경을 거쳐 CIS 국가에 유입되던 마약 68톤을 압류하였다고 강조하고 타지키스탄도 대 마약 공조 협정을 적극적으로 추진해 나간다고 약속했다. 이 회담이후 러시아, 타지키스탄, 아프가니스탄, 파키스탄은 아프가니스탄으로부터의 마약 유입을 차단하는 협정을 맺는 데 동의하였다. 이 협정에는 정보 교환, 마약 퇴치 작전, 마약 관련 개인 훈련 프로그램 등이 포함되었다. 이 협정은 2010년 10월 파키스탄 주재 미국, 러시아, 아프가니스탄 등 3개 정부 마약 관련 고위 실무자들이 전례 없는 마약 근절 공동 협정을 체결한 이후 마련된 후속 대책이었다.

타지키스탄 국제관계를 둘러싼 주요 행사 중에서 특이하게도 '물 협력 국제회의'가 있다. 2013년 8월 20-21일에 , 타지키스탄에서 100개 이상의 국가에서 약 900명의 대표자들이 참여한 이 대회는 국경을 초월한 전 세계적인 물 협력이라는 의의를 가지고 개최되었다. 물 협력은 향후 중앙아시아의 평화, 안전, 그리고 발전을 도모하는 데 매우 중요한 국제회의이다. 라흐몬 대통령은 개막식에서 "국경을 초월한 전 세계 물 협력은 특별히 중앙아시아의 평화, 안전, 그리고 발전을 도모하는 데 결정적인 역할을 하게 될 것"이라고 밝혔다. UN은 "인간의 가장 기본적인 필요를 충족시키고, 환경, 사회경제적인 발전을 증진시키며, 가난 감소를 위해서는 전적으로 물 공급에 달려있다"고 전제하면서, 2013년을 "국제 물 협력의 해"로 지정했다. UN은 전 세계 276개의 강 유역의 절반 이상이 어떠한 형태의 협력관리의 틀을 갖추지 않고 있다고 지적하고 국제적 차원에서 물 협력 시스템이 갖추어지기를 강조하면서 성명서가 채택되었다.[204] 중앙아시아는 물 문제가 심각한 지역이다. 아랄해 오염도 심각하며 중앙아시아 국가들은 물 이슈에 대해 민감한 편이다. 타지키스탄도 예외는 아니다.

타지키스탄은 안보 정책 입안에 있어 이웃 국가인 탈레반의 준동을 매우 경계했기 때문에 나토가 2014년부터 아프가니스탄에서 철수할 것에 대비해왔다. 러시아가 중앙아시아의 핵심 전략지대로 타지키스탄으로 상정하고 있어 타지키스탄은 러시아와 안보 협력을 추진해왔다. 타지키스탄이 친 서방 전략보다는 친 러시아 외교 정책을 추진한 이유였다. 라흐몬은 2014년 4월 의회 연두교서에서 타지키스탄에서 가장 중요

2014년, 2021년 두샨베에서 개최된 SCO 정상회담 장소: 나부르즈 궁(필자 촬영)

한 정치적, 경제적 유대 관계의 핵심 국가는 러시아이며, 그 다음이 중국, 남아시아, 미국 등이라고 언급하였다. 그해 SCO 정상회담이 9월 11-12일에 두샨베에서 개최되었다.

당시 회원국은 러시아, 중국, 카자흐스탄, 키르기스스탄, 타지키스탄, 우즈베키스탄 등 6개국이었다. 정상들은 우크라이나 사태를 집중적으로 논의했다. 가장 중요한 아젠다는 우크라이나 사태와 2014년 말 미군과 나토군이 아프가니스탄에서 철수하는 데 따른 중앙아시아 지역 안보였다. 이 회담에서 SCO 신규 회원국에 대한 정관이 결정되었다. 가장 유력한 신규 회원국은 인도와 파키스탄이었다. 러시아는 중앙아시아 지역 안보가 매우 중요하다는 입장을 강조하였으며, 우크라이나 사태에 따른 대 러시아 제재 상황에서 러시아, 중국, 중앙아시아 국가 등은 정치적 연대감을 보여주었다. 그 전인 2014년 4월, 두샨베에서 SCO 안보회의 책임자들은 역내 국가들의 안보 문제, 분리주의, 테러리즘, 종교적 극단주의, 불법적인 마약 거래, 국경 간의 조직적인 범죄 등을 의제로 다루었다.

타지키스탄은 SCO 관련 국가들과 긴밀한 협력 관계를 구축하면서 동시에 비 SCO 회원국 등과도 좋은 관계를 유지하고 있다. 라흐몬은 2014년 10월 16일, '일함 알리예프'(Ilham Aliyev)아제르바이잔 대통령과 정상회담을 가졌는데, 양국 주권과 지역통합의 위협 요소에 직면하여 상호 연대하기로 합의했다. 양국 대통령의 선언문에는 국제적으로 승인된 국경을 변화시키고자 하는 그 어떤 시도를 인정하지 않을 것이라는 내용이 포함되었다. 양국 정상은 나고르노-카라바흐 지역을 놓고 벌이고 있는 아르메니아-아제르바이잔 분쟁의 평화적 해결이 필요하다는 데 합의했다. 양국 대통령은 경제, 무역, 교통, 그리고 군사 부분에서 협력을 증진하기로 합의했다.

최근의 중앙아시아 국가 간의 일로는 2022년 7월 21일 키르기스스탄에서 열린 중앙아시아 5개국 정상회의에서 타지키스탄과 투르크메니스탄은 우호조약 서명을 거부했다는 사실이다. 이 2개 국가가 서명을 거부한 새로운 협정은 국가 간의 상호 우정과 협력에 관한 내용이다. 양국은 21세기 중앙아시아 발전과 관련된 우호, 친선, 협력 협정에 합의하기보다는 국내 절차를 먼저 완료한다는 입장을 밝혔다. 타지키스탄의 협정 거부는 키르기스스탄과의 분쟁 때문이다. 현재 카심 조마르트 토카예프(Qasym-Zhomart Toqaev) 카자흐스탄 대통령은 타지키스탄과 키르기스스탄 간 국경 분쟁의 평화적 해결책을 찾기 위해 합의 중재를 제안하였다.

이번에 개최된 정상회담에서는 중앙아시아 국가들의 대외 의존도를 낮추는 것이 기본적인 목표였다. 정치 전문가들은 이번 회의가 중앙아시아 국가들의 러시아·중국에 대한 대외 의존도를 줄이고 상호 협력을 촉진하는 데 목표점을 두었다고 분석하고 있다. 그러나 타지키스탄의 경우 러시아에 일하는 이주노동자들의 해외송금에 국가 경제가 전적으로 의존되어 있는 관계로 러시아에 대한 의존도를 쉽게 줄이지 못할 것으로 보인다.[205]

2. 타지키스탄-러시아 관계

러시아와 타지키스탄은 긴밀한 유대 관계를 맺고 있다. 약 100만 명 이상의 타지크인이 러시아 이주노동자이며, 본국 송금액은 GDP의 35-45% 정도를 차지할 정도로 크다. 러시아에 대한 경제 의존도가 높다. 러시아는 타지키스탄의 제1교역국이다. 2018년 기준으로 교역액이 10.2억 달러이다. 러시아는 타지키스탄의 안보 문제에 적극 개입하는 정치행위자이다.[206] 타지키스탄이 1992년 독립한 이후 내전이 벌어졌다. 러시아는 타지키스탄의 국경 1,300km에 걸쳐서 국경수비대를 배치하면서 타지키스탄 내정에 참여하였다. 그러나 라흐몬은 국경수비대의 철수

타지키스탄 국립박물관에 소장된 라흐몬 대통령과 각국 정상들 사진(필자촬영)

를 강력히 요구했는데, 러시아군은 2005년 철수했다. 2011년 두샨베에서 개최된 러시아, 파키스탄, 아프가니스탄, 타지키스탄 등 4개국 정상회담의 주 의제는 안보 문제였다. 정상들은 아프가니스탄에서 외국 군대(미군)가 철수하는 것에 대비, 아프가니스탄 국가 안보를 위한 관련 주변국가들의 노력 증대에 합의했다. 특히 당시 러시아의 메드베데프 대통령은 아프가니스탄 국경선을 중심으로 관련국들의 안보 문제에 매우 깊은 관심을 보였다.

당시 러시아와 타지키스탄 대통령은 아프가니스탄과 타지키스탄 국경에서의 공동안보 협정을 체결하였다. 타지키스탄이 향후 러시아의 현대화된 군 설비를 이용하기로 합의, 러시아는 중앙아시아 안보에 대한 전략적 교두보를 마련했다. 타지키스탄 국경선에서 러시아가 희망한 러시아 군대의 재배치는 관철되지 못했지만, 양국 국가안보국은 타지키스탄 국경의 평화와 안보를 위해 노력하기로 합의했다. 러시아는 자국의 201연대가 2012년부터 49년간 타지키스탄 주둔 연장에 서명함으로써, 외국군대로는 유일하게 군대를 주둔시키게 되었다.[207]

러시아가 타지키스탄과 아프가니스탄 국경 안보에 신경을 쓰는 이유는 어디에 있을까? 이는 대체적으로 2가지 이유로 압축할 수 있다.

첫째, 중앙아시아에 대한 국가전략 차원이다. 러시아는 미군과 나토군이 아프가니스탄에서 이슬람 군사주의자들을 종국적으로 억제시키지 못할 것이라고 예견하고 있다. 러시아가 에너지 수출관세를 2011년 3월, 전격 인상한 일도 타지키스탄에 대한 경제적 압박으로 중앙아시아 안보에 유리한 전략을 펼치겠다는 의도였다. 당시 결정된 수출관세조항에 따르면, 러시아산 원유의 관세는 5.3% 인상되며, 톤당 가스가격은 종전의 232달러에서 250달러로 인상되었다. 타지키스탄 정부는 세관 및 관세와 관련된 이슈는 대부분 경제적 사항에 속하지만, 당시 정치적인 입장이 고려되었다고 판단했다. 그 근거로 2010년 5월에도 러시아는 키르기스스탄과 타지키스탄에 관세를 인상하였지만, 2011년 키르기스스탄에 대해서는 관세 인상을 보류했기 때문이다. 러시아는 군대 주둔으로 전략적 이득을 취할 수 있을 것으로 판단했다. 타지키스탄은 에너지 수입의 90%를 러시아에 의존했으며, 러시아의 가즈프롬이 타지키스탄의 에너지 시장을 독점한 상태였다. 타지키스탄은 2010년 이전까지 러시아 에너지 수출 관세를 면제받아왔다.

둘째, 마약 때문이다. 러시아는 마약 밀수입을 퇴치하기 위해 러시아가 아프가니스탄-타지키스탄의 국경을 통제해야 한다는 입장을 가지고 있다. 이러한 이유 때문에라도 러시아는 이 국경에 군대 배치를 강력히 희망했다. 미국은 러시아가 중앙아시아에 대한 과거 영향력을 복원하기 위해 군대 주둔을 희망하는 것으로 보고 있다. 타지키스탄 대외 정책의 취약점은 마약 문제이다. 러시아에서 유통되는 헤로인의 60%는 아프가니스탄과 타지키스탄 국경을 통해 유입된다. 2010년 여름부터 러시아 정부 관리들은 타지키스탄-아프가니스탄 국경의 러시아 군 배치 가능성을 의도적으로 언론에 유포하기 시작했다. 군대 배치를 희망하는 이유 중의 하나가 바로 미군과 나토군이 아프가니스탄에서 이슬람 군사주의자들을 억제시키는 군사 행동에 실패하였다는 것이 그 논리이다. 타지키스탄 국경을 통한 마약 유입에 러시아 군대가 개입하였다고 라흐몬이 주 타지키스탄 미국 대사에게 언급했다는 전언도 있었다. 타지키스탄을 포함, 러시아, 아프가니스탄, 파키스탄은 아프가니스탄 국경 지대에서의 마약 유입 차단에 대한 공동 협정을 체결하였다. 이 협정에는 마약에 관련된 정보 교환, 마약 퇴치 작전과 마약 관련 개인 훈련 프로그램 등이 포함되어 있다. 러시아는 약 2백만 명에 달하는 마약 중독자들이 있는 것으로 알려졌다.

2011년 말 수도 두샨베에서 개최된 러시아, 파키스탄, 아프가니스탄, 타지키스탄 등 4개국 정상회담의 주 의제는 안보 문제였는데, 이 회담에서 정상들은 아프가니스탄에서 외국 군대(미군 및 나토군)가 철수하는 것에 대비하여 아프가니스탄 국가 안보를 위한 관련 주변 국가들의 노력 증대에 합의했다. 특히 러시아의 메드베데프 대통령은 아프가니스탄 국경선을 중심으로 관련국들의 안보 문제에 매우 깊은 관심을 보였다. 이 국경 근처에서 불법 마약거래업자들이 타지키스탄 국경경비대에 의해 사살되는 일이 있었다. 2013년 2월 7일, 2명의 아프가니스탄 마약업자들이 국경근처에서 사살되었으며, 2명이 부상당했다. 타지키스탄 안보위원회는 이 사건 이외에도 1명의 불법업자를 사살하였고 국경근처에서 총격전을 벌여 4명을 체포했다는 사실도 전했다. 아프가니스탄과 타지키스탄 국경 근처에서는 아프가니스탄 마약업자들이 국경을 월경하려고 시도하는 일이 종종 있었다. 2012년 이후 2013년까지 최소한 20명 정도의 마약업자들이 양국 국경을 불법적으로 월경하다가 실패했다.[208]

타지키스탄은 아프가니스탄-타지키스탄 국경 안보 문제가 매우 중요하기 때문에 자국의 안보에 민감하게 반응한다. 아프가니스탄 국경에서 벌어진 사건이 있었는데, 러시아의 '롤칸 인베스트먼트' 소속 2명의 비행기 조종사들은 타지키스탄에서 최고 10년 6개월의 장기 구속형을 받았다가 러시아 정부의 항의로 바로 석방된 사건이 있었다. 조종사들의 주장에 따르면, 아프가니스탄에서 인도적 구호 활동을 하고 러시아로 출발하였으나 기술적인 문제로 비상착륙할 수밖에 없었다는 것인데, 타지키스탄 정부가 2011년 3월에 자신들을 구금했다는 것이다. 이들은 국경 침범과 밀수 혐의로 유죄선고를 받았다. 이 사건 이후 러시아 정부는 주 타지키스탄 러시아 대사를 소환하고 러시아에서 일하던 수백 명의 타지키스탄 노동자들을 억류하였으며, 이들 중 일부를 타지키스탄으로 추방했다. 타지키스탄 정부는 러시아의 조치에 강력히 반발하였으나, 비행사들이 석방되고 러시아로 귀환한 이후 양 국의 긴장 상태는 완화되었다.[209]

러시아, 타지키스탄에 30년 간 군인 주둔 협정 체결

양국의 주요 의제 중의 하나가 러시아의 군사 기지 사용과 군대 주둔과 관련된 일이다. 양국은 2008년부터 두산베 남동부 외곽의 '아우니' 공군기지와 인근 군사 기지 2곳에 대해 러시아가 지속적인 사용권한을 가질 수 있는지를 놓고 협상을 벌였다. 러시아는 2014년까지 이 기지에 대한 무상 사용권을 가지고 있었다. 이곳에서는 5-7천 명의 러시아 군인 주둔이 가능하였다. 당시 '함로콘 자리피' 타지키스탄 외무장관은 "타지크 영토는 외무장관이나 국방장관의 개인 소유물이 아니며, 그 자체로서 가치가 있다"고 강조하면서, 자국영토는 무상으로 외국 군대가 사용할 수 없다고 강조했다. 러시아는 안보 차원에서 군대 주둔 이외에도 공군 전력 증대에 노력을 기울였다. 러시아는 아이니 공군 기지 근처에 공격 및 수송용 헬리콥터를 배치하고 있다. 한때 양국 정부는 러시아가 아이니 공군기지를 타지키스탄과 공동으로 사용하며 러시아 공군을 이 기지에서 활동하기 위한 여부를 협상하였다. 러시아는 줄곧 아프가니스탄 국경 안보를 위해 타지키스탄에 대한 군사지원을 협의해왔다. 인구가 매우 조밀한 페르가나 분지에는 우즈베키스탄, 키르기스스탄, 타지키스탄이 국경을 맞대고 있으며, 이 분지는 중앙아시아에서의 이슬람 군사주의자들이 활동하는 심장부이며, 이슬람 군사주의자들이 공격하는 주 타깃은 바로 러시아이다.[210] 양국은 이 군사 기지들에 대한 무상 연장 사용에 대한 협상을 벌였다.

이외에도 양국은 2005년까지 러시아가 관장한 타지키스탄 국경 수비대의 러시아 군사 고문단 주둔 협상을 벌였다. 러시아는 쿨롭과 쿠르간 투베 지역에 러시아 군대를 배치하고 있었다.[211] 당시에도 타지키스탄에는 7,000명 이상의 러시아 군인이 주둔하였다. 러시아는 타지키스탄 내 군사 기지를 사용하고 군인을 주둔시키는 유일한 외국 국가였다. 결국 양국은 2042년까지 러시아군의 군대 주둔 연장에 전격 합의했다. 2012년 10월 5일 양국 외무장관은 푸틴 대통령의 두샨베 방문 동안 협정서를 체결하였는데, 러시아군은 타지키스탄에 주둔하던 201개 자동화연대의 약 7,000명의 군인이 두샨베 근교와 남부 도시인 쿨롭과 쿠르간 투베 지역의 3개 도시에 주둔하게 되었다. 푸틴은 "협정의 가장 중요한 서류는 러시아군이 타지키스탄 영토 내에서 30년간 주둔하게 되었다는 사실이며, 양국의 안보 강화와 중앙아시아 안정화에 전체적으로 유익이 될 것"이라고 강조했다. 라흐몬은 러시아가 타지키스탄의 군 현대화 계획을 지원할 것이며, 이번 협정으로 러시아는 타지키스탄 군대의 현대화 및 기술 혁신을 위한 책임을 가지고 현대화 군대에 맞는 물질적 기반을 충족할 것이라고 강조했다. 양국은 1993년 협정으로 2014년까지 러시아 군대의 주둔이 이루어졌는데, 이번 협정으로 30년 연장된 2044년까지 군 주둔이 가능하게 되었다.

이 군사 주둔 협정의 과정을 보면, 2012년 4월 라흐몬이 러시아 측에 타지키스탄을 존중해줄 것을 요청하며 협상을 촉구했다. 라흐몬은 다른 국가들이 군대 주둔에 관한 여러 번의 제안을 해왔지만, 자신은 이를 전혀 고려하지 않았다고 강조했다. 라흐몬은 의회 연설을 통해 2014년 아프가니스탄에서 나토의 철수가 단계적으로 이루어진다면, 이 지역 안보의 위험성이 증대될 것이며, 지역평화를 위해 세계 공동체가 타지키스탄을 도와줄 것을 촉구했다. 러시아의 '세르게이 라브로프'(Sergei Lavrov) 외무장관은 타지키스탄을 방문, 라흐몬을 면담하고 러시아 군대 주둔이 연장될 것임을 인정했다. 아나톨리 안토노프(Anatoly Antonov) 러시아 국방장관은 2차례 타지키스탄을 방문했으며, 이고르 쉬발로프(Igor Shu-valov) 부총리도 2012년 9월 타지키스탄을 방문하고 러시아 군대의 주둔 협정에 관한 의견을 나누었다. 이 와중에 2012년 7월 미국의 의회대표단이 타지키스탄을 방문했는데, 미국은 키르기스스탄의 마나스 공항의 '트랜지트 센터'(Transit Center) 대체 기지를 타지키스탄 내에 설치할 것에 대해 관심을 표명했다. 이 센터는 나토에 의해 운영되었는데, 그 역할은 아프가니스탄에 비 군사 장비를 공급하는 일이었다. 트랜지트 센터는 나토가 아프가니스탄에서 철수하면 폐쇄된다. 러시아는 군대 주둔으로 중앙아시아에서 큰 전략적 이득을 획득하였다.[212]

러시아, 타지키스탄 군 현대화 위해 2억 달러 지원

푸틴과 라흐몬은 2013년 8월 1일, 모스크바에서 양국 정상회담을 가졌다. 양국은 오랜 기간 러시아 군대의 연장 주둔 대가로 러시아가 어느 정도의 금액을 지불할 것인지 협상을 벌였는데, 정상회담을 통해 재정난에 처해 있는 타지키스탄 군 현대화를 위해 2025년까지 러시아가 2억 달러를 지원하기로 합의했다. 타지키스탄에 주둔 중인 러시아 군대는 해외 러시아의 주둔지 중에서 가장 큰 규모이다. 타지키스탄 의회는 2012년에 합의된 러시아 군대의 주둔 연장을 2013년 8월까지 비준하지 않았다. 이에 반해 러시아 의회는 2013년 5월에 비준했다. 러시아의 201연대는 1945년 이래로 타지키스탄에 주둔 중이다. 소련 해체 이후 201연대는 타지키스탄-아프가니스탄 국경을 경비해왔으며, 국경 경비는 2005년부터 타지키스탄 군대가 대신하고 있다.[213]

정상회담에서는 이외에도 러시아의 타지키스탄 이주 노동자의 생활 조건, 노동 조건에 대해 매우 진지한 협의가 있었다. 라흐몬은 이주 노동자는 타지키스탄의 핵심적인 정책적 요소라고 강조했다. 라흐몬은 정상회담의 가장 중요한 이슈 중의 하나가 이주노동자 문제라고 밝혔다. 이밖에 이들은 양국의 세관 및 에너지 가격, 타지키스탄의 에너지 프로젝트 등에 대해 협의를 가졌다. 러시아는 타지키스탄 무역의 제 1위 대상국이며, 투자자이다. 라흐몬은 타지키스탄에서 가장 중요한 정치적, 경제적 유대 관계의 핵심 국가는 러시아이며, 그 다음이 중국, 남아시아, 미국 등이라고 2014년 4월 23일 연두교서에서 강조한 바 있다. 그는 급속도로 진행되고 있는 전 세계의 지정학적 변화에 국민들은 경계심을 가지는 것과 동시에 이에 잘 대처해나가야 한다고 밝혔다. 라흐몬은 남부의 로군 댐은 반드시 건설될 것이라고 국민들에게 약속했다. 우즈베키스탄은 로군 댐 건설로 환경문제가 발생하며, 목화 관개용수의 인프라에 막대한 해가 끼친다는 이유로 이 프로젝트를 공식적으로 반대하고 있다.[214]

그런데 타지키스탄은 아직 EAEU 회원국이 아니다. 우즈베키스탄과 타지키스탄은 EAEU 회원국이 될 가능성이 매우 높은 국가인데, 가입을 하지 않은 상태이다. 러시아는 타지키스탄의 EAEU 가입을 위해 큰 노력을 기울여왔다. 라브로프 장관은 2014년 7월 31일에 개최된 SCO 외무장관회담에 참석하기 위해 타지키스탄을 방문했는데, '시로지딘 아슬로프' 타지키스탄 외무장관과 회동한 이후 열린 기자회견에서 러시아는 타지키스탄의 EAEU 가입을 매우 원한다는 입장을 밝혔다. 당시 EAEU 회원국은 러시아, 벨라루스, 카자흐스탄 등 3개국이었다. 이후 키르기스스탄이 가입했다.

양국의 관심사는 안보 이슈이다. 특히 라브로프 장관은 러시아 군대가 30년 동안 타지키스탄에서 주둔할 수 있도록 협조해준 타지키스탄에 감사의 마음을 전했다. 타지키스탄 측에서도 아프가니스탄 상황을 포함한 지역 안보 이슈와 양국 협력 방안에 대한 의견을 러시아와 논의했다고 밝혔다. 2014년 SCO 외무장관 회담에서는 2014년 9월에 타지키스탄에서 열린 SCO 정상회담에서 다룰 의제를 결정하는 것이 주된 목적이었다.[215]

양국은 2016년에 벌어진 비행기 운행에 대한 분규를 종식하고 합의에 이르렀다. 타스통신의 2016년 11월 7일 보도에 따르면, 타지키스탄은 모스크바의 주코프스키 공항에서 출발하는 러시아 여객기의 운항을 중지하겠다는 입장을 전달했고, 이에 대해 러시아가 반발함으로써 분규가 발생했다. 양국은 모스크바에서 이에 관련된 협의를 하였고, 주코프스키 공항에서 두샨베와 후잔트 간에 '우랄 에어라인'(Ural Airline)을 일주일에 2회 운행을 하는 것으로 합의하였다. 러시아는 타지키스탄에서 우파, 첼랴빈스크, 바르나울까지의 화물운송기가 운행할 수 있도록 허가하였다. 이전에는 이 지역으로 화물운송을 한 적이 없었다. 그리고 후잔트에서 상트페테르부르크까지의 비행 횟수를 더 늘리기로 양국은 합의했다. 당시까지 '타지크 에어'(Tajik Air), 소몬 에어(Somon Air)가 타지키스탄에서 러시아로 취항하였으며, 러시아 측에서는 '우랄 항공'(Ural Airlines), '로시야'(Rossiya), '시비르'(Sibir), 그리고 'UTair' 항공사 등이 취항했다.[216]

푸틴 대통령은 2017년 2월에 중앙아시아 3개국을 방문하였는데, 라흐몬 대통령과 정상회담을 갖고 양국이 타지키스탄-아프가니스탄 국경 안보를 강화하기로 합의했다. 2월 27일 이타르타스의 보도에 의하면, 푸틴은 라흐몬과의 회담을 마치고 타지키스탄은 중앙아시아의 지역 안보를 위한 핵심 국가라고 강조했다. 양국은 타지키스탄 내 러시아 군사기지를 활용하면서 타지키스탄-아프가니스탄 국경을 보호하는 노력을 상호 간에 추진하기로 합의했다. 푸틴 대통령은 타지키스탄의 러시아 군사기지가 타지키스탄뿐만 아니라 러시아 남부 전선의 안보에 기여하게 될 것이라고 언급했다. 러시아의 201 장갑차보병연대에 소속된 7,000명의 군인이 군사 기지 3곳에 주둔하고 있다. 이는 단일한 군사기지로 간주된다.[217]

타지키스탄은 러시아로부터 부족한 가스를 수입해야하는 상황인데, 러시아는 타지키스탄에 대한 영향력 증대를 위해 가스 수출량을 제한하는 조치를 취했다. 러시아와 타지키스탄의 합작 회사인 가즈프롬 네프트-타지키스탄 가스 저장소(Gazprom Neft-Tajikistan gas stations)는 2011년 9월 5일부터 1인당 공급하는 가스를 20리터(5.3 갤런)로 제한하였다. 러시아가 가스 수출량을 제한하는 이유는 라흐몬을 압박하고 국가 안보 분야에서 러시아에 좀 더 순응적인 전략을 이끌어 내기 위해서이다.[218]

2022년 10월 14일 카자흐스탄의 수도인 아스타나에서 개최된 CIS 정상회담에서 라흐몬은 러시아가 타지키스탄 등 중앙아시아 국가들을 존중해야 한다고 강조하였다. 현재 러시아는 우크라이나 전쟁으로 중앙아시아 국가들에게도 긍정적인 지원을 받지 못하고 있는 상황인데, 라흐몬은 소련시기에도 중앙정부가 중앙아시아 국가들을 경시해왔다고 지적하였다. 그는 푸틴에게 타지키스탄 등 중앙아시아 국가들이 전략적 동반자였던 러시아의 이익을 항상 존중해왔다는 점을 강조하면서 중앙아시아 국가들도 러시아로부터 존중받길 희망한다는 입장을 피력했다.[219]

3. 타지키스탄–중앙아시아 국가 관계

1) 타지키스탄–우즈베키스탄 국가 관계
타지키스탄 수력발전소 건설로 우즈베키스탄과 갈등 발생

타지키스탄의 국제관계에 있어서 가장 중요한 국가는 중앙아시아에서는 우즈베키스탄이다. 양국은 1992년 독립 이후 갈등 관계를 겪었다. 특히 양국 간에는 물 이슈가 매우 크다. 천산 산맥의 상중류에 속하는 타지키스탄이 자국의 전기 공급을 위해 수력 발전소 건설 차원에서 댐 공사를 하게 되면 우즈베키스탄으로 흘러 들어가는 물이 줄어들면서 우즈베키스탄에 용수 공급이 매우 부족한 상황이 발생한다. 양국은 2010년대 타지키스탄의 수력 발전소 건설 문제로 갈등을 겪었다.

타지키스탄, 2016년 로군 댐 건설 기공식

2010년대 들어 타지키스탄과 우즈베키스탄의 관계는 매우 악화되었다. 이는 타지키스탄의 주요 수입원이 되고 있는 수력발전소 건설인 '로군' '상투다 1' '상투다 2' 건설 계획에 우즈베키스탄이 반대하는 입장을 줄곧 견지했기 때문이다. 우즈베키스탄은 타지키스탄에 수력발전소가 건설된다면, 우즈베키스탄의 농업용수가 급속하게 고갈될 가능성이 높기 때문에 이러한 건설 프로젝트에 대해 강력히 반대했다. 이에 맞서 우즈베키스탄은 타지키스탄에 대한 실제적인 무역 금지 정책을 실시했다.

타지키스탄은 키르기스스탄과 더불어 고지대 및 중류 산악지역에 거주한다. 타지키스탄은 전기 공급 부족으로 수력발전소를 건설하여 안

타지키스탄 국립박물관에 있는 수력발전소 전경 사진
(필자 촬영)

정적 전력을 공급하기를 원해왔다. 우즈베키스탄은 하류의 농촌 경작 지역에 거주하고 있어 항상 용수 공급에 민감한 입장을 가지고 있으며, 타지키스탄이 상류에서 댐을 건설하면 용수 부족으로 면화 생산이나 농업 경작에 결정적 타격을 받고 있어 양국 간에 첨예한 갈등의 요소가 존재했다. 타지키스탄이 수력 발전소를 건설하는 경우 우즈베키스탄으로 흐르는 아무다리야 강의 용수에 대한 제어가 가능하게 된다. 우즈베키스탄 주요 농지인 '수르한다리야'와 '키쉬카다리야' 주의 수로가 차단된다. 타지키스탄은 독립 이전에는 우즈베키스탄으로부터 전력을 공급받았지만, 독립 이후에는 로군 댐, 상투다 댐 등을 이란의 도움을 받아 건설하고 있다. 우즈베키스탄은 타지키스탄의 로군 댐 건설을 강력히 반대하였다.

타지키스탄은 2016년 10월 29일, 로군 수력발전소 건설 공식 기공식을 가졌다. 이탈리아의 대형건설사인 '살리니 임프레길로'(Salini Impre-gilo)가 로군 댐 건설을 위해 타지키스탄 정부와 39억 달러의 대형 계약을 체결했다. 타지키스탄은 우즈베키스탄 입장을 고려, 로군 건설에는 하류의 이웃 국가의 이익을 항상 고려하고 있다는 입장을 보였다. 아슬로프 외무장관이 2017년 5월 15일 브뤼셀을 방문한 자리에서 타지키스탄은 '세계은행', 'UN', 그리고 서유럽 국가들의 도움으로 로군 댐 건설 프로젝트를 실천하고 있다고 설명했다. 아슬로프는 중앙아시아 5개국에는 충분한 물이 있으며, 현재의 문제는 단지 물에 대한 무분별한 사용이라는 견해를 밝혔다. 로군 건설은 오랜 기간 이 발전소 건설을 반대한 이슬람 카리모프 우즈베키스탄 대통령의 사망을 2달 정도 앞둔 2016년 10월 하순, 공식 시작되었다. 카리모프는 수력발전소 건설로 면화 생산을 위한 용수가 줄어들 것이라고 경고해왔다. '휴먼 라이트 워치'는 로군 건설 프로젝트에 대해 비판했는데, 이 발전소가 완성되어 로군 댐 주위의 거주민들이 다른 지역으로 이주한다면, 거주 공간, 음식, 물 공급이 와해될 수도 있었기 때문이다.[220]

로군 수력발전소 건설로 양국 갈등이 심했다. 발전소 완공으로 수력 용수가 조절된다면, 우즈베키스탄의 농업용수가 급속하게 고갈될 가능성이 높다. 타지키스탄 정부는 우즈베키스탄이 의도적으로 발전소 건설을 방해하고 있다고 주장했다. 2010년, 우즈베키스탄 국경에서 타지키스탄 행 모든 트럭에 대한 통관 관세를 14 % 인상하였는데, 이는 2010년 들어 2번째의 인상이었다. 그리고 우즈베키스탄 발 타지키스탄 행 기차 화물 수천 개도 우즈베키스탄 국경에서 통관이 지연되면서 전격 봉쇄된 적이 있었다. 즉 우즈베키스탄은 한때 타지키스탄의 '상투다 2' 수력발전소 건설을 위한 이란의 건설 장비 통관을 지연시키고 금지시켰다. 이란 정부는 이에 맞서 한때 이란을 통과해 다른 국가로 통관되는 우즈베키스탄 화물차량들에 대해서도 강제 봉쇄 조치를 취할 것이라고 경고

하기도 했다.[221]

그리고 이외에도 타지키스탄 남부 지역인 카틀론(Khatlon) 행 철도 화물 302량이 우즈베키스탄 지역에서 타지키스탄으로 출발하지 못한 경우가 있었다. 2012년 1월 사건이었다. 당시 302개의 철도화물 중 81개는 아프가니스탄에서 수송된 연료이며, 72개에는 밀과 소맥분이, 그리고 56개의 화물에는 건설재가 실려 있었다. 이런 경우가 자주 있었다. 이런 상황이 발생하면서 타지키스탄 철도 회사는 우즈베키스탄 정부를 줄기차게 비난해왔다. 우즈베키스탄은 이에 대해 통관 금지 품목은 로군 수력발전소용 건설재가 유일한 것이었다고 인정했다.[222] 우즈베키스탄은 2012년 4월, 2주일 동안 타지키스탄으로 가스 공급을 중단하였으며, 이로 인해 타지키스탄 내 공장들이 매우 큰 어려움을 겪었다. 양국은 소련 해체 이후 20년간 에너지 및 농업용수 문제, 그리고 컨테이너 통관 등 여러 분규를 겪었다.

양국 관계가 경색되면서 타지키스탄을 방문한 EU 대표단이 양국 관계 개선을 적극 촉구하는 일도 있었다. 2012년 '디디에르 레인더스'(Didier Reynders) 벨기에 외무장관과 EU위원회는 타지키스탄 대통령과의 회담에서 타지키스탄과 우즈베키스탄의 국가 관계가 매우 중요하다는 입장을 전했다. 레인더스 외무장관은 벨기에와 중앙아시아 국가들 간의 관계도 매우 중요하다고 강조했는데, 2013년 11월의 타지키스탄 대통령 선거에도 EU의 선거감시 대표단을 파견하여 선거 과정을 모니터링 할 가능성에 대한 의견을 나누었다.[223]

2017년, 25년 만에 양국 간 항공 운항 재개

수력발전소 건설 관련 양국 관계의 경색으로 양국 간 항공 협정 문제가 발생했다. 2010년 6월, 우즈베키스탄은 16년간 지속되어 온 양국 항공 협정 효력을 정지시켰다. 그동안 우즈베키스탄 영공을 통과하는 타지키스탄 비행기는 타지키스탄 북부 '수그드(Sughd)' 지역으로의 운항이 가능하였으며, 동시에 타지키스탄 영공을 통과하는 비행기도 우즈베키스탄 남부의 '수르칸다리야' 지역으로 착륙이 가능하였다.[224]

　　이후 양국 관계가 소원했지만, 미르지요에프 우즈베키스탄 대통령이 집권하면서 양국 관계가 회복하기 시작했다. 그 일환으로 양국은 상업비행기 운항을 공식적으로 재개하였다. 타지키스탄 항공사인 '소몬 에어'가 2017년 2월 10일 두샨베에서 타슈켄트까지 65명의 승객을 태우고 항공 운행했다. 일반 승객, 항공 관리들, 신문기자 등이 탑승했다. 1992년 타지키스탄 내전으로 양국 비행기 운항 노선이 폐쇄되었다. 이후 25년 만에 항공 노선이 재개되었다. '소몬 에어'의 대표인 '토마스 할람'은 두샨베-타슈켄트 운항 노선이 공식적으로 2017년 2월 20일부터 시작한다고 밝혔다. 양국 수도를 잇는 항공 노선이 재개됨으로써 그동안 육로로 이동해야했던 불편함이 해소되었다. 주로 타지키스탄 북부 수그드 주를 중심으로 육로로 이동했는데, 양국 교통 상황은 매우 열악했다. 이 구간만 해도 10-15시간 정도 걸렸다. 양국은 비자를 취득해야만 국경 출입이 가능하며, 향후 비자면제 혹은 최소한 공항에서 비자를 받을 수 있어야 한다는 여론이 계속 형성되어 왔다.

　　2017년 운항 재개 이전 양국은 항공 노선 재개를 위해 여러 번의 협상을 하였지만, 2016년 카리모프 우즈베키스탄 대통령의 갑작스런 사망으로 협상이 중단되었다. 양국관계는 타지키스탄의 수력발전소 건설에 따른 농업용수 부족 문제와 국경 문제 등으로 갈등을 겪어왔다. 그런데 미르지요예프 대통령은 중앙아시아 국가들과 관계 개선을 증진하겠다고 약속했었다. 항공 운항 협상은 2016년 11월에 시작되었는데, 양국 당국자들은 수도 이외에 다른 주요 도시 간의 항공 운항을 확대해나가기를 기대하였다. 2월 10일 비행기를 탄 이들은 타지키스탄에 거주하던 우즈베크 인들이었다. 양국 관리들은 타슈켄트 국제공항에 도착해서 회의를

가졌고 비행기 운항 가격 및 운항 스케줄 등에 대해 의견을 교환했다.[225]

그런데 항공 공식 운항은 예정된 2월 20일이 아니라 많이 지연된 4월 11일에 이루어졌다. 우즈베키스탄의 국영항공사인 '하보 욜라리'(Ozbekiston Havo Yollari) 항공사가 29명의 승객을 태우고 4월 11일 두샨베 국제공항에 도착했다. "기술적", "관료적"인 이유로 운항은 여러 번 연기된 상태였다. 우즈베키스탄 항공사는 타슈켄트에서 두샨베까지의 정기노선을 일주일에 2회 운항하기로 했으며, 에어버스 A-320을 투입할 예정이다.[226] 비행기 운항 기한이 연기된 것에 대해 타지키스탄 '소몬 에어' 측은 우즈베키스탄 정부가 마지막 순간에 비행 운항을 허락하지 않았으며, 특별한 설명도 없었다고 설명했다. 2월 20일 운항이 연기되면서 '소몬 에어' 측은 2월 21일, 운항 담당 임원을 전격 해고하였다. 해고 이유는 양국 항공 노선의 운항 취소에 대한 책임이었다.

양국은 상업용 비행기 취항을 위해 상호 일정한 노력을 기울여왔으나 장기간 결실을 얻지 못하였다. 비행기 운항이 그동안 이루어지지 않았던 것은 타지키스탄 내전 때에 우즈베키스탄 정부가 타지키스탄 정부군을 지원하고 군사 개입을 함으로써 타지키스탄 반군이 강력히 반발하였는데, 이러한 상황이 직접적인 이유였다. 내전 시기 상업용 항공 노선 취항은 내전으로 운항이 불가능했다. 그런데 1997년 내전이 종식되었음에도 양국 관계 악화로 운항이 재개되지 못했다. 전문가들은 이러한 양국 관계를 '선언되지 않은 냉전'으로 표현했다. 양국은 1991년 독립 이후 역사적 쟁점들을 가지고 있다. 역사적 논쟁을 벌이면서 국가 정체성 및 역사 정체성 논란이 가중되어왔다.

러시아와 타지키스탄 간의 상업용 운항 노선의 확대도 매우 중요한 이슈이다. 모스크바의 주코프스키 공항에서 두샨베와 후잔트 행 노선은 일주일에 2번 운항되고 있다. 러시아는 타지키스탄에서 우파, 첼랴빈스크, 바르나울까지의 화물 운송 운행을 허가하였다. 후잔트에서 상트페테르부르크까지 비행 횟수도 더 늘리기로 합의했다. 타지키스탄은 적극적으로 상업용 및 화물용 운송 노선을 확대하는 추세에 있다. 우즈베키스탄과 타지키스탄 간의 항공기 운항 확대도 기대되는 상황이다.[227]

2) 타지키스탄-카자흐스탄 관계

양국은 독립국가연합(CIS), 상하이협력기구(SCO) 소속이며 상호 국경을 접하지 않고 있어 다른 중앙아시아 국가들에 비해 갈등 요소가 많지 않다. 양국 관계는 비교적 우호적이다. 특히 타지키스탄 노동자들은 러시아뿐만 아니라 중앙아시아에서 가장 경제적 상황이 좋은 카자흐스탄에서 이주 노동을 하고 있으며, 그 수익을 자국으로 송금하고 있다. 이런 측면에서 카자흐스탄은 매우 중요한 국가 파트너이다. 2016년에 양국 수도인 아스타나-두샨베 기차가 처음으로 연결되었다. 6월 18일 두샨베-아스타나 간 첫 번째의 기차가 아스타나에 도착했다. 카자흐스탄의 여객용 운송 서비스 회사인 '졸라우쉬라르 타시말리'(Zholaushylar Tasymaly)는 양국 수도를 잇는 기차를 운행하기로 2016년 초에 양국 철도 당국자 간에 합의가 있었다고 밝혔다. 이로써 2017년 아스타나에서 개최되는 국제 에너지 박람회에 참여하는 숫자도 증가될 것으로 예상되었다. 이 노선에는 우즈베키스탄의 자치공화국인 카라칼파키스탄 공화국을 통과한다. 이번 정기 기차는 두샨베-아스타나 행은 목요일에 출발하며, 아스타나-두샨베 행은 월요일에 출발하게 된다.[228]

3) 타지키스탄-투르크메니스탄 관계

라흐몬 대통령과 구르반굴리 베르디무하메도프 대통령은 2014년 5월 5일 두샨베에서 정상회담을 가진 이후 9개 항의 협정에 서명했다. 양국은 교통, 여행, 문화, 예술, 경제, 정치 관계 등 다양하고 폭넓은 분야에서 상호 협력을 공고히 해나가기로 합의했다. 특히 아프가니스탄과 양국을 경유하는 새로운 철도 건설을 공동 추진하기로 합의했다. 베르디무하메도프 대통령은 기자회견에서 라흐몬 대통령과의 대화는 생산적이었으며, 양국의 유대 관계가 발전하고 있다고 강조하면서 2014년에 아프가니스탄에서 서방 군대가 철수한 이후의 국제상황에 대해서도 의견을 교환했다고 말했다. 베르디무하메도프 대통령은 5월 5일, 이틀간 일정으로 타지키스탄을 방문했으며, 이전에 타지키스탄을 방문한 해는 2010년이 마지막이었다.[229]

그리고 2015년 8월 20일 양국은 투르크메니스탄의 수도인 아슈하바트에서 정상회담을 통해 국가 연대 협정에 서명했다. 정상회담이후 베르디무하메도프 대통령은 세계와 지역의 평화와 안보와 관련된 여러 현안에 대해 양국은 공동의 입장을 가지고 있다고 강조했다. 라흐몬 대통령도 양국은 테러리즘과 극단주의에 대해 반대의 입장을 명확히 하였으며, 상호 경제 발전 유대를 위한 기초를 창출해나가는 것에 대해 합의했다고 밝혔다. 양국 대통령은 상호 발전에 관한 5개의 문서에 서명했다. 타지키스탄은 중앙아시아에서 가장 가난한 국가의 하나이며, 투르크메니스탄은 천연 가스 보유량이 높아 타지키스탄에 비해 훨씬 경제적 조건이 더 좋은 상황이다.[230]

4) 타지키스탄-키르기스스탄

타지키스탄과 키르기스스탄의 국경 근처인 페르가나 분지에서 양국의 분쟁 사건이 종종 발생하고 있다. 2015년 8월 3일, 타지키스탄 국경 내 '초르쿠흐'(Chorkuh)지역에서 타지크인들이 키르기스스탄 마을인 콕-타쉬 지역을 봉쇄함으로써 분쟁이 발생했다. 이는 콕-타쉬(Kok-Tash) 마을로 수명의 여성들과 어린이들이 피신함으로써 촉발되었다. '콕-타쉬'는 키르기스인들의 가족이나 친척들의 무덤이 있는 곳이다. 이에 맞서 키르기스인들도 초르쿠흐 마을을 봉쇄했다. 이 지역은 키르기스스탄에서 타지키스탄으로 용수가 공급되는 수로가 있는 곳이다. 8월 3일, 200명에 달하는 양국 거주민들이 서로 돌을 던지는 등 소요사태가 발생했다. 8월 4일, 국경지대에는 500명의 양국 국민이 모여 다시 돌을 던지는 행위를 반복했는데, 이 과정에서 부상자가 발생하였다. 타지키스탄 이스파라(Isfara) 지역의 관리들은 6명의 타지크 시민들이 8월 4일의 소요 사태 중 사격에 의해 부상을 당했으며, 2명은 중상 상태라고 밝혔다. 초르쿠흐 지역의 부책임자인 안두할리 샤리포프는 총격은 타지크인이 분쟁 지역으로 향하는 용수 시설에 대한 건축을 재개하던 중에 키르기스스탄 측으로부터 먼저 시작되었으며, 8월 3일 최초로 소요사태가 발생하면서 양국에서 10명 정도가 부상당했다고 밝혔다. 키르기스스탄 관리들은 4명의 키르기스인들이 8월 3일 소요 사태로 입원한 상태라고 언급했다. 독립 이후 국경 지역에서는 소규모의 소요 사태가 종종 발생하고 있는 상황이었다.[231]

이 사건은 양국이 대화와 협상을 통해 수습 방안을 찾았다. 키르기스스탄의 협상대표단의 일원인 '쿠르반바이 이스칸다로프'는 양국은 대화를 통해 예비적인 결과를 이끌어냈다고 밝혔다. 그는 양국이 만족하는 수준에서 마지막 합의를 이끌어낼 것임을 강조했다. 이스칸다로프는 키르기스스탄이 수로관 봉쇄를 중단하는 것과 동시에 타지크 관리들도 키르기스 인들이 타지키스탄 국경 내에 있는 무덤을 자유로이 통행할 수 있도록 약속했다고 언급했다. 1991년 독립 이후로 키르기스스탄-타지키스탄, 키르기스스탄-우즈베키스탄 국경에서 부분적으로 국경 분쟁이 발생하였다.[232]

그런데 2021년 양국 간에는 국경 지대에서 대규모 전투가 벌어졌는데, 수백 명의 사상자가 발생했다. 2021년 4월 28일 키르기스스탄 남서부에 위치하는 바트켄(Batken) 주와 타지키스탄 북서부에 속하는 수그드 주 국경에서 이틀간 군사 충돌이 있었다. 이 사건으로 키르기스스탄 회생자는 36명, 부상자는 183명이었다. 그리고 타지키스탄에서는 군인을 포함, 총 19명의 사망자와 87명의 부상자가 있었다. 이 수치는 각국 정부가 발표한 숫자이다. 국경지대의 군인들이 상대편 초소로 총격을 가하고 유탄발사기와 박격포로도 공격하였다. 양국은 상대편에서 공격을 했다고 주장했다. 이번 사건은 국경 지대에서의 물 분쟁이 직접적 원인이었다. 이스파라 강 상류의 물 문제를 둘러싸고 오래전부터 있었던 갈등이 총격전으로 이어졌다. 양국이 공동적으로 이용하는 저수실 물이 있었는데, 키르기스 인들이 불공정한 분배를 하고 있다는 것이 타지크인의 주장이었다.

양국의 국경 980km 가운데 약 400km 구간의 영유권이 아직 확실히 정해지지 않았다. 자파로프 대통령과 라흐몬 대통령은 2021년 6월 29일 두샨베 정상 회담을 통해 이번 사태에 대해 언급했다. 독립 이후 양국의 전투는 이번이 처음 있었던 일이었다. 타지키스탄과 키르기스스탄은 국경에서 발생하는 문제로 어려움을 겪고 있다.[233]

4. 타지키스탄-기타 국가들과의 관계

1) 타지키스탄-중국 관계

타지키스탄과 중국은 경제 무역 관계를 통해 밀접한 관계를 유지하고 있는데, '호로그-카슈가르(Khorog-Kashgar)' 도로가 건설되면서 우호적인 관계가 지속되고 있다. 타지키스탄은 중국과 경제 건설과 관련, 특히 경제 협력을 잘 유지하고 있다. 중국 기업들은 금광 개발을 위한 전력 산업의 현대화를 위해 이 지역에 다양한 프로젝트를 추진하고 있다. 상당한 수의 중국 노동자들이 이런 형태의 사업에 참여하기 위해 타지키스탄에서 일하고 있다. 타지키스탄의 최대 무역 교류 국가는 러시아에 이어 중국이 2위이다.

　중국은 경제적 이득을 얻기 위한 활동을 극대화하는 노력을 기울였다. 2011년 1월 타지키스탄은 파미르 국경지대 영토의 3.5%를 중국에 양허하면서 중국의 요구를 들어주고 양국 국경획정 협약을 체결했다. 어떤 측면에서는 중국에 인접한 중앙아시아 국가인 타지키스탄이 영토 일부를 넘겼다는 의미가 될 수 있다. 이로써 130년간 지속된 영토 분쟁이 종식되었다.[234] 1,142km² 땅이 중국에 양도되었다. 러시아가 타지키스탄에 에너지 관세를 인상했떤 조치를 취한 것도 중국의 대 타지키스탄 경제 접근을 봉쇄하겠다는 의지로 해석되었다.

　타지키스탄 의회는 2015년에 타지키스탄과 중국이 합의한 범죄자 인도법을 만장일치로 통과시킨 일이 있었다. 유수프 라흐모노프 검찰총장은 중국에 거주하던 타지크인의 권리를 보호하기 위해 이 법을 통과해 달라고 의회에 요청했다. 그에 따르면, 7명의 여성을 포함한 16명의 타지크인이 중국에 체포되어 있는데, 이중 1명의 여인을 포함한 4명이 사형수이며, 다른 5명은 종신수였다. 대부분은 마약 혐의로 체포되었다. 라흐모노프는 타지키스탄에 수감되어있는 중국인 범죄자 중 3명은 종신수이며, 이중 한명은 강간혐의로, 또 다른 2명은 공중위생 및 마약혐의로 수감되어있다고 밝혔다.

　러시아 및 중앙아시아, 중국 간의 중범죄자 인도협정은 관련국의 국내 인권과 관련되어 정밀한 조사를 벌이면서 진행되었다. 2014년 1월, 키르기스스탄 정부는 3명의 중국인을 중국으로 보내주었다. 이들은 불법 국경 월경자 혐의를 받았다. 이들 중 2명은 키르기스 계이며, 다른 1명은 신장 지역에 거주하는 위구르 인이었다. 키르기스스탄 관리들은 당시에 이 3명은 지역 법원의 규정에 의해 중국으로 보내어졌다고 밝혔다. 카자흐스탄에서는 위구르계 중국인들을 중국으로 보냈는데, 이들은 카자흐스탄으로 망명을 시도했다. 지난 2014년에 신장 지역에서는 100명

이상의 사람들이 살해되었는데, 수 명의 위구르 인들이 이 사건으로 사형을 언도받았다.[235]

중국은 1996년 SCO 출범 당시 러시아와 더불어 핵심 회원국이었다. 중국은 이를 통해 타지키스탄과 군사적 연대를 적극 추진했다. 특히 타지키스탄 국경의 안보 위협을 제어하기 위해 합동 군사훈련을 했다. 중국은 파키스탄, 아프가니스탄, 타지키스탄 등 3개국과 2016년에 극단주의 이슬람의 군사행동에 대처하는 군사동맹을 체결했다. '4개국 협력과 공동 조정기구'(Quadrilateral Cooperation and Coordination Mechanism)로 명명되는 본 협정에서는 반 테러리즘과 정보 분야에서 상호 협력을 도모한다. 중국은 파키스탄과의 국경 근처인 신장 지구에서 극단주의 이슬람 군사주의자들의 공격을 받아왔다. 중국은 파키스탄, 미국 등과 더불어 정권에서 축출된 탈레반 세력을 근절하기 위한 공동 노력을 하였으나 결실에 이르지 못했다.

중국은 타지키스탄과 관련, 중앙아시아에서의 자원을 확보하는 경유지로서 그 중요성을 가지고 있다. 중국은 '신 실크로드 외교'를 추진하였는데, 타지키스탄에 대해 유·무상 원조 확대, 인프라(도로, 터널, 발전소 등) 건설을 위해 대규모로 현금 차관을 제공하였다. 중국은 타지키스탄의 제1투자국이며 제3의 교역국인데 2018년도를 기준으로 교역액은 총 6.5억 달러에 달했다. 라흐몬은 2019년 4월 베이징에서 열린 '제2차 일대일로 포럼'에서 중국의 일대일로 정책에 대해 적극적인 지지 의사를 밝혔다.

2) 타지키스탄–이란 관계

타지키스탄에 대한 전략적 가치를 매우 높게 평가하는 국가는 이란이다. 이란은 타지키스탄과 역사·언어·종교·문화적 동질성을 가지고 있는데, 타지키스탄이 독립하던 때 최초의 수교국이었다. 타지키스탄 독립 이후에도 긴밀한 국가 관계를 유지하고 있다. 이란은 상투다 2, 로군 수력발전소 건설에 적극적으로 재정 지원을 하고 있다. 그러나 이란 정부가 2015년 12월에 해산된 IRPT 당수인 카비리를 초청한 사건 때문에 양국 관계가 급속히 냉각되었다. 최근 경제 협력 분야에서 관계 개선에 나서고 있다.[236]

타지키스탄에 대한 이란의 전략적 가치는 첫째, 페르시아 문화권으로서의 형제 국가인 타지키스탄과 문화적 공감대를 가지고 있으면서 문명적으로 '범 페르시아 문화권'으로 분류하고 있다는 사실에 있다. 이란은 같은 페르시아문화권인 이란-타지키스탄-아프가니스탄 3국 공동의 텔레비전 방송국을 주도적으로 두샨베에 개원했다. 둘째, 이란은 타지키스탄과의 경제 관계를 통해 더 많은 전략적 가치를 창출하고자 한다. 그러나 이에 대해 타지키스탄 정부는 시큰둥한 반응을 보이고 있는데, 이란의 이슬람 원리주의 세력이 자국 내로 확산되는 것을 경계하고 있기 때문이다. 이란의 무슬림 신학교에서 유학하던 타지키스탄 학생 137명이 이란의 극단적 이슬람주의의 영향을 받을 것을 우려한 타지키스탄 정부의 지시로 전격 귀국한 적도 있다.[237]

3) 타지키스탄-서방 관계

EU는 2007년 6월, '새로운 파트너십 전략'을 채택했다. 이는 중앙아시아를 대상으로 하는 포괄적인 기본 협력 프레임이었다. 2007년 3월, EU-중앙아 외교장관회의가 출범했다. EU는 파트너십 및 협력협정(PCA: Partnership and Cooperation Agreement)에 근거, 2014-20년간 2.27억 달러 규모의 원조를 했는데, 타지키스탄의 교육·보건·지역개발 분야에 중점적으로 지원했다.[238] EU는 타지키스탄에서 민주주의가 성취되기를 원했으며 이를 위해 노력했다. 예를 들면 대선 때마다 EU는 타지키스탄에 민주주의 진보를 강조해왔다. 2013년 11월 대선이 대표적이었다. 유럽

이사회(European Council)의 '헤르반 반 롬푸이'(Herman Van Rompuy)의장은 2013년 4월 10일 브뤼셀에서 라흐몬과 회동했는데, 회담 내용은 인권 분야였다. EU는 시민의 인권이 보장될 필요성이 있다는 점을 강조했다. 특히 종교 자유와 시민 단체의 자유를 촉구하였는데, 이는 지금까지도 제대로 실현되지 못하고 있다. 라흐몬은 대선은 공정한 자유선거로 민주적 방식으로 이루어질 것임을 확신한다고 언급했다. 그는 나토의 라스무센 사무총장과도 나토 본부에서 면담을 가졌는데, 나토는 타지키스탄과의 관계 강화와 아프가니스탄 이슈에 관련, 심도 있는 논의를 원하고 있다는 점을 밝혔다. 양 측은 아프가니스탄 정세를 안정적으로 유지하는 데 공동의 관심사를 가지고 있다는 점에는 인식을 같이 했다. 라스무센은 국제안보지원군(ISAF: International Security Assistant Force) 활동에 대한 타지키스탄의 정치적이고 실제적인 도움에 대해 감사의 뜻을 표했다. 양 측은 ISAF가 2014년 말까지 아프가니스탄에서 군사 활동을 어떻게 종결할 것인지에 관해 집중적으로 논의하였다. 라스무센 총장은 타지키스탄이 두샨베 공항 사용권과 영공 통과 권리를 용인해준 것에 대해 감사의 마음을 전하는 등 우호적인 분위기도 형성되었다.[239]

독립 이후 중앙아시아에 전략적 접근을 추진해 온 미국도 타지키스탄에 대한 지정학적 중요성을 인식하고 있다. 특히 미군이 아프가니스탄에서 완전 철수하는 시점에 러시아가 타지키스탄 국경에 대한 공격적인 전략을 펼칠 것으로 예상되기 때문에 미국은 이에 대비한 대외 전략 수립에 골몰했다. 미국과 타지키스탄은 군사 연대 관련 회담을 개최하였다. 양국은 2011년 7월, 두샨베에서 50km 떨어진 '카라토그'(Qaratogh)의 타지키스탄 국가 훈련 센터에 사격연습용 훈련 센터 기공식을 공동으로 개최했다. 이 공사는 총 310만 달러 규모였다. 이 프로젝트는 테러리스트로부터 국가를 방어하고 불법적인 마약 유통을 저지하기 위해 세워졌다. 그러나 많은 전문가들은 이 센터가 미국의 군사 베이스가 될 것으로 간주했는데 미국은 이를 부인했다. 타지키스탄의 '라야발리 라흐모날리'(Rajabali Rahmonali) 방위 사령관은 트레이닝 센터의 주요 목적은 테러리즘, 마약, 납치 등의 범죄와의 싸움을 위한 군사적 시설로 사용된다는 점을 분명히 하면서, 아프가니스탄이나 인근 국가에서 이 군사 시설을 사용할 수 있다는 점을 강조했다.[240] 미국은 아프가니스탄의 물품 공급의 연결로로 타지키스탄을 전략적으로 활용하였다. 양국은 2009년에 아프가니스탄에서의 나토 군사 작전용 비 살상 군사 용품을 육로로 공급하는 계약을 체결한 바 있다. 그러나 미국은 나토의 아프가니스탄 철수 과정에서 타지키스탄의 시설 인프라를 사용하지 않았다.

이외에도 라흐몬은 타지키스탄을 방문한 조셉 보텔(Joseph Votel) 미국 중부사령관을 만나 양국의 협력 방안에 대해 의견을 나누었다. 2017년 4월 25일, 양국은 지역의 안보와 안정성을 강화하기 위해 군사 분야 및 군사-기술(military-technical) 분야에서의 양국 협력을 위한 전망 등에 대해 의견을 교환하였다. '군사-기술'이라는 용어는 무기 판매 및 무기 서비스를 의미한다. 라흐몬과 보텔은 이외에도 아프가니스탄-타지키스탄 국경 지대의 군사력을 강화하기 위해서 양국의 군사적 연대를 확대하기 위한 방안에 대해서도 협의했다. 이에 관한 상세한 내용은 양국의 성명서에서 언급되지 않았다. 이번 회담은 푸틴과 라흐몬의 회동이 있은 이후 2달이 채 지나지 않은 상태에서 마련되었다. 러시아와 타지키스탄은 당시 타지키스탄 내 러시아 군사 기지를 사용하면서 타지키스탄-아프가니스탄 국경을 방어하기 위한 상호 노력을 증진시키기로 합의했었다. 러시아의 201 차량화보병사단(Motor Rifle Division)의 약 7,000명의 군인이 타지키스탄 3개 지대에 주둔하고 있다.[241] 보텔은 2017년 6월 15일에도 타지키스탄을 방문하고 라흐몬과 면담을 가졌다. 보텔은 타지키스탄 정부의 반 테러리즘 노력을 높이 평가하였으며, 양국이 향후 협력을 지속해나간다면, 타지키스탄-아프가니스탄 국경 안보에 기여하게 될 것임을 강조했다. 그는 타지키스탄을 방문하기 직전 우즈베키스탄을 방문하고 이슬람 카리모프 대통령과 면담을 가졌다. 그는 2017년 3월 30일 중부사령관에 취임한 이후 중앙아시아를 처음 방문했는데, 이전에는 특수작전사령부의 군사령관으로 재직했다.[242]

6장　타지키스탄 안보 – 탈레반과의 관계를 중심으로

1. 타지키스탄–아프가니스탄 관계

　　타지키스탄-아프가니스탄의 관계의 핵심 사항은 국경의 안보 영역이다. 이는 타지키스탄의 안보에 해당되는 문제이다. 특히 아프가니스탄을 통해 유입되는 양귀비, 헤로인 등 마약 문제는 매우 심각해 시급히 해결해야 한다. 마약 문제에 가장 민감한 국가는 타지키스탄, 러시아, 아프가니스탄, 파키스탄 등이다. 관련 국가들은 2010년 아프가니스탄으로부터의 마약 유입을 차단하는 협정을 체결하였다. 이에는 마약에 관련된 정보 교환, 마약 퇴치 작전 등이 포함되었다. 이 협정은 2010년 10월 파키스탄 주재 미국, 러시아, 아프가니스탄 등 3개 정부 마약 관련 고위 실무자들이 전례 없는 마약 근절 공동 협정을 체결한 이후 마련된 후속 대책이었다. 아프가니스탄에서는 양귀비 생산이 전 세계에서 90 퍼센트를 차지할 정도로 엄청나다. 러시아정부는 정제되지 않은 아편이 헤로인이나 모르핀으로 공정되는 아프가니스탄의 마약 연구소에 대해 미국이 강력한 제재를 취해줄 것을 요구해왔다. 러시아는 2010년 기준, 약 2백만 명에 달하는 마약 중독자들이 있다.[243]

　　러시아는 타지키스탄-아프가니스탄 국경에 러시아 군대 주둔을 강력히 희망했었다. 국경을 통한 마약 밀수입을 퇴치하기 위해서다. 러시아 헤로인의 60%가 아프가니스탄을 거쳐 타지키스탄을 통해 러시아에 유입된다는 통계가 있었다. 러시아정부는 미군과 나토군이 아프가니스탄에서 이슬람 군사주의자들을 억제시키는 군사 행동에 실패할 것이라고 예견해왔다. 그래서 러시아군대가 타지키스탄-아프가니스탄 국경에 재배치될 것을 강력히 희망하고 실제로 군대가 배치되었다. 2005년 라

흐몬은 이 국경에서 러시아 군대를 철수시켰다. 그는 마약 유입에 러시아군대가 개입한다고 의심했다.[244]

국경 안보 문제가 심각한 상황에 놓였던 것은 아프가니스탄에서 타지키스탄으로 탈출하는 난민이 상당히 많았기 때문이다. 탈레반이 축출된 이후인 2008-10년 기준으로 아프가니스탄에서 타지키스탄으로 탈출한 난민은 약 5,000명에 이르고, 이중 3/4은 타지크계인 것으로 UN은 추정하고 있다. 타지키스탄은 두샨베와 북부의 경제 거점 도시인 '후잔트' 등에서 난민이 거주하지 못하도록 조치하였는데, 난민 중 다수는 두샨베에서 약 15km 정도 떨어져 있는 공업 도시인 '바흐다트'에 수용되었다. 2001년 9.11 테러 이후 2001년 아프가니스탄 전쟁과 탈레반의 반정부 테러행위로 많은 난민이 발생하였다. 타지키스탄은 아프가니스탄 난민의 최적의 탈출 장소는 아니었다. 그러나 국경에 근접하고 있어 많은 난민들이 유입되었다. 아프가니스탄 북부 거주자들은 이란이나 파키스탄 보다는 타지키스탄이 상대적으로 안전하고 역사적, 문화적, 인종적으로 가깝다. 그래서 이 지역으로 난민 탈출이 이루어졌으며, 난민들의 다수가 타지크어 방언을 구사하였다.[245]

아프가니스탄과의 국경 지역에서는 간혹 타지크인이 납치당하는 사건이 발생한다. 아프가니스탄 인들에 의해 납치당한 2명의 타지크 소년들이 2011년 6월에 풀려난 사건이 있었다. 남부의 칼톤 지역에 거주하는 '파리둔 상그마도프'와 '상그마드 상그마도프' 등 2명의 형제들은 작은 강에서 수영을 하다가 아프가니스탄 인으로 추정되는 4명의 사람들에 의해 납치되었고, 이들은 소년들의 부모들에게 몸값으로 4만 달러를 요구했다. 타지키스탄 외무부는 아프가니스탄 외무부와 접촉, 몸값을 지불하지 않고, 아프가니스탄의 '타카르'(Takhar)지역에서 이들을 넘겨받았다. 국경 지역에서 종종 이러한 사건이 발생하는 가운데, 직전인 6월 초에도 타지키스탄의 남부의 '슈로아바드'(Shuroabad)에서 납치 사건이 발

생, 2만 달러의 몸값을 지불하고서야 인질이 석방된 적도 있다.[246]

이외에 2011년 8월 9일 한 명의 타지키스탄 시민이 아프가니스탄 인들에 의해 납치되었다. 타지키스탄 국경수비대에 아프가니스탄 마약 저장소에 대한 정보 제공이 납치된 이유였다. 2011년 콰보크(qavoq)에서 만 그를 포함한 4명이 납치되었다. 콰보크 지역은 아프가니스탄-타지키스탄 국경에서 불과 5km 정도 떨어져있다. 이 곳 거주민들은 납치 행위가 빈번해지고, 마약에 관한 정보를 경찰이나 국경수비대에 알려주기를 원하는 이들이 마약 무역에 연루될 수도 있다는 점 때문에 두려워하는 입장을 보였다. 국경 근처에 사는 사람들과 국경수비대와의 신뢰가 없이는 마약 밀매가 근절되기 어려운 상황이었다.

타지키스탄은 2010년대에 타지키스탄 국경 안보의 안정성을 위한 여러 조치를 취했다. 2011년 9월 2일 두산베에서 개최된 러시아, 파키스탄, 아프가니스탄, 타지키스탄 4개국 정상회담의 주 의제는 마약 통관과 안보 문제였다. 러시아의 '드미트리 메드베데프'(Dmitry Medvedev) 대통령, 파키스탄의 '아시프 알리 자르다리(Asif Ali Zardari) 대통령, 아프가니스탄의 '하미드 카르자이'(Hamid Karzai) 대통령, 타지키스탄의 라흐몬 대통령은 정상회담 직후 열린 공동기자회견에서 극단주의와 마약 무역을 퇴치하기 위해 더 긴밀한 국가 간의 결속을 강조하였다. 4개국 정상들은 향후 아프가니스탄에서 외국 군대 철수를 대비해 아프가니스탄 국가 안보를 위한 군대 및 훈련 체제를 정립하는 관련 국제 국가들의 노력이 증대될 필요성이 있다고 합의했다. 정상들은 동시에 지역 에너지 프로젝트와 교통 운송 체제를 공동 개발하기로 합의했다. 메드베데프와 라흐몬 양자 회동에서는 아프가니스탄-타지키스탄 국경에서의 러시아군 설비를 확장해서 활용하자는 데에 합의되었다. 이와 관련, 양국 정상들은 타지키스탄 남부 지역에서 양국의 안보 협정을 지지하였다.[247]

타지키스탄, 아프가니스탄은 페르시아 문화권에 속한다. 이런 관계로 이란, 타지키스탄, 아프가니스탄 3국이 공동 협력 프로젝트를 가동하는 경우가 있었다. 이란은 타지키스탄, 아프가니스탄 등과 협의를 거쳐 3국 공동의 텔레비전 방송국을 개원하였다. 3개국 대통령은 2006년 7월 두샨베 정상회담에서 3개국 TV 공동 방송국을 개원할 것을 합의했는데, 5년 만인 2011년에 이를 성취하였다. 3개국은 문화적 공통성을 가지고 있으며, 다수 국민들이 페르시아어를 구사한다. 아프가니스탄은 다른 2개국에 비해 유선 방송 시스템이 주종을 이루고 2개 공용어를 사용하고 있어 방송국 개원에 큰 관심을 가지고 있지 않고 타지키스탄과 아프가니스탄은 방송국 운영 재원에 어려움을 호소하고 있어 방송국 개원은 쉽지 않았던 상황이었는데 결국 공동 TV 방송을 개원하였다.[248]

2. 아프가니스탄 탈레반 집권과 지정학적 함의

탈레반, 2021년 아프가니스탄 재집권

타지키스탄의 대외 정책의 핵심은 안보이다. 안보 이슈 중에서 특별한 사건이 발생했는데, 그것은 탈레반(Taliban)의 재집권이다. 이에 중앙아시아 안보가 불안해졌다는 것이 대체적 시각이다. 특히 타지키스탄 국경의 안보가 심각한 상황이다. 아프가니스탄을 통해 타지키스탄으로 마약이 대량 공급되면서 국경 안보는 타지키스탄 대외정책의 주요 요소가 되었다. 2021년 가을, 탈레반의 재집권 이전까지 안보 관련 가장 심각한 어려움은 이슬람 원리주의자들이 군사 투쟁으로 타지키스탄 정부를 위협하던 일이었다. 이보다는 덜 중요하지만 일부 국민이 IS에 가입한 사건이 있었다. 2015년 시리아 국경을 넘어 IS에 합류하기 위해 시도하던 45명의 외국인이 튀르키예와 시리아 국경에서 체포되었다고 튀르키예의 〈도간 뉴스 에이전시〉가 2015년 7월 13일 보도했다. 이들 중 다수가 타지크인들이었는데, 정확한 숫자는 밝혀지지 않았다. 타지키스탄 정부는 약 300명의 타지크인이 시리아와 이라크의 IS에 합류한 것으로 간주하였다. 이 중 일부는 가족 단위로 IS에 합류했다. 정부는 대부분 급진화된 타지크 이슬람 군사주의자들은 러시아에서 이주노동으로 일하던 120만 명의 타지크인 중에서 발생하였다고 판단했다.[249]

2021년 탈레반이 재집권하면서 중앙아시아와 서남아시아에서 새로운 지정학적 현실이 전개되고 있다. 이는 소련 해체 시기 일부에 의해 제기된 "신 거대게임"은 아니다. "정치적 이슬람"과 "세속주의" 사이의 투쟁 방법하고도 다른 측면이다. 한때 유라시아 분쟁의 이슈였던 "파이프라인 정치"(pipeline politics)와 같은 복잡성이 아니다. 탈레반으로 인해 직접적 안보 문제가 발생한 것이다. 아프가니스탄은 중앙아시아 안보에 직접적 영향을 끼치는 국가이기 때문이다.

탈레반이 추구한 이념은 무엇일까? 이는 '이슬람 원리주의'와 그 맥을 같이 한다. 탈레반은 과거 파키스탄으로부터 지원을 받은 적이 있다. '베나지르 부토'(Benazir Bhutto) 파키스탄 총리 시절부터 암묵적인 지원을 받았다. 이란 이슬람공화국은 국가 정체성이 이슬람 원리주의이지만 탈레반 세력에 반대하는 입장에 서있다. 탈레반 사태는 이웃 국가인 타지크 내전을 연상케 했는데, 타지크 내전은 이슬람과 세속주의 사이의 갈등으로 간주할 수 없다. 타지키스탄 내전은 지역주의가 아주 강력히 개입된 지역 간 경쟁이었고 지역 간 갈등이었다. 이슬람 반군과 민주주의 세력이 힘을 합쳐 정부군과 맞서 투쟁을 벌였다. 타지키스탄 공산 정부를 지원하기 위해 우즈베키스탄 정부군과 러시아가 개입하였다. 그런데 러시아와 우즈베키스탄은 부분적으로 "이슬람 원리주의"에 맞서 싸우는 명목으로 정부군을 지원했다. 타지키스탄 반군은 아프가니스탄의 지원을 받았다.[250]

탈레반의 약사를 돌아보면 다음과 같다.

탈레반은 1994년 10월 마드라사(모든 종류의 학교를 의미하는 아랍어; Madrasa) 학생들이 중심이 되어 아프가니스탄 남부 칸다하르에서 결성된 수니파(派) 이슬람 무장단체이다. 탈레반은 파슈툰어로 '학생들'의 의미이다. 결성하면서 군정세력으로 시작, 1994년 아프가니스탄 국토의 약 80%를 점거했다. 1996년 파키스탄의 군사 지원, 사우디아라비아의 재정 지원으로 탈레반은 카불을 점령하고 정권을 장악했다. 이로써 14년간 지속된 아프가니스탄 내전이 종식되었으며, 동시에 약 4년간 지속된 무자헤딘 권력 투쟁이 끝났다. 이후 아프가니스탄에서는 탈레반에 대항하는 북부동맹이 새롭게 결성되었다.

탈레반은 과도정부인 이슬람공화국을 선포했다. 탈레반은 각종 인권침해를 도외시하거나 자행하면서 국가 내 많은 어려움에 봉착했다. 여성 차별이 극심해지면서 여러 부작용이 있었다. 그 과정 중에 9.11 사태가 발생하면서 탈레반은 이 사태의 배후자인 '오사마 빈 라덴'(Osama bin Laden)를 숨기고 미국으로 신병 인도를 하지 않음으로써 2001년 아프가니스탄 전쟁이 발생했다. 이 전쟁으로 5년간의 탈레반 정권은 무너졌다. 이후 여러 정파가 참여하는 임시정부가 설립되고 탈레반은 산악지대에서 게릴라전, 테러전을 지속하였다. 미국은 아프가니스탄에서 철수하기로 결정하였고, 2020년 트럼프 정부는 탈레반과 평화협정을 맺고 미군 철수를 약속했다. 2021년 4월 미국 바이든 대통령은 미군 철수를 공식 발표하였고 이후 미군의 철군이 시작되고 탈레반은 이후 주요 도시를 전격 점거하면서 2021년 8월 15일 수도 카불을 장악하고 대통령궁을 점령했다. 탈레반은 20년 만에 정권을 재장악했다.[251]

탈레반의 일반적 특성과 그 함의

탈레반의 일반적 함의를 어떻게 해석해야할까?

탈레반은 일반적인 의미의 이슬람주의 운동이 아니라, 부족 마을의 낭만적인 버전을 복원하려는 푸쉬툰(Pushtun) 전통주의자들의 이슬람 운동체이다. 탈레반은 분명히 복잡하고 잘 이해되지 않는 현상이다. 탈레반의 기원은 여전히 다소 모호하고 그들의 지도력은 잘 드러나지 않고, 신비적인 모습으로 보인다. 탈레반은 푸쉬툰 민족 집단에서 파생된 푸쉬툰 운동(푸쉬툰 운동은 사회 정의와 인권을 위한 파키스탄, 아프가니스탄 등의 이슬람 운동)을 지향한다. 탈레반은 종교 학생들을 통해 기원을 두고 있음에도 불구하고 이슬람에 대한 그들의 비전은 훈련된 학자적 이상이라기보다는 가부장적이며 다소 외국인 혐오적인 세계관을 가진 전통적인 마을 사람들의 비전으로 나타난다. 카불이 외부인에게 보수적으로 보일지라도 탈레반은 카불이 서구의 영향과 부패를 상징하는 도시이고, 무엇인가 이슬람이 느슨하게 풀어져 있는 도시로 인식이 되어있다. 탈레반 세계관은 캄보디아 '크메르 루주'(Khmers Rouges), 그리고 페루의 내전을 주도한 반정부 단체로서 노동자 혁명 운동을 하며 게릴라전과 테러 활동을 벌인 '센데로 루미노소'(Sendero Luminoso) 등과 비교된다.

1979년 소련이 아프가니스탄을 침공했을 때 파키스탄과 미국은 처음에 탈레반이 아프가니스탄을 통합하는 세력이 될 수 있었기 때문에 탈레반을 지원하였다. 이러한 처사는 파키스탄에도 양날의 검이었다. 전 파키스탄 내무장관인 '나세룰라 바바르'(Naserullah Babar)는 탈레반 지원 정책을 벌였고, 그에 따라 필요한 물품이 공급되었다. 탈레반의 소위 핵심 이슬람 학생들은 파키스탄의 이슬람 학교에서 수학하였다. 파키스탄이 가장 두려워하는 요소는 민족 분열과 해체의 위험성이었고 국가 통합에 도전하는 운동 세력이었다. 그런데 탈레반이 추구한 사상이 소위 '푸쉬투니스탄'(Pushtunistan)이었는데, 이는 파키스탄과 아프가니스탄의 푸쉬툰 민족 지역을 통합하는 운동이었다.

파키스탄은 왜 푸쉬툰 운동을 지지했을까? 파키스탄이 탈레반을 지원한 이유는 파키스탄이 통일된 아프가니스탄을 원했기 때문이다. 그렇게 되면 중앙아시아로 가는 소위 '살랑 로드'(Salang Road)가 재개통될 수 있고 파키스탄이 중앙아시아 상업 교역의 출구가 될 수 있다. 투르크메니스탄에서 연결되는 천연가스 파이프라인이 건설될 수 있기 때문이다. 탈레반에 대한 미국의 묵시적 관용도 그런 이유이다. 미국은 파키스탄을 중앙아시아의 석유, 가스 및 무역의 통로로 활용할 수 있다. 그런데 탈레반이 집권했을 때 이는 이웃 국가들의 새로운 동맹이 출현했다는 것을 의미했다. 이란은 자연스럽게 탈레반의 부상을 국익에 적대적인 것으로 간주했다. 러시아, 우즈베키스탄, 타지키스탄은 '부르하누딘 라바니'(Burhanuddin Rabbani) 대통령의 아프가니스탄 정부를 지지했다. 군사령관 '아마드 샤 마수드'(Ahmad Shah Masoud)는 타직계이다. 아프가니스탄에서 타직계는 매우 중요한 민족적 함의를 지닌다. 라바니 대통령과 마수드는 우즈베크계인 '압둘 라쉬드 도스탐'(Abdul Rashid Dostam) 사령관과 동맹을 맺고 있었다. 자연스럽게 우즈베키스탄 정부의 지원을 받았던 셈이 된다.

1996년 카불이 탈레반에 점령된 이후 러시아는 우즈베키스탄, 타지키스탄, 카자흐스탄, 키르기스스탄과 여러 차례 회담을 갖고 상황을 논의했다. 투르크메니스탄은 참석하지 않았다. 투르크메니스탄 경우 아프가니스탄을 통과하는 잠재적인 파이프라인에 대한 관심이 더 컸기 때문에 다른 행보를 가졌다. 민족적 충성심, 파이프라인 정치, 광범위한 지정학 상황이 결합되어 러시아, 이란, 우즈베키스탄, 타지키스탄은 동맹 관계를 이끌어냈다. 이란은 명목상 이 동맹을 지지하고 있었다. 이란은 반탈레반 세력에 약간의 지원을 제공했으며, 탈레반을 비판하는 입장에 서 있었다.

아프가니스탄의 북동쪽에는 타지크인 거주지, 북서쪽에는 우즈베크인 거주지, 그리고 남쪽의 2/3은 푸쉬톤 민족의 거주지이다. 타지키스탄은 인종적으로 다양하며 내전의 결과로 부분적으로 민족별 분할 현상을 보여주었다. 쿨롭, 쿠르간 투베 지역은 타지키스탄에서 가장 많은 수의 우즈베크인이 거주하고 있다. 고르노 바다흐샨 지역처럼 크고 텅 빈 산간의 동부 지역에서는 다양한 파미르계(Pamiris) 사람들, 기타 산악 민족이 있는데, 이들 중 일부는 이스마일리(Ismaili) 무슬림인데, 자치권을 추구한 이들이다. 1997년은 어떤 식으로든지 타지키스탄과 아프가니스탄에서 전쟁이 종결된 해였다. 타지키스탄에서는 내전이 종식되었고, 아프가니스탄에서는 탈레반이 집권하였다. 소위 민족-인종 정치가 파키스탄 통합을 위협하는 정치적 요소가 되었다. 파키스탄에서 펀잡인(Punjabis)과 신디(Sindhis) 사이의 깊은 분열은 오래 지속되었다. 신디 민족은 파키스탄 남부 해안지대 주민으로 인구 3천만 명에 해당한다. 인도-파키스탄에서 가장 일찍 이슬람으로 개종한 민족이다.

탈레반 집권은 민족성, 이슬람, 식민지 유산, 부족 충성이 하나의 역할을 하였다. 신 거대게임, 그리고 이슬람 대 세속주의 경우로 단순화하고자 하는 면이 있지만, 19세기에도 영국과 러시아 사이에 거대 게임이 없었다고도 할 수 있다. 국가적, 민족적 이익이 교차하는 소규모 게임, 경쟁 및 반대 경쟁, 국가 및 민족 이익의 모순 등이 있었다. 지역은 매우 중요한 역사적 유산이다. 중앙아시아의 석유 및 기타 자원에 대한 수요 증가와 이러한 자원이 외부 세계에 어떻게 도달할 것인지에 대한 문제는 이 지역의 지정학 중요성을 부각한다. 러시아, 중국, 인도, 파키스탄 등 4개 핵보유국이 이 지역의 일부이거나 국경을 접하고 있다. 카자흐스탄은 1990년대에 핵무기를 포기했다. 카슈미르는 세계 어느 곳에서나 두 핵보유국 사이에서 가장 민감한 인화점이다. 아프가니스탄과 타지키스탄에서 벌어진 전쟁은 불안정이 어떻게 퍼질 수 있는지 상기시켜주었다. 경쟁하는 민족, 지역적 관련성이 거의 없는 국경, 국경을 가로지르는 문화적 연결이 복잡하게 혼합되어 있어 정책 분석을 위한 편리한 모델을 만들기가 어렵다. 이 지역에는 매우 다양한 상쇄 요소가 혼합되어 있어 개별적 가닥을 정확히 추출하는 것이 쉽지 않다. 그러한 복잡한 상황에 대처하는 것이 모든 것 중에서 가장 위대한 게임이 될 수 있다.[252]

3. 타지키스탄—아프가니스탄 국경과 안보

SCO 정상회담, 미군 철수에 따른 안보 의제 협의

2010년대 들어 타지키스탄을 비롯, 중앙아시아 국가들은 안보 및 반테러에 적극적으로 나서고 있다. 2014년 4월, 나토의 아프가니스탄 철수에 대비한 지역 안보 현안을 논의하기 위해 두샨베에서 SCO 안보회의 책임자들이 대거 참여했다. 이 회의에서 역내 국가들의 안보 문제뿐만 아니라 분리주의, 테러리즘, 종교적 극단주의, 불법적인 마약 거래와 국경 간의 조직적인 범죄 등을 예방하기 위한 방안들이 논의되었다. 중국의 공공안전 장관은 일부 국가들에서 사회 경제적인 모순 등을 이용하고 색채 혁명과 유사한 새로운 형태의 변화를 조장하여 정부를 전복하는 외부 세력이 있다고 이를 비난했는데, 이 세력들이 누구인지는 구체적으로 언급하지 않았다. SCO 회원국은 협력 의정서를 체결하였다.[253] SCO가 "3대 악(惡)"으로 규정하는 영역은 테러리즘, 분리주의, 극단주의 등이다. SCO는 이에 대한 공동 대응을 모색하면서 중앙아시아, 유라시아의 안전보장 확립이 그 목적으로 한다. SCO는 정치, 경제, 군사, 문화 등 회원국 간의 폭넓은 분야의 협력을 강화하는 것이 그 목적이다. 그러므로 SCO는 나토를 견제하기 위해 설립되었다는 시각이 있다.

SCO 정상회담은 매년 정례적으로 국가별로 돌아가면서 개최되고 있는데, 2014년 9월 11-12일에 두샨베에서 개최되었다. SCO는 1996년 러시아, 중국, 카자흐스탄, 키르기스스탄, 타지키스탄 등 5개국(우즈베키스탄은 2001년 가입)이 국경지역의 군사적 신뢰구축을 목적으로 출범한 기

구이다. 현재는 이 국가들 이외에도 인도, 파키스탄, 이란이 정식 회원
국이다. 일부 군사 전문가들은 SCO가 미국을 견제하기 위해 러시아, 중
국의 주도로 '신 바르샤바' 조약기구가 출범한 것으로 주장했다. 그러나
SCO가 나토와 같은 군사동맹으로까지 발전하기에는 무리가 있다는 주
장도 있다. SCO의 설립 목적은 회원국 상호간의 신뢰와 우호 증진, 정
치·경제·무역·과학기술·문화·교육·에너지 등 각 분야의 효율적인 협
력관계 구축, 역내 평화·안보·안정을 위한 공조체제 구축, 민주주의·정
의·합리성을 바탕으로 한 새로운 국제정치·경제 질서 촉진을 위한 목적
이다. 기본 이념은 국제연합헌장의 목적과 원칙 준수, 상호독립과 주권
존중 및 영토적 통합 존중, 회원국 사이의 내정간섭과 무력 사용 및 사용
위협 배제, 회원국 사이의 평등 원칙 준수, 모든 문제의 협의를 통한 해
결, 역외 국가·기구와 적극 협력 모색 등이다.[254]

　　2014년 SCO 정상회담 당시에 러시아, 중국, 카자흐스탄, 키르기스

2014-2021년 SCO 정상회담 장소인 나브루즈 궁(필자 촬영)

스탄, 타지키스탄, 우즈베키스탄 등 6개국이 정식 회원국이었는데, 우크라이나 사태를 집중적으로 논의했다. 2014년에는 옵서버 자격으로 회의에 참여한 국가들이 많았는데, 이란, 몽골, 파키스탄, 인도, 아프가니스탄 등이었다. 2014년 회담의 핵심 아젠다는 우크라이나 사태와 2014년 나토 군대가 아프가니스탄에서 철수하는 데 따른 중앙아시아 지역 안보였다. 이외 정상회담의 주 의제는 SCO에 가입하는 회원국 정관을 최종적으로 결정하는 일도 포함되었다.

라브로프 러시아 외무장관은 회원국 가입의 조건에는 합법적, 행정적, 그리고 경제적인 요구사항 등이 충족되어야한다고 강조했다. 당시 가장 유력한 신입 회원국은 인도와 파키스탄이었다. 이란은 몇 년 간 SCO 가입을 원했으나 인도와 파키스탄에 비해 시간이 더 걸릴 것이라고 예상되었다. 당시 정상회담에서 푸틴 러시아 대통령과 중국의 시진핑 주석은 '차히아긴 엘베그도르지'(Tsakhia Elbegdorj) 몽골 대통령과 3국 정상회담을 개최하고 3개국을 통과하는 철도 건설과 3국간 새로운 전기 설비 설치에 관한 의견을 교환했다. 푸틴 대통령은 이란의 '하산 로하니'(Hassan Rohani) 대통령과 만나 양국 간 관심 사항을 논의했다. 2015년 정상회담은 7월에 러시아의 우파에서 개최되는데, 당시 2015년 SCO 의장국 러시아는 지역 안보가 매우 중요하지만, 동시에 경제, 금융, 에너지, 그리고 농업 안보 분야를 우선시 여기는 정책을 구사할 것이라는 입장을 표명했다. 러시아는 우크라이나 사태로 서방 국가들이 러시아에 대한 제재를 가하고 있는 상황에서 중국 및 중앙아시아 국가 등과 정치적 연대를 강화하고자했다.[255]

타지키스탄-아프가니스탄 국경 지역에서의 안보의 불안정성

타지키스탄-아프가니스탄 국경 지역에서 안보적 불안정성이 지속되어왔다. 2014년에는 4명의 타지키스탄 군인이 탈레반에 의해 억류된 사건이 있었다. 이들은 오랜 시간이 지난 2015년 6월 16일, 풀려났다. 타지키스탄 측은 정부의 석방 노력으로 군인들이 풀려났다는 성명서를 발표했다. 군인들은 18세에서 25세 사이이며, 국경 수비대의 일원이었다. 이들은 2014년 12월에 부대에서 장작 나무를 구해오라는 명령을 받고 부대를 떠났다가 탈레반에 의해 억류되었다. 타지키스탄 정부는 부대 책임자에게 권력남용 죄목으로 8년 6개월의 징역형을 선고했었다. 탈레반 측도 타지키스탄 군인 석방은 타지키스탄과의 향후 유대 관계를 강화하기 위한 이유였다고 발표했다.[256]

러시아는 중앙아시아에 대한 영향력을 강화하기 위한 일환으로 중앙아시아 역내 국가와의 안보 협력을 강화해왔다. 러시아는 특히 타지키스탄의 안보가 매우 중요하다고 판단하고 있었기 때문에 타지키스탄과의 연대에 힘써왔다. 2015년 10월 7일 러시아 국방부는 북부 아프가니스탄의 안보 위협에 대비해 타지키스탄에 전투용 및 수송용 헬리콥터를 배치한다고 발표했다. 러시아는 특정한 모델을 언급하지 않았지만, Mi-24P 공격용 헬리콥터와 Mi-8MTV 수송용 및 전투용 헬리콥터를 러시아 201 차량화 보병사단에 배치될 것으로 보인다. 수송용 헬리콥터는 군대 이동을 위한 공중 엄호를 위한 역할뿐만 아니라 공정부대와 화물을 운반하고 정찰 비행을 수행하며 부상병을 실어 나르는 역할을 한다. 러시아 201 보병사단은 수도에서 서쪽으로 10Km 정도 떨어져 있는 지역에 위치해 있으며, 아프가니스탄 국경에서는 북쪽으로 약 170km 떨어져 있다.

러시아–아프가니스탄 국제관계 함의

러시아와 아프가니스탄 간의 관계는 특별하다. 1979년 소련이 아프가니스탄을 전격 침공한 사건과 연관되기 때문이다. 아프가니스탄 이슈에 있어서 러시아는 특별한 역할을 가지고 있었으며, 그 영향력은 지속적이었다. 19세기 중반 러시아의 중앙아시아 정복 이후 러시아는 아프가니스탄의 이웃 국가가 되었다. 아프가니스탄은 제국 러시아의 남부 세력 확장의 공간이었다. 아프가니스탄은 러시아와 영국의 거대 게임의 대상 국가였다. 1919년 아프가니스탄은 독립했는데, 영국의 보호국에서 독립을 쟁취했다. 소련은 아프가니스탄 독립을 최초로 인정한 국가였으며 외교관계를 수립하고 우호조약을 체결했다.[257] 1950년대 중반부터 아프가니스탄과 소련과의 관계는 긴밀해졌다. 소련은 경제적, 군사적 원조, 전문가 훈련, 군대와 건설 프로젝트, 그리고 점진적으로 아프가니스탄을 소련의 영향력 안으로 흡수하고자했다. 1979년 소련군은 아프가니스탄을 전격 침공하여 반(反)소비에트 정권을 무너뜨렸다. 1950년대부터 1980년대까지 아프가니스탄에 가장 강력한 영향력을 행사한 국가는 소련이었다. 양국은 무역 파트너였다. 그리고 원조 공여국이며 수원국이었다. 가장 가까운 친구 국가였음에도 불구하고 전쟁을 벌였다. 소련의 점령은 끝없는 저항을 불러일으켰으며, 1989년 소련 군대는 아프가니스탄에서 철군했다.

2년 후 소련은 해체되고 새로 독립한 중앙아시아 국가들이 러시아와 아프가니스탄 사이에 위치했다. 이는 러시아와 아프가니스탄이 더 이상 직접적으로 국경을 맞대지 않았다는 것을 의미한다. 1992년 아프가니스탄의 '나지불라'(Najibullah) 정권이 붕괴된 이후 러시아는 아프가니스탄 이슬람 국가 승인을 선언했다. 이후 1996년 탈레반이 아프가니스탄의 집권 세력으로 등장했는데, 러시아는 탈레반 정권을 인정하지 않았으며, 탈레반 세력을 공개적으로 반대했다.[258] 러시아 외무부는 당시 탈레반이 통제하는 아프가니스탄이 국제 테러의 중심지가 되었으며 호전적인 극단주의와 분리주의 수출 기지로서 평화와 안보 국제 시스템에 위협이 되며 전 지구에 대한 파괴적인 세력이라고 비난했다. 러시아는 탈레반에 의해 권력을 상실한 아프가니스탄 망명 정부를 국가로 인정했다. 러시아는 아프가니스탄 이슬람 국가(Islamic State of Afghanistan)와 연락을 유지했고 지원했다. 동시에 러시아는 탈레반에 대한 미국 주도의 UN 제재를 지지했다.

러시아는 2001년 탈레반 체제 붕괴 이후 아프가니스탄 대사관에서 업무를 재개했다. 러시아는 아프가니스탄과 밀접한 관계를 발전시킬 의도를 가지고 있었다. 2002년 2월, 임시 아프가니스탄 정부가 출범하던 당시, 이바노프 외무장관은 아프가니스탄을 방문했다. 같은 해, 아프가니스탄 대통령, 국방부, 외무부 장관이 러시아를 방문했다. 2002년 2월, '모하마드 하심'(Mohammad Fahim) 제 1부통령과 국방부 장관이 러시아를 방문했다. 푸틴 대통령은 물류 및 기술 지원을 제공하고 전문적인 군대 능력을 갖추기 위한 재정 지원에 동의했다. 2002년 3월 '하미드 카르자이' 임시 대통령이 러시아를 방문했다. 양국은 공동성명을 발표했는데, 정치, 경제, 기술, 문화 관계를 장기적 관점에서 체결하는 것이 중심 이슈였다. 양국은 17개 항에 동의했고 러시아는 아프가니스탄 재건에 참여하겠다고 약속했다.[259] 2002년 11월 아프가니스탄 외무 장관이 재차 러시아를 방문했다. 그러나 양국 관계의 좋은 기회는 장기간 지속되지 않았다. 이후 양국 관계는 빠른 속도로 발전하지 않았다. 러시아는 지속적으로 아프가니스탄 지원에 중점을 두었다.

양국 대통령은 여러 번의 만남을 가졌지만, 공식 방문 일정은 없었다. 그리고 회합 장소도 러시아, 아프가니스탄이 아니라 다른 국가에서였다. 2008년 카라자이 대통령은 러시아의 메드베데프 대통령에게 아프가니스탄 방문을 요청했고, 메드베데프 대통령이 동의했다. 그러나 메드베데프는 아프가니스탄을 방문하지 않았다. 양국 외무장관 방문은 상호 이루어졌는데, 아프가니스탄 측에서 2006, 2008, 2010년 러시아를 방문하였고 러시아 외무장관은 2007, 2009년에 방문했다. 러시아 외무장관은 2009, 2010년에 재차 방문했는데, 이는 카라자이 대통령 취임식과 카불에서 개최된 아프가니스탄 관련 국제회의 참석차 방문했다. 다른 영

역에서는 안보, 마약 통제와 경제 발전에 관련된 상호 회합이 이루어졌다.[260]

　　아프가니스탄은 석유, 천연 가스 및 광물 자원이 풍부하다. 러시아는 아프가니스탄에서 자원을 개발하였는데, 원유, 가스, 구리 등이다. 소련 시기 아프가니스탄은 한때 천연 가스를 수출했다. 러시아는 아프가니스탄에서 원유, 천연 가스, 그리고 광물 자원 프로젝트에 재진입하기를 희망하였다. 1950-80년대 소련은 아프가니스탄의 12개 프로젝트에 지원하였다. 이 중에는 전력 플랜트, 공항, 석유, 가스 분야, 고속도로, 공장, 그리고 학교 지원이었다. 예를 들면 소련은 아프가니스탄 4개 공항 중에서 3개 공항 건설을 지원했다. 러시아의 최우선 고려 사항은 이러한 프로젝트를 업그레이드하는 일이었다. 아프가니스탄에서 러시아의 가장 큰 산업 프로젝트는 '나굴루 수력 발전소'(Naghlu Hydropower Plant)를 업그레이드하는 사업이었다. 이 발전소는 1966년에 소련의 지원으로 건설되었다. 2010년 하반기에는 3,250만 달러의 자금을 지원하여 건설소가 업그레이드되었다.[261]

　　러시아는 일부 소규모 수력 발전소 건설 및 다른 소형 프로젝트 등을 맡았다. 러시아는 아프가니스탄에서 소규모 수력발전소 등에 적극 참여해왔으며, 교육 협력에 열의를 보였다. 소련 시기 아프가니스탄의 많은 청소년들이 소련에서 교육을 받았고 소련 스타일의 교육 증진을 위해 수많은 교육 시설이 제공되었다.[262] 예를 들어, 카불 종합대학은 소련의 지원으로 건설되었다. 아프가니스탄의 정치 그룹 및 상류 사회 그룹에서 러시아어를 구사하는 사람들이 많다. 아프가니스탄은 2007년까지 소련에 110억 달러의 부채를 가지고 있었다. 그런데 러시아가 2007년에 상당액인 100억 달러를 면제하였다. 아프가니스탄이 아프가니스탄 전쟁에 대한 배상 요구를 취소해야한다는 조건을 러시아는 내걸었다. 아프가니스탄은 소련의 아프가니스탄 점령에 대한 배상 청구를 포기했다. 2010

년 러시아는 나머지 부채를 모두 탕감했다. 양국의 가장 핵심적인 협력 영역은 안보와 마약 통제에 관련된 일인데, 긴밀한 협력 체제를 가지고 있다. 러시아의 아프가니스탄 안보 협력은 러시아-나토의 틀 내에서 행해지고 있다.

러시아는 아프가니스탄에 공항 장비, 항공기 정비, 통신장비, 중무기가 아닌 경무기 분야와 군사훈련을 포함한 기술 지원을 제공해왔다. 러시아는 헬리콥터 지원, 조종사 훈련 등을 해왔다. 러시아는 아프가니스탄 군대 발전을 위해 금전적인 지원을 해왔다. 아프가니스탄에서 러시아는 대표 사무실을 설립했다. 2009년에 양국은 마약 통제 협정을 체결했다. 아프가니스탄은 CSTO가 주관하는 마약을 퇴치하는 군사 훈련인 "채널 작전'(Operation Channel)에 옵서버로 초대받기도 했다. CSTO-아프가니스탄 마약 통제 실무 그룹이 설립되었다. 러시아-나토 체제 내에서 마약 통제를 위한 훈련 베이스가 러시아에 설립되었으며, 이는 아프가니스탄과 기타 국가의 요원을 훈련시키는 역할을 하였다.[263]

아프가니스탄 안보 위협과 연동되는 중앙아시아 안보

라흐몬 대통령은 북부 아프가니스탄 안보가 점차로 악화되어 간다는 우려를 종종 표명해왔다. 그는 2015년 10월 6일 푸틴 대통령과의 회담에서 타지키스탄의 영토의 60% 이상과 맞닿아 있는 아프가니스탄의 국경 지대에서 전투가 벌어지고 있다고 전하고, 국경 접경지대는 사실상 CIS 영토라면서 국경의 위협은 CIS에 대한 위협이라고 강조했다. 양국 대통령은 군사 협력, 군사 기술 연대에 대한 논의를 하였으며, 타지키스탄-아프가니스탄 국경의 안정화가 매우 중요하다는 데에 입장을 같이 했다. 즉 이 지역 안보 상황은 우려할 만한 수준이라는 것이다.

중앙아시아 안보의 특이성은 이슬람 군사주의자들의 준동을 정부가 적극적 의지를 가지고 대처한다는 점이다. 예를 들면, 타지키스탄, 중국, 파키스탄, 아프가니스탄 등 4개국이 극단주의 이슬람의 군사행동에 대처하는 군사동맹을 체결한 점이다. 4개국 국방 지도자들은 중국 신장에서 2016년 8월 4일 회동을 갖고 군사 협정을 발표했다. '4개국 협력과 공동 조정기구'(Quadrilateral Cooperation and Coordination Mechanism)로 명명되는 협정에서 반테러리즘과 정보 분야에서 상호 협력 방안을 마련했다. 파키스탄, 아프가니스탄은 이미 미국 군대와 테러리즘 전쟁을 공동으로 벌이고 있는데, 알카에다와 탈레반으로부터 10년 이상이나 테러 공격을 받아왔다. 타지키스탄은 극단주의 이슬람 군사주의자의 공격을 자주 받았으며, 많은 희생자가 발생하였다. 중국은 파키스탄과의 국경 근처인 신장 지구에서 극단주의 이슬람 군사주의자들의 공격을 받고 있다. 중국은 파키스탄, 미국 등과 더불어 아프가니스탄에서 지속적으로 세력을 펼치고 있는 탈레반 세력을 근절하기 위한 공동 노력을 하고 있으나 결실에 이르지 못하고 있는 상태이다. 미국무부의 마크 토너 대변인은 이 협정을 환영하고 이 지역을 위해 긍정적인 역할을 할 것이라고 밝혔다.[264]

중국, 타지키스탄-아프가니스탄 국경에 군사 훈련 센터 설치

중앙아시아 안보에 있어서는 중국도 핵심적인 행위자로 등장하였다. 중국이 타지키스탄-아프가니스탄 국경에 군사 훈련 센터와 안전을 위한 초소를 설치하는데 소요되는 비용을 지불하는 일도 있었다. 2016년 9월 26일 로이터통신 보도에는 타지키스탄 국가안보위원회는 중국정부와 타지키스탄-아프가니스탄 국경지대에서 군사 훈련 센터와 더불어 11개의 초소를 설치하는 내용의 협정을 체결하였다. 중국이 경제적 지원을 하는 방식이었다. 약 1,300km에 달하는 타지키스탄-아프가니스탄 국경의 안전 문제는 타지키스탄 정부의 현안이며, 문제 해결을 위해 여러 가지 방안을 강구해왔다. 이 지역에는 아프가니스탄 마약 밀수업자들이 정기적으로 타지키스탄 국경 수비대와 충돌하며, 탈레반 군인들이 국경을 따라 군사적 위협을 가해왔다. 공식 통계에 따르면, 중국은 연간 25억 달러를 타지키스탄에 수출하고 있다.[265]

중국과 타지키스탄은 중국과 아프가니스탄 국경 지대에서 반테러 군사훈련을 정기적으로 실시했다. 중국은 타지키스탄-아프가니스탄 국경 안보 증진을 위한 인프라 건설에도 나섰다. 과거 소련 지역이던 중앙아시아에서의 안보 이슈는 러시아의 독점적인 영역이었으나, 위구르 지역에서의 테러 행위 증대로 중국은 이 지역 안보가 중국에도 매우 중요한 현안이라고 판단하고 있다. 중국은 대 타지키스탄 투자를 확대하며, 인프라 건설을 위한 재정 융자에 나섰다. 중국은 타지키스탄에서 적극 건설하고 있는 수력발전소들이 있는 산악 지역을 공유하는 국가인데, 타지키스탄의 시멘트 산업에도 적극 참여했다.

중국과 타지키스탄 간에 반테러 움직임이 매우 뚜렷했는데, 타지키스탄은 2016년 10월 20일부터 24일까지 5일간 중국과 아프가니스탄 국경 지대에서 반테러 군사훈련을 전격 실시하였다. 최소 10,000명의 군인들과 군사 장비 및 헬리콥터가 이 훈련에 동원되었다. 중국이 타지키스탄과 아프가니스탄 국경 안보를 안정화하기 위한 인프라를 건설한다고 2016년 9월 타지키스탄 당국이 발표했다. 아프가니스탄은 마약 수송로의 피난처이며, 중국은 중앙아시아 지역 안보에 깊은 관심을 표명해왔다.

중국과 타지키스탄은 2016년 초에 파키스탄, 아프가니스탄 등과 반테러 협정을 체결하였다. 2016년 8월 키르기스스탄 주재 중국 대사관에 대한 자살 폭탄 공격이 발생하면서, 중국은 중앙아시아 지역 안보에 대처해왔다. 키르기스스탄 당국은 위구르 공동체에 의해 행해진 폭탄 공격을 비난했다. 자살 폭탄공격을 감행한 1명이 사망하고 3명이 부상당했다. 아프가니스탄에서 군사 활동을 지속하는 미국은 아프가니스탄에서의 활동을 위한 우즈베키스탄과 키르기스스탄에서의 군사 기지 사용이 만료됨에 따라, 이 지역에서의 영향력이 현저히 줄어든 바 있다.[266]

미국, 중앙아시아에 안보 지원

탈레반의 재집권 이전인 2021년 3월 17일 아프가니스탄, 미국, 타지키스탄 등 3개국은 아프가니스탄, 타지키스탄의 발전, 안보, 평화 증진을 위한 새로운 3자 회담을 출범했다. 탈레반 세력이 집권하기 이전이었는데, 당시 회의는 '무하마드 하니프 아트마르'(Muhammad Hanif Atmar) 아프가니스탄 외무장관, '시로지딘 무히딘'(Sirojiddin Muhiddin) 타지키스탄 외무장관, '데이비드 헤일'(David Hale) 미 국무부 정무차관이 참여했다. 이들은 안보, 정치, 인적 자원, 에너지, 경제 분야 등을 논의했다. 또한 온라인 협상에서 아프가니스탄과 타지키스탄 간의 연결성 강화, 에너지 및 운송 인프라 구축, 양국 국경 안보 및 마약 대응 병력의 역량 강화 지원이 강조되었다.

이외에도 아프가니스탄, 우즈베키스탄, 미국 등 3자 대화(trilateral dialogue)가 2020년 5월에 공식적으로 출범된 바 있다. 당시에도 아트마르 장관, 데이비드 헤일 차관, 우즈베키스탄 '압둘라지즈 카밀로프'(Abdulaziz Kamilov) 외무장관이 상호 관심 문제를 해결하기 위한 협력을 증대하기로 강조했다. 3국이 선언한 의제는 매우 포괄적이었다. 즉 안보 협력, 상호 연결성(connectivity), 무역 개선, 식량 안보, 에너지 공급, 인도적 협력, 양성 평등 등 우선순위를 포함하였다. 이런 형식으로도 3각 플랫폼이 강화된 것은 바이든 대통령이 중앙아시아와 아프가니스탄에 접근하는 방식의 일부로 보인다. 이 과정은 1년 전부터 미국 행정부에 의해 준비되고 시작되었다. 그럼에도 불구하고 이후 중앙아시아에 대한 미 행정부의 정책에 상당한 변화는 일어나지 않았다. 미국과 중앙아시아 간의 C5+1 대화(C5+1 dialogue) 형식은 오바마 행정부 때 시작되어 트럼프 대통령 임기 동안 유지되었으며 바이든 임기 동안 중앙아시아의 상호 작용을 위한 다자 협력체의 도구로 활용되었다. 그렇다면 새로운 3각 플랫폼이 출범한 이유는 어디에 있을까?

첫째, 당시부터 미국은 철군을 염두에 두고 아프가니스탄 분쟁에 군사 개입을 최소화하기로 결정했다. 미국과 탈레반 간 합의에 따라 2021년 5월이 외국군 철수 시한이었다. 미 국무장관 '토니 블링컨'(Antony Blinken)은 날짜를 특정하지 않은 채 카불에 임시 아프가니스탄 정부 수립을 위한 로드맵을 설정하고 정책적 이니셔티브를 촉구하고 미국의 완전한 철수는 선택 사항임을 강조했다. 아프가니스탄 군사 작전은 미국이 주도한 가장 긴 전쟁이었는데, 미국은 전쟁 종료를 원했다. 그렇지만 당시 폭력 충돌이 지속적으로 이어졌고 아프가니스탄 내 평화 회담이 교착 상태에 있었기 때문에 본격적인 평화 정착, 안정적인 아프가니스탄 국가 수립이 가까운 시일 내에 가능할 것이라는 전망이 불투명한 상태였다. 그런 시점에서 미국은 미군 철수 이후 아프가니스탄 정부를 지원하는 중앙아시아 및 남아시아 지역 파트너를 절실히 필요로 했다. 미국은 이런 계획을 고려하여 아프가니스탄에 대한 최신 전략을 수립하기 위한 목적으로 중앙아시아와 새로운 3자 대화와 같은 방식을 실험하려는 의도가 강했다. 미국이 만약에 타지키스탄 및 우즈베키스탄과 3자 협력이 성공하면 이 모델은 아프가니스탄과 접경하고 있는 폐쇄 국가인 투르크메니스탄과의 협력으로 확장될 수 있었다.

둘째, 우즈베키스탄, 타지키스탄 입장에서 아프가니스탄 상황에 해결책을 찾는 일이 최우선적인 과제였다. 특히 우즈베키스탄은 타지키스탄과 달리 아프가니스탄 정부와 탈레반 사이의 평화적 협상을 장려하기 위해 다양한 중재 기관을 5년 정도 찾아 나섰다. 아프가니스탄 정치 세력들의 반대에도 불구하고 우즈베키스탄에 대한 긍정적인 태도가 있었으며, 이는 우즈베키스탄의 중재 임무가 상당히 생산적인 결과를 맺을 수 있다는 가능성을 보였다는 점을 시사한다. 그때와 마찬가지로 지금도 아프가니스탄 분쟁 해결은 매우 중요한 과제이다. 분쟁 해결로 접경 지역의 보안 강화, 새로운 경제 및 무역 기회, 개발 중인 남아시아 지역과의 연결성 강화, 바다로의 짧은 항로 등 우즈베키스탄에 다양한 혜택을 누릴 수 있는 여러 이점이 확보될 수 있었다.

결국 탈레반 세력이 20년 만에 재집권하게 되었지만, 아프가니스탄 분쟁에 대해 당시로서는 타협의 솔루션을 기대하기 위해 인접 국가들이 미래 발전에 대한 장기적 안목을 창출할 필요성이 있었다. 전쟁 당사자 간의 합의에 도달하고 포괄적인 아프가니스탄 정부 수립만으로는 미래에 대한 국가의 지속 가능한 발전을 보장할 수 없을 것이다. 국제 사회와 인접 국가는 아프가니스탄의 사회경제적 재건, 필수 기반 시설 건설, 일자리 창출, 빈곤 퇴치에서 중요한 조정 역할을 해야 한다. 보장되고 가시적인 국제적 지원 없이는 희망했던 협상의 성공과 평화가 후퇴할 수 있을 가능성은 늘 상존한다.

셋째, 미국은 중앙아시아에서 포괄적으로 그 영향력을 투사하고자 하지만, 중국과 러시아의 영향력을 상쇄할 수 있을지는 미지수였다. 제3국과 새로운 플랫폼을 시작하고 미국이 몇 달 안에 아프가니스탄에서 철수하더라도 이 지역을 완전히 포기할 계획이 없다는 강력한 신호를 아프가니스탄과 중앙아시아에 전하고 싶어 했다. 중국은 일대일로 구상을 추진하고 있었고, 러시아는 EAEU 발족 등을 통해 중앙아시아에서 절대적 영향력을 가지고자 강력한 국가 권력을 투사하였다. EAEU는 러시아를 주축으로 구소련 국가들의 경제 통합을 실현하기 위한 목적을 가지고 설립된 국제기구이다. 출범 날짜는 2015년 1월이었다. 러시아, 카자흐스탄, 벨라루스, 아르메니아, 키르기스스탄이 정식 회원국이며 2023년 3월 현재 타지키스탄과 우즈베키스탄은 참여 여부를 검토 중이다. 미국이 여전히 중앙아시아에 개입하고자 하는 이유는 이 지역이 중국과 러시아 등 강대국의 영향력 안에 포함될 것이지만, 특정 국가의 과도한 의존을 피하면서 균형 있고 예측 가능한 관계를 모든 강대국과 구축하는 데 도움이 될 것으로 판단하고 있기 때문이다.[267]

전반적으로 새로운 3자 대화의 주요 과제는 단기 및 중기적으로 가시적인 성과를 달성해야한다는 것은 자명하다. 그러나 결과는 그렇게 생산적으로 나타나지 않았다. 이는 아프가니스탄을 둘러싼 강대국과 이웃 국가들이 벌여온 다자 회담 등이 생산력이 없었다는 것을 의미한다. 아프가니스탄과 중앙아시아는 아프간 분쟁에 관한 다년간의 토론과 협상을 통해 효과적이고 긍정적인 결과를 얻고자 했다. 아프가니스탄에 평화를 가져오려는 그러한 시도는 역사적으로 진행되어 왔는데, 즉 다양한 이니셔티브, 협상 플랫폼, 접촉 또는 조정 그룹, 4자, 3자 또는 기타 다자 형식이 있었다. 그러나 궁극적으로 이는 그다지 생산적이지 못했다. 이러한 이니셔티브의 대부분은 부적절한 조정과 리더십으로 인해 어려움을 겪었거나 참가자의 상반된 이해로 인해 분열되었다. 특정 국가의 이익을 위한 협상이 진행됨으로써, 아프가니스탄 분쟁은 결국 착취되었다는 것이 정확한 표현이었다. 그 선언된 목표를 달성할 수 없었다.**268**

아프가니스탄 분쟁 해결을 위한 과거의 많은 평화 이니셔티브가 실패했다. 국가는 현재의 위기를 극복하기 위해 전기, 병원, 학교, 도로, 철도, 제조 공장, 그리고 다양한 분야의 교육을 받은 전문가와 새로운 세대의 관리들을 절실히 필요로 한다. 국제 사회는 인프라를 구축하고 국가의 청소년을 교육하는 지원할 필요성이 있다. 미국-우즈베키스탄-아프가니스탄 및 미국-타지키스탄-아프가니스탄 3자 대화와 같은 작은 그룹의 창설은 이러한 긴급성의 문제를 해결하는 데 효과적으로 기여할 수는 있었다. 아프가니스탄의 지속 가능한 개발을 위해 실질적인 경제 및 사회적 프로젝트는 실행될 필요성이 있다. 그러나 그러기 위해서는 협상이 지속되어야 작동될 수 있다. 그러나 결과적으로 탈레반의 집권으로 이해 당사국들의 대화 노력은 큰 성과를 얻지 못했다.

타지키스탄과 아프가니스탄 대통령 간에는 탈레반 사건에 관련, 꾸준히 협의를 진행해왔다. '아슈라프 가니'(Ashraf Ghani) 대통령과 라흐몬은 2021년 7월 7일 전화 통화에서 당시 시급하게 진행되던 아프가니스탄의 군사 정치적 상황의 악화에 대해 논의했다. 특히 양국 정상들은 아프가니스탄 북부 지역에서 탈레반이 군사력을 집중하는 상황에 대해 우려했고, 북부는 타지키스탄 국경 접경 지역이기 때문에 라흐몬의 관심사이기도 했다. 특히 타지키스탄은 아프가니스탄의 평화, 안정, 안보를 확립하기 위해 포괄적으로 지원한다는 입장을 가지고 있었다. 그는 가까운 이웃국가로서 아프가니스탄에서 진행된 탈레반과의 평화회담을 촉진하는 모든 노력을 지지한다는 입장을 밝혔다. 무엇보다 타지키스탄의 관심은 자국 국경 지대의 안보였다. 아프가니스탄 정부와 안보 협력, 특히 국경 보호가 적절하게 이루어질 것을 강조했다.[269]

탈레반 세력이 강화되면서 가장 긴장을 하는 국가는 타지키스탄이었다. 타지키스탄 정부는 탈레반 이전의 아프가니스탄 정부를 지지하였다. 탈레반 세력이 아프가니스탄에서 집권한다면 타지키스탄의 안보가 매우 불안해질 가능성이 높기 때문이다. 타지키스탄은 그동안 아프가니스탄에서 유입되는 마약이 타지키스탄을 통해 각 국가로 유입되는 상황에 대해 심각하게 우려해왔다. 탈레반이 집권한다면 불법 마약 문제는 매우 강하게 대두될 수 있다.

타지키스탄은 월경한 아프가니스탄 정부군에게 식량과 은신처를 제공하였다. 라흐몬은 미군 철수 이후 2021년 7월 5일, 국가 최고안보회의를 긴급하게 개최하고 약 20,000명의 예비군 장교를 아프가니스탄과의 국경에 배치시켰다. 라흐몬은 러시아, 우즈베키스탄, 카자흐스탄 대통령과 긴급 상황에 대해 논의하였다. 푸틴은 타지키스탄을 포함하는 러시아 주도의 군사 동맹인 '집단안보조약기구'(CSTO)의 양자 협력 기반을 토대로 타지키스탄에 필요한 지원을 제공할 준비가 되어있다고 밝혔다.

소련 해체 이후부터 타지키스탄에 군대를 주둔시킨 러시아는 지난 2012년에 재차 타지키스탄과 협정을 체결하여 군대를 주둔시키고 있다. 러시아의 201 보병사단에 주둔하는 군인은 약 7,000명 정도이며, 3개의 지역에 분산되어 있다. 두샨베 외곽의 공군기지와 남쪽 칼톤 지역에 2개 기지가 있다. 러시아 보병 사단은 수도에서 서쪽으로 10Km 외곽 지역에 있다. 아프가니스탄 국경에서는 북쪽으로 약 170km 떨어져 있다. 2012년 10월, 러시아와 타지키스탄은 2042년까지 30년간 201 보병사단을 연장 주둔하는 군사 협력에 합의했다. 러시아 관리들은 주둔 군인을 9,000명으로 확대할 계획이다. 러시아는 당시 협정을 체결하면서 타지키스탄에 5년 이내에 12억 달러를 지원할 것이라고 약속했다.[270]

타지키스탄의 안보 우려에 탈레반은 타지키스탄 정부에 국경 안보에는 위험이 없을 것이라는 확신을 주는 행동을 보였다. 탈레반 대변인 '자비울라 무야히드'(Zabiullah Mujahid)는 2021년 7월 6일자 러시아 국영 스푸트니크 뉴스 웹 사이트와의 인터뷰에서 타지키스탄의 안보와 불가침성을 존중한다고 약속했다. 우호적인 타지키스탄과 좋은 관계를 유지할 것이라는 입장이었다. 국경 안전이 유지될 것이며, 탈레반은 그 어떤 간섭도 하지 않을 것이라고 언급했다.

그렇다면 당시 매우 시급했던 탈레반의 군사 공격에 대해 아프가니스탄 사태에 대해 푸틴과 라흐몬은 어떤 생각을 가지고 있었을까? 이들은 아프가니스탄-타지키스탄 국경은 핵심적인 안보 전략 지대라는 공통적인 입장을 가지고 있었다. 이 지역이 CSTO와 CIS 남부의 안보 보장의 주요한 지대이기 때문이다. 양국은 정기 군사 훈련을 하고 있는데, 타지키스탄 남부, 즉 아프가니스탄 북부에서의 군사 공격에 대비하기 위한 목적이다. 아프가니스탄에서 불안한 정세가 나타나자마자 비합법적인 무장 단체의 침입과 관련된 시뮬레이션 시나리오에서 공격용 헬기에 대한 훈련이 실시되었다. 이 시뮬레이션에는 Mi-24 공격 헬기 2 대, Mi-8MTV5-1 수송 헬기 2대, 군인 약 100명이 배치됐다. 시나리오에 따른 공습의 결과로 차량 호송, 발사 위치, 무기 및 탄약 보관함 15개 이상의 지상 표적이 파괴되었다.[271]

당시 타지키스탄 안보 상황은 아프가니스탄에서 어떤 세력이 안정적으로 정권을 창출할 수 있는지, 그렇지 않다면, 어느 기간까지 아프가니스탄에서 불안정한 정치 체제가 지속될 것인가에 달려있었다. 어떤 상황이 오든지 중앙아시아 지역 안보, 특히 타지키스탄에서의 안보의 불안정성은 증대될 수밖에 없었다.

탈레반, 2021년 가을 아프가니스탄 전역 통제하면서 재집권에 성공

그러나 아프가니스탄에서 미군과 나토군이 철군을 결정하면서 탈레반 세력이 급속도로 세력을 확장하고 그동안 정부가 통제하던 많은 지역을 탈환하면서 탈레반이 세력을 차지했다. 2001년 9.11 테러로 미국 주도의 연합군이 아프가니스탄을 공격하면서 집권 세력이던 탈레반 세력이 격퇴되고 새로운 정부가 들어섰다. 나토는 2014년에 아프가니스탄으로부터 군대를 철수시킨다는 결정을 내렸다. 그 이후 탈레반 세력이 정부군을 공격하면서 탈레반이 통제하는 지역이 급속도로 늘어나면서 종국적으로 탈레반이 아프가니스탄을 통제하는 세력으로 등장했다.

미군과 나토군은 9.11 사태 20주년이 되는 2021년 9월 11일까지 공식적으로 철군 계획을 세웠다. 2021년 4월, 미국의 새 대통령이던 바이든은 9월 11일까지 미군을 철수한다는 성명을 발표했다. 나토도 미국의 입장에 발맞추어 동시 철군 방침을 결정했다. 미국은 2021년 5월, 아프가니스탄 내 주둔군의 수를 약 3,000명 정도 점진적으로 감축한다고 발표했으며, 미군 철군을 기회로 탈레반은 세력을 확산해왔다. 바이든은 6월 25일 백악관에서 가니 아프가니스탄 대통령과 '압둘라 압둘라'(Abdullah Abdullah) 고위 국가화해위원회 의장에게 "우리는 여러분과 함께 할 것이며 아프간 인들이 필요로 하는 것에는 최선을 다할 것이다"라고 형식상의 약속을 하였지만, 아프가니스탄 인이 미래를 스스로 결정해야 한다는 점을 지적했다.

탈레반은 2021년 5월 이래로 정부군에 대한 공세를 강화하면서 북부 지역을 장악하기 시작했다. 탈레반의 공세로 6월 하순 경부터 타지키스탄 및 우즈베키스탄 국경 경내로 아프가니스탄 정부군이 피신하는 경우가 빈번히 발생했다. 7월 1일 밤에 미군은 바그람 공군 기지에서 전면 철수하였다. 그 이후 탈레반은 북부 지역을 중심으로 급격히 세력을 확산하였다. 미군 철수가 결정되면서부터 아프가니스탄 안보가 불투명해졌다. 미군과 나토군이 떠나는 2021년 9월 11일 이후 아프가니스탄 정부군이 탈레반과 맞서서 세력을 유지할 수 있을지에 대한 비관론이 팽배했었다. 1990년대 후반, 탈레반이 아프가니스탄 북부 지역으로 진격하는 과정에서 우즈베키스탄은 우즈베크계인 아프가니스탄 사령관인 압둘 라쉬드 도스툼을 지원한 적이 있다. 타지키스탄 정부가 지원한 이는 타지크 민족계인 아프가니스탄 사령관인 아마드 샤 마수드였다.[272]

탈레반의 재집권은 군사력으로 얻은 승리였다. 미군 철수 발표 이후 탈레반이 북부 지역에 대한 공격 확산으로 7월 이전에 이미 미국 민주주의수호재단은 탈레반은 행정구역 398곳 중에서 거의 절반인 193곳, 인구로는 1,152만 명(전체 인구의 약 35%)을 장악하였다고 보도했다. UN의 '데보라 라이언스' 아프가니스탄 특사는 6월 21일 안전보장이사회에서 탈레반 반군이 지난 5월 이후로 370개 지역 중 50개가 넘는 곳을 새롭게 장악했다고 언급했다. 탈레반 장악 지역이 주(Province)의 수도들을 둘러싸고 있어 미군과 나토군이 완전 철수하게 된다면, 주의 수도가 탈레반에 의해 점령될 수 있었다. 그러나 이 수치 보다도 탈레반이 더 많은 지역을 통제하고 있다는 보도가 나왔다.

탈레반은 근거지인 남부 지역에서 북부 지방으로 세력을 확장하였다. 특히 북부의 바다흐샨(Badakhshan) 지역 28개 지구 중에서 2개 지구를 제외한 모든 지역을 통제하였다. 탈레반이 북부를 장악한다면 중앙아시아 안보의 불안정성이 증대될 수 있는데, 아프가니스탄 북부가 투르크메니스탄, 우즈베키스탄, 타지키스탄과 접해 있는 국경 지역이기 때문이다. 아프가니스탄은 중앙아시아로 가는 관문 지역이다. 2001년 미군이 아프가니스탄을 침공했을 당시 미군이 지원하던 아프가니스탄 북부 동맹의 강력한 요새가 북부 지역에 포진되어 있었다. 당시 북부 동맹은 탈레반을 와해시키는 결정적인 역할을 하였다. 당시 탈레반은 북부 지역을 통제하지 못했다. 카불의 싱크 탱크인 '아프가니스탄 애널리스트 네트워크'(Afghanistan Analysts Network) 분석에 따르면 북부에서의 탈레반의 전략은 탈레반 저항 세력을 미리 방지하기 위한 선제적 조치였다. 탈레반은 미군의 철수 방침의 기회를 활용, 정부군 장악 지역에 대한 적극적인 군사 공세에 나섰다.

그런데 바그람 공군기지에서의 미군 철수 이전에 이미 탈레반은 북부로 세력을 확장해 나가고 있었다. 이로 인해 아프가니스탄 내 불안정성이 주변 국가까지 파급되고 있었다. 탈레반 공세로 아프가니스탄 정부군이 타지키스탄으로 월경하는 사건이 연이어 발생했다. 2021년 6월 22일 타지키스탄 국가안보위원회(GKNB: State Committee for National Security)는 아프가니스탄 정부군 134명이 아프가니스탄-타지키스탄 국경 근처인 쉬르 칸 반다르(Shir Khan Bandar)에서 타지키스탄 영내로 피신했다고 발표했다. 탈레반이 군사 공격을 감행했기 때문이다. 6월 27일에는 17명의 군인이 타지키스탄으로 피신했다. 7월 5일에는 1,037명의 정부군이 타지키스탄 국경으로 피신하는 일이 발생했다. 이 군인들은 타지키스탄과 910km의 국경을 접하고 있는 바다흐샨 주를 가로질러 다수의 지역에서 국경을 넘어왔다. 타지키스탄 국경 수비대는 피신한 군인들을

휴머니즘과 좋은 이웃이라는 원칙으로 수용했다.[273]

전투 상황을 본다면, 우즈베키스탄의 남부인 아프가니스탄 발흐 (Balkh) 주에서 치열한 전투가 벌어졌다. 발흐주는 투르크메니스탄과 타지키스탄 국경 간에 위치해있으며, 동시에 우즈베키스탄 국경과 접하고 있는 유일한 아프가니스탄의 주(Province)이다. 주도는 '마자르 샤리프'(Mazare Sharif)이다. 발흐 주는 오랜 기간 탈레반의 침공에 대항해왔다. 아프가니스탄 면적은 약 62만 km²이다. 인구는 약 4,000만 명이다. 2014년 미군 및 다국적군의 전투 임무는 종료되었다. 아프가니스탄의 전략 요충지인 북부 쿤두즈(Kunduz) 지역에서는 정부군과 탈레반의 전투가 격화되던 상황이었다. 미국이 공식적으로 탈레반 세력을 몰아낸 시기는 2001년 10월이었다. 바다흐샨의 주도인 파이자바드는 탈레반에 의해 완전히 포위되었다. 월스트리트 저널은 2021년 7월 5일자 보도에서 미국이 건설한 '쉬르 칸 반다르' 국경이 여전히 운영되고 있으며, 탈레반은 이 지역에서의 교통망이 유지되도록 타지키스탄과 합의했다고 보도하였다. 이 신문은 탈레반 대변인과의 대담을 실었는데, 대변인은 국경에서의 세관 작업이 이전과 같이 동일하게 진행될 것이라고 확신한다고 밝혔다.

우즈베키스탄 외무부는 2021년 6월 23일, 53명의 아프가니스탄 정부군과 민병대가 우즈베키스탄 국경을 넘어 들어왔다고 확인했다. 발흐 주로부터 넘어온 군인들이다. 그런데 우즈베키스탄은 이들을 심문하고 다시 아프가니스탄으로 돌려보냈다. 정부군이 국경 너머로 피신하는 과정에서 우즈베키스탄과 타지키스탄의 대처 방식이 달랐다. 타지키스탄에서는 아프가니스탄 정부군이 국경을 넘어 온 경우에 인도주의적 차원에서 수용하였다. 부상자는 타지키스탄 병원에서 치료를 받았다, 동부 지역인 고르노-바다흐샨의 최고 책임자인 '요드고르 파이조프'(Yodgor Fayzov)는 6월 21일 지역 행정관 회의에서 아프가니스탄 난민을 최소

5,000명에서 최대 10,000명을 수용할 준비를 갖추고 있어야 한다고 말했다.[274]

아프가니스탄과의 국경 지대의 안보를 매우 중요시 여기던 우즈베키스탄도 국경을 따라 군사 훈련을 실시한다고 발표했다. 극단주의 군사 그룹의 발흥을 미연에 방지하겠다는 의지를 보인 셈이다. 우즈베키스탄 정부도 과거 1990년대 무장화된 이슬람주의자들이 많았고, 매우 강력한 이슬람 극단주의 세력이던 IMU 등 이슬람 급진주의 경향의 단체가 있었다. IMU는 실제적으로 아프가니스탄에서 활동 중에 있다. IMU는 우즈베키스탄과 타지키스탄 정부가 두려워하고 있는 단체이다. 이외에도 타지크인이 주도하는 자마트 안사룰로(Jamaat Ansarullo), 우즈베크 인이 주도하는 '이슬람 지하드 유니온'(Islamic Jihad Union), '카티바트 이맘 알-부하리'(Katibat Imam al-Bukhari) 등이 있다. RFERL은 2021년 7월말 타지키스탄-아프가니스탄 국경의 70% 정도를 탈레반이 통제하고 있다고 보도했다. 타지키스탄 정부도 탈레반 공세에 대등하기 위해 2만 명의 추가 병력을 동원, 국경 강화에 나섰다. 이와 아울러 타지키스탄 국방부와 내무부는 테러, 극단주의 및 불법 마약 단속에 더 강력히 나섰다. 아프가니스탄 관리들은 미국의 철수 결과에 대해 공개적으로 낙관적인 입장을 표명하였다.

스스로 영구 중립을 선포한 투르크메니스탄의 경우에는 그동안 아프가니스탄의 내부 갈등에서 벗어나려고 노력했다. 2019년 3월, 약 100명의 아프가니스탄 정부군이 '바드히스' 주(Badghis Province)의 '무르하브' 지역에서 탈레반의 공격을 피해 투르크메니스탄으로 도피하였다. 그런데 국경 수비대가 그들을 아프가니스탄으로 돌려보냈는데, 즉시 탈레반에 의해 붙잡혔다. 4년 전에도 아프가니스탄 사령관이던 압둘 라쉬드 도스툼이 이끄는 정부군의 공격을 받고 쫓겨서 국경을 넘어 온 탈레반 전사들을 투르크메니스탄 정부가 돌려보낸 적이 있다. 우즈베키스탄도 과거 경험이 있었기 때문에 53명의 정부군을 다시 돌려보낸 결정을 내렸을 가능성이 있다.

타지키스탄 대표단은 2021년 7월 1일 미국-타지키스탄 연례 양자 협의를 위해 워싱턴을 방문하면서 안보를 강조했다. 그러나 양국 성명에서 이에 대한 구체적인 내용은 공개되지 않았다. 미국은 탈레반과 공동으로 아프가니스탄 국가를 공동 운영하는 시나리오는 이미 포기한 상태였다. 7월 2일 블룸버그 보고서에 따르면 바이든 행정부는 카자흐스탄, 타지키스탄, 우즈베키스탄에 미군과 함께 일했다는 이유로 보복할 수 있는 최대 9,000명의 아프가니스탄 시민을 일시적으로 수용할 수 있는지를 타진했다. 미국은 또한 우즈베키스탄과 타지키스탄의 영토가 정보, 감시, 정찰 작전의 기지로 활용될 수 있기를 바라는 희망 사항을 전한 것으로 알려졌다.[275]

4. 탈레반 재집권 과정 중 중앙아시아 각 국의 안보 상황

미군이 철수하면서 국경 안보가 매우 심각한 상황이 되었기 때문에 타지키스탄과 우즈베키스탄은 국경 수호를 위해 이전처럼 아프가니스탄의 대리인을 찾을 가능성이 있었다. 우즈베키스탄과 타지키스탄의 안보를 생각한다면 타지키스탄의 경우는 파미르와 동부 지역에서 과거 이슬람군사주의자들이 준동하였고 정부군과 여러 차례 격렬한 전투를 치른 적이 있어서 국내 이슬람 극단주의자들이 인근 국가 안보의 불안정성을 기회로 세력을 확대하지 않을까 우려하고 있었다. 가장 강력한 야당 세력이던 IRPT가 2015년 정부에 의해 불법화되면서 반정부 세력이 강하게 형성되어 있지 않았던 실정이었다. 이 시점에 탈레반의 재집권은 타지키스탄 입장에서 새로운 안보 대책을 입안해야 할 시기가 왔다는 것을 의미했다.

　　미군 철수 동안에도 중앙아시아 정부는 아프가니스탄과 접경 지역 안보에 대한 정책을 고려할 시간이 있다고 간주해왔다. 그 누구도 2021년 5월 이래 탈레반이 아프가니스탄 북부에서 급속하게 세력을 펼치는 상황에 대해 예견하지 못했다. 전투는 아프가니스탄 북부 지역에서 급속히 확산되었고 중앙아시아를 포괄하는 안보상의 문제로 확산되어버렸다. 우즈베키스탄은 2021년 6월 22일 코로나 19 급증에 대비하고 전염병 우려가 된다는 이유로 아프가니스탄과의 국경을 전격 폐쇄했다. 아프가니스탄과 국경을 맞대고 있었던 투르크메니스탄은 당시의 상황에 대해 관습적으로 침묵을 지켰다. 국경 지대 초소에서는 어떤 활동도 하지 않는 것으로 알려졌다.

중앙아시아 안보에 대한 러시아의 입장

　　급변하는 중앙아시아 상황에 대비하여 러시아도 중앙아시아 정부와 일련의 안보 대책을 세웠다. 러시아는 중앙아시아에서 최근 몇 년 새 꾸준히 영향력을 확대해왔다. 미군 철군은 새로운 안보 환경이 조성되었다는 것을 의미하며 러시아가 군사적 영향력을 강화해나갈 것으로 간주되었다. 러시아는 타지키스탄에 필요한 모든 지원을 제공할 준비가 되어 있다는 점을 강조해왔다. 탈레반이 아프가니스탄을 완전히 점령하기 이전에도 푸틴과 라흐몬은 타지키스탄의 안보 공고화를 위해 협력하기로 합의했다. 이전부터 라흐몬은 타지키스탄 영토의 60% 이상과 맞닿아 있는 지역의 아프가니스탄 국경 지대에서 전투가 간혹 벌어지고 있다는 점을 지적한 바 있다. 라흐몬은 국경 지대에서의 위협은 곧 CIS에 대한 위협과 동일하다고 간주해왔다. 양국 대통령은 그동안 군사 협력 및 군사 기술 연대에 대한 논의를 자주 해왔다. 러시아 군인 약 7,000명이 타지키스탄에 주둔하고 있다. 양국은 타지키스탄-아프가니스탄 국경 지대에서의 안정화가 매우 중요하다는 인식을 같이해왔다. 아프가니스탄과 144km의 국경을 맞댄 우즈베키스탄의 샤브카트 미르지요예프(Shavkat Mirziyoyev) 대통령도 2021년 7월 5일 푸틴과 전화 통화를 통해 아프가니스탄 사태에 대해 의논했다.

러시아는 세력이 많이 약화된 IS가 향후 빠르게 이 지역에서 세력을 얻을지도 모른다고 우려하고 이를 경고하고 나섰다. 아프가니스탄 북부에서 IS가 세력을 확장할지 모른다는 점이다. 러시아는 IS가 아프가니스탄 북부 영토를 적극 점령하고 있다고 강조해왔다. 라브로프 외무 장관은 2021년 7월 2일자 인터팍스 통신과의 기자 회견에서 아프가니스탄 정당들 간의 평화적 회담의 결실이 없어 IS가 이득을 얻고 있다고 주장했다. 러시아는 아프가니스탄의 통치 구조에서 주도적으로 행동하는 이들은 자신들이 범하는 행위로 인해 발생하는 결과를 책임져야할 것이라고 경고하고 나섰다.

러시아는 미군과 나토군이 아프가니스탄에서 성급하게 철수했다는 비판적 입장을 견지하고 있다. 즉 아프가니스탄이 스스로 국방을 책임질 수 있는 자생력을 갖추기 이전에 철수했다는 입장이다. 탈레반이 재집권하기 이전 사태 타개를 위해 러시아, 미국, 중국, 파키스탄 등 4개국이 중재하는 아프가니스탄 임시정부를 구성하는 것이 러시아의 최우선으로 선호하는 사태 해결 방식이었다. 이 안은 과거 미국이 협상 테이블에서 표명한 여러 시나리오 중 하나였다. 그러나 2021년 6월 실무 방문을 위해 미국을 방문한 아프가니스탄 가니 대통령은 이 제안을 거부한 바 있다. 파키스탄 정부는 자국 내 미국 기지를 허용하지 않을 방침을 정했다. 당시 '임란 칸'(Imran Khan) 파키스탄 총리는 아프가니스탄 국민의 신뢰를 받고 있는 모든 이들과 협력하겠다는 약속을 했지만, 아프가니스탄에서 미국의 영향력이 어느 정도까지 지속될 수 있을지는 불투명했다. 우즈베키스탄은 특별한 군사적 해결책을 가지고 있지 않았다. 우즈베키스

탄은 아프가니스탄 정부, 야당, 그리고 탈레반의 협상으로 문제가 해결
되어야한다는 입장을 가졌다.[276] 그러나 종국적으로 탈레반이 재집권하
게 되었다.

1996년 1차 탈레반 집권시 탈레반과 중앙아시아 국가

탈레반이 처음으로 카불을 장악한 1996년과 비교하여 탈레반의 재
집권시 큰 차이점 중 하나는 북쪽의 중앙아시아 이웃 국가들이 탈레반을
대하는 태도이다. 2021년 8월 중순, 탈레반이 아프가니스탄을 완전 장
악한 이후 중앙아시아와 러시아의 반응은 상반되었다. 중앙아시아 국가
들과 탈레반 사이에 존재하는 일종의 휴전 상태는 양쪽 모두에게 이익이
되지만, 이는 언제든지 깨지기 쉬운 상황이었다. 탈레반이 아프가니스탄
을 처음으로 장악하던 1996년, 타지키스탄 정부와 타지키스탄-아프가
니스탄 국경을 지키던 러시아 국경 수비대는 국제적으로 승인받던 아프
가니스탄의 '부르하누딘 라바니'(Burhanuddin Rabbani; 1940-2011) 정부에
지속적인 지원을 표명하였다. 라바니는 아프가니스탄의 이슬람주의 정
치조직 '이슬람 협회'의 최고지도자이며, 대통령직을 역임했으며, 아프
가니스탄 북부동맹의 정치지도자였다. 1992년부터 타지키스탄에서 내
전이 있었는데, 타지키스탄 반군들은 아프가니스탄 북동부 지역에 피난
처를 가지고 있었다. 그곳에서 반군들이 재편성되었고 재정비를 한 이후
에 타지키스탄으로 건너가 군사 작전을 계속했다.

라바니는 소련군과 싸운 무자헤딘 중 한 명이었지만, 타지키스탄
정부 입장에서는 라바니 정부가 탈레반보다 더 좋은 보증이 될 것으로
간주했다. 라바니 정부는 타지키스탄 반군이 자유롭게 아프간 영토를 사
용하는 것을 허용하지 않을 가능성이 있었다. 1996년 9월 27일, 약 300
명의 타지크 반군 전사들이 '칼라이 쿰'(Kalai-Khumb) 근처의 타지키스
탄으로 건너가려고 했고, 전투가 10월 초까지 지속되었다. 그 결과 러시

아 국경 경비대 4명이 사망했다. 1996년 9월 30일, 타지키스탄 정부는 탈레반이 카불을 점령하면 타지키스탄-아프가니스탄 국경 상황에 부정적인 영향을 미칠 것이라고 우려를 표명했다. 라흐몬은 UN과 세계 강대국에 아프가니스탄의 정치적 해결을 중재할 것을 호소하였다. 라흐몬은 아프가니스탄의 경제적 붕괴와 정치적 불안정이 중앙아시아의 안정을 위협할 수 있다고 경고했다.

1996년 10월 1일, 우즈베키스탄 안전보장이사회는 탈레반의 카불 장악 이후 아프가니스탄 상황을 진화하기 위한 긴급회의를 개최했다. '알렉산드르 레베드'(Alexander Lebed; 1950-2002) 러시아 안전보장이사회 사무총장은 탈레반이 고대 실크로드 도시 부하라를 포함, 타지키스탄과 우즈베키스탄의 영토에 대한 야욕을 드러내고 있다고 언급했다. 투르크메니스탄의 '할크 마슬라하티'(Halk Maslahaty; People's Council: 인민위원회)는 투르크메니스탄이 중립국이며 어떠한 군사 동맹도 체결하지 않을 것이라는 군사 교리를 공표했다. 10월 4일 투르크메니스탄은 알마티에서 개최된 '빅토르 체르노미르딘'(Viktor Chernomyrdin) 총리를 비롯한 러시아 관리들과 중앙아시아 지도자들 간의 긴급 회합에 대표자를 보내지 않았다. 카자흐스탄의 나자르바예프 대통령은 아프가니스탄 분쟁이 CIS 국경에 접근하고 있다는 우려를 표명하고 탈레반이 카불을 점령한 후 일어난 인권 침해를 비난했다. 카리모프 우즈베키스탄 대통령은 중앙아시아 국가들과 러시아가 우즈베크계인 아프가니스탄 야전사령관 압둘 라시드 도스툼을 지원할 것을 촉구했다. 키르기스스탄의 '아스카르 아카예프'(Askar Akaev) 대통령은 아프가니스탄 내정에 직접 개입, 1980년대 소련의 경험을 되풀이하는 것은 실수가 될 것이라는 입장을 보였다. 카리모프가 요청한 도스툼 사령관에 대한 지원 제안은 거부되었는데, 탈레반에 대한 우즈베키스탄의 입장은 당시 확고했다. 1996년 10월 6일, 탈레반은 파키스탄 라디오 방송을 통해 중앙아시아 국가들에 "형제 사랑"의

메시지를 보냈고 탈레반은 다른 나라의 문제에 간섭하지 않겠다고 약속했다. 그러나 탈레반은 북부 이웃 국가들에게 아프가니스탄의 내정에 간섭에 간섭하지 말라고 경고했다. 이러한 내용이 탈레반의 1차 정권 장악 상황에 대한 중앙아시아가 가졌던 일련의 인식이었다.

탈레반, 2021년 8월 15일 카불 점령, 아프가니스탄 정권 장악

탈레반은 2021년 8월 15일 특별한 저항 없이 카불에 진입했다. 미르지요예프 우즈베키스탄 대통령은 푸틴과 즉각 전화통화를 했으며, 아프가니스탄 사태에 대해 계속 연락하기로 결정했다. 8월 16일, 러시아 대통령의 아프가니스탄 특사인 '자미르 카불로프'(Zamir Kabulov)는 "러시아 동맹국인 중앙아시아에 직접적인 위협은 없다고 본다"고 강조했다. CSTO 사무총장인 '스타니슬라프 자스'(Stanislav Zas)도 카불로프의 견해에 동조했다. 자스는 타지키스탄-아프가니스탄 국경 상황이 안정적이며, 타지키스탄이 CSTO에 일련의 "메커니즘"(mechanisms) 호소를 할 필요가 없음을 강조했다. '아미르 칸 무타키'(Amir Khan Muttaqi) 탈레반 외무장관 대행이 10월 7일 카불에서 '압둘아지즈 카밀로프'(Abdulaziz Kamilov) 우즈베키스탄 외무장관을 만났다. CSTO는 한 달 이내에 아프가니스탄 국경 근처의 타지키스탄에서 군사 훈련을 실시할 것이라고 계획을 세웠다. 그때까지 카자흐스탄과 우즈베키스탄은 주 카불 대사관과 기타 해외 주재 대표가 여전히 운영될 것이라고 발표했다.

우즈베키스탄 외무부는 2021년 8월 17일 성명을 통해 우즈베키스탄이 "포용적 정부 구성을 위한 아프가니스탄 군의 성명"을 지지했으며, 탈레반과 "밀접한 접촉"을 할 것이라고 밝혔다. 카자흐스탄 외무부는 8월 19일 성명에서 "아프가니스탄은 역사상 또 다른 결정적 순간을 겪고 있다. 오랜 갈등은 아프가니스탄 사람들이 스스로 해결할 필요성이 있다"고 발표했다. 중앙아시아 안보와 매우 관련이 있는 다자협력기구인

CSTO는 2021년 8월 23일, 아프가니스탄 사태 아젠다를 가지고 정상회담을 가졌다. 카자흐스탄, 키르기스스탄, 타지키스탄 대통령이 모두 참석했다. 미르지요예프 대통령은 CSTO 회원국이 아님에도 이 정상회담에 참석했다.

그런데 러시아 관리들은 타지키스탄과 우즈베키스탄 등에 안보 위협이 많지 않을 것이라는 언급을 하면서 이 국가들을 안심시키고자하는 태도를 보였다. 아프가니스탄에서 활동하는 다른 무장 단체가 있을 가능성은 있지만, 탈레반에 의한 중앙아시아 위협 요소는 없다고 지속적으로 강조해왔다. 8월 17일 아프가니스탄 접경에 위치한 우즈베키스탄의 테르메즈 화물센터 소장이 아프가니스탄과의 무역 재개를 기다린다는 보도가 나왔다. 타지키스탄, 투르크메니스탄, 우즈베키스탄은 정권이 바뀌고 탈레반이 조만간 전기요금을 낼 수 있을지에 대한 의구심에도 불구하고 아프가니스탄에 계속해서 전기를 수출하였다.

그런데 중앙아시아 안보와 관련, 타지키스탄은 다른 의견을 냈다. 타지키스탄은 탈레반 통치와 관련, 중앙아시아 지도자들 중 유일한 반대자이다. 친정부적인 타지키스탄 민주당은 2021년 8월 25일 성명을 내고 "최근 몇 년 동안 탈레반이 아프가니스탄의 타지크 땅, 집, 마을을 황폐화시켰기 때문에 탈레반을 아프가니스탄 정부로 인정하지 말라"고 촉구했다. 민주당은 탈레반이 지금도 잔인한 활동을 하고 있으며, 아프가니스탄 내 타지크인이 많이 거주하는 지역에서 많은 이들을 학살했다"고 지적했다.

탈레반 집권 이후 EU와 중앙아시아 국가들의 협력

EU 고위급 대표단은 두샨베에서 중앙아시아 외무장관들과 회담을 갖고 지역협력, 인권, 아프가니스탄 상황 등을 논의했다. 투르크메니스탄은 외무차관이 대표로 참석했다. 2021년 11월 22일 제17차 EU-중앙아시아 장관회의 이후, EU 외교정책국장 조제프 보렐(Josep Borrell)은 아프가니스탄의 최근 상황을 고려할 때 새로운 접근 방식이 필요하다고 강조했다. 그는 또한 EU와 중앙아시아 5개국과의 관계가 앞으로 더욱 강화되기를 희망한다고 밝혔다.

회담 후 EU가 발표한 공동성명에서 참가자들은 "강력하고 야심차며 미래지향적인 파트너십을 구축하기 위한 공동의 약속과 법치, 민주주의, 거버넌스, 젠더에 대한 진보의 중요성을 재확인했다. 중앙아시아는 평등과 보편적인 인권을 강조하고 있는데, 정부의 억압적 정책에 대해 인권 단체로부터 종종 비판을 받고 있는 상황이다. 참가자들은 테러와의 전쟁, 조직범죄, 인신매매, 이민자 밀수 분야에서 EU와 중앙아시아 간의 협력을 강화하기로 했다"는 내용을 발표했다. 이 성명서에서는 또한 "아프가니스탄 개발의 지역적 영향에 대해 공통된 우려를 표명하고, 아프가니스탄 영토가 다른 국가에 테러리즘을 전파하고, 자금 조달 및 수출 기지로 사용되는 상황을 방지해야한다"고 강조했다. 유엔에 따르면 아프가니스탄의 수백만 명이 기근에 직면할 수 있으며 탈레반의 정권 인수 이후 경제가 붕괴되면서 거의 모든 인구가 빈곤에 처할 수 있다는 주장이 제기되었다.

2021년 10월 EU 집행위원회 위원장인 '우르줄라 폰 데어라이엔'(Ursula von der Leyen)은 EU가 아프가니스탄에 10억 유로의 지원 패키지를 제공할 계획이라고 밝혔다. 그런데 회의에 앞서 '휴먼 라이츠 워치'는 아프가니스탄 위기와 안보 문제가 의제로 대두되는 상황에서 중앙아시아 정부가 인권 침해를 종식하고 의미 있는 개혁에 착수하도록 EU에 촉구했다. 뉴욕에 본부를 둔 인권감시단체는 11월 19일 성명에서 중앙아시아 인권 문제에 대해 부정적인 상황을 언급하면서 카자흐스탄, 키르기스스탄, 우즈베키스탄에서는 개혁 약속이 지연되거나 퇴보한 반면 타지키스탄과 투르크메니스탄에서는 인권이 더욱 악화되고 있다고 비판

했다.[277]

2021년 말 중앙아시아 대표단, 탈레반 고위급 인사 면담

2021년이 끝나갈 무렵, 타지키스탄을 제외한 모든 중앙아시아 국가들이 대표단을 파견해 카불에서 탈레반의 고위급 인사들을 만났다. 투르크메니스탄과 우즈베키스탄은 외무장관을 파견했다. 카자흐스탄, 키르기스스탄, 투르크메니스탄, 우즈베키스탄은 아프가니스탄에 인도적 지원을 보냈다. 타지키스탄은 탈레반 대표들과의 접촉을 피했다. 그러나 타지키스탄도 '유엔 세계식량계획'(UN World Food Program)이 타지키스탄을 경유하여 아프가니스탄에 구호품을 보낼 수 있도록 허용했다. 타지키스탄, 투르크메니스탄, 우즈베키스탄은 아프가니스탄에 지속적으로 전력을 공급하고 있으며 탈레반은 가능한 한 공급에 따른 가격을 지불한다고 약속하고 있다. 우즈베키스탄과 투르크메니스탄은 도로와 철도를 이용해 무역을 지속하고 있으며, 또한 아프가니스탄을 통해 중앙아시아와 남아시아를 연결하는 미래 프로젝트에 대해 탈레반 대표자들과 논의하고 있는 실정이다.

그러나 중앙아시아 정부 중 어떤 국가도 탈레반을 아프가니스탄 정부로 공식 인정할 준비가 되어 있다는 신호를 보내지 않았다. 즉 관리들의 공식 성명에서는 "탈레반"이라는 이름을 거의 사용하지 않고 아프가니스탄의 "과도 정부"(interim government)나 "새로운 당"(new authorities)과 같은 표현을 선호하는 편이다. 투르크메니스탄을 제외한 모든 국가는 러시아와 CSTO를 포함하여 개별 및 공동으로 군사 훈련을 증가해왔다. 중앙아시아 국가들이 탈레반의 친구도 적도 아닌 상황이었다.[278]

참고문헌

국문

고마츠 히사오, 이평래 역, 『중앙 유라시아의 역사』. 서울: 소나무, 2005.

고재남. 『러시아 외교정책의 이해. 대립과 통합, 푸틴의 길』. 서울: 역사공간, 2019.

고호철, 강만정, 조규택, 마경호, 이석영, 정해곤, 박홍재, 곽재균. "타지키스탄의 농업현황 및 금후 농업기술 협력방안."「한국국제농업개발학회지」25-1(2013).

강봉구. "대립인가? 협력인가?-우즈베키스탄과 타지키스탄간의 로군댐 분쟁."「슬라브학보」28-4. 2013.

김대성. "소련 해체 이후 강대국의 대 중앙아시아 지역패권주의 정책과 국제질서-타지키스탄과 투르크메니스탄의 일반개황-."「한국중동학회논총」20-1. 1999.

김대성. 『중앙아시아 사회의 이해』. 서울: 한국외국어대학교 출판부, 2009.

김상철, 손영훈. "현대 중앙아시아 정착지대 이슬람에 대한 문명사적 접근: 타지키스탄을 중 심으로."「한국이슬람학회논총」27-1. 2017.

김태연. "우즈베키스탄이슬람운동(IMU)과 타지키스탄 이슬람부흥당(IRPT)의 발생 조건과 요인 비교연구."「러시아연구」26-2. 2016.

김형주. "소련해체 이후 중앙아시아 지역패권주의 연구-러시아와 타지키스탄 및 투르크메니 스탄 관계를 중심으로."「한국중동학회논총」20-1. 1999.

성동기. "타지키스탄 라흐몬(Emomali Rahmon) 정권의 권력 강화 방식 분석: 권위주의 '권력 공유'(Power-Sharing) 이론을 중심으로."「중소연구」44-3. 2020.

신양섭. "타직 민족의 성립과 사만조의 문예부흥."「중동연구」16-2. 1997.

신양섭. "타직-아프간의 종교 정책."「중동연구」19-1. 2000.

이문영. "현대 중앙아시아 이슬람 정치 세력화: 타지키스탄 내전과 러시아-우즈베키스탄 관계."「러시아연구」14-1.

이병호. "타지키스탄 내전의 갈등 요인에 관한 연구."「中東硏究」29-3. 2010.

이윤정. "타지키스탄의 농업 현황과 시사점."「세계농업」181. 2015.

이채문. 『공간으로 읽는 중앙아시아』. 대구: 경북대학교출판부, 2012.

이재영 외. 『포스트소비에트 20년 중앙아시아의 미래: 통합 가능성과 균열 요인 연구』 『전략 지역심층연구』 11-12. KIEP 대외경제정책연구원, 2011.

정세진. "타지키스탄 국가 연구: 역사적 기원, 민족 정체성, 국가발전 과정을 중심으로." 『중앙아시아 정치·사회·역사·문화』 『전략지역심층연구』 09-04. KIEP;대외경제정책연구원, 2009.

정세진, "타지키스탄 민족 정체성 연구-민족주의와 지역주의를 중심으로." 「한국이슬람학회 논총」 18-1. 2008.

정세진. "중앙아시아 이슬람 원리주의의 급진적 특성에 대한 연구: 1991년 독립 이후의 원리주의 단체와 이념적 패러다임." 「평화연구」 16-1. 2008.

정세진. "신생공화국의 국가 건설과 문화 요소의 상관관계에 대한 연구 - 타지키스탄의 예를 중심으로." 「노어노문학」 24-3. 2012.

정세진. 『중앙아시아 민족 정체성과 이슬람』. 서울: 한양대출판부, 2012.

정세진. "타지키스탄 이슬람 원리주의-정치적 세력과의 관계를 중심으로." 「노어노문학」 28-4. 2016.

정세진. "중앙아시아의 문명공존을 통한 이슬람 문화권에서의 인문학 가치 창출과 그 가능성 모색." 「아시아문화연구소 연구논문집. Asia Culture Critique」. 2018.

정세진. "소련의 1924-1929년 중앙아시아 국경 경계 획정과 민족 정체성 함의: 공동의 정체 성에서 개별적 정체성으로." 「슬라브학보」 36-3(2021).

정세진. "소연방과 중앙아시아: 지역 정체성과 결정화, 그 역사적 수렴과 발산." 「중소연구」 46-2. 2022,

조영관, 유혜민. 『KIEP 지역경제 포커스: 타지키스탄의 WTO 가입과 시사점』 Vol. 7, No. 5(2013년 2월 26일).

이윤정. "타지키스탄의 농업 현황과 시사점." 「세계농업」 181호(2015).

『KIEP 지역 경제 포커스: 』. Vol. 6, No. 8. 2012년 3월 8일.

『KIEP 세계 경제 보고서: 키르기스공화국과 타지키스탄 '국가발전략의 주요 내용과 시사점』. Vol. 2. No. 21. 2019년 7월 11일.

『2019년 타지키스탄 개황』 외교부.

영문

Abashin, Sergey, Abdullaev, Kamoludin, Abdullaev, Ravshan, Koichiev, Arslan. "Soviet Rule and the Delineation of Borders in the Ferghana Valley, 1917–1930." in Starr, S. Frederick, Beshimov, Baktybek, Bobokulov, I. Inomjon, Shozimov Pulat(eds.). *Ferghana Valley: the heart of Central Asia*. New York, Armonk, London: M. E. Sharpe, 2011.

Atkin, Muriel. "Tajikistan: Reform, Reaction and Civil War." in *New States, New Politics: Building the Post-Soviet Nations.*(eds.) Bremmer, Ian, Taras, Ray. Cambridge: Cambridge University Press, 1997.

Atkin, Muriel. "Token Constitutionalism and Islamic Opposition in Tajikistan." *Journal of Persianate Studies*. Vol. 5. 2012.

Atkin, Muriel. "Religious, National, and other Identities in Central Asia." in Gross, Jo-Ann(ed.). *Muslims in Central Asia: Expressions of Identity and Change*. Durham: Duke University Press, 1992.

"Allah's Shadow: Is Radical Islam a Threat to Central Asia's Stability?" The Economist. May, 17. 2003.

Berdikeeva, S. "Organized crime in Central Asia: A threat assessment," *CEF Quarterly*. Vol. 7. No. 2. 2009.

Bergne, Paul. *The Birth of Tajikistan: National Identity and the Origins of the Republic*. New York: I.B. Tauris. 2007.

Brasher, Ryan. "Ethnic Brother or Artificial Namesake? The Construction of Tajik Identity in Afghanistan and Tajikistan." *Berkeley Journal of Sociology* Vol. 55. 2011.

CIA. The world factbook. 2013. https://www.cia.gov/library/publications/the-world-factbook

Danieli, De Filippo. "Beyond the drug-terror nexus: Drug trafficking and state-crime relations in Central Asia." *International Journal of Drug Policy*. 25-6. 2014.

Dudoignon, A. Stéphane. *Communal solidarity and social conflicts in late*

20th century Central Asia: the case of the Tajik Civil War. Tokyo: Islamic Area Studies Project. 1998.

Dunn, MC. "Great games and small: Afghanistan, Tajikistan and the new geopolitics of Southwest Asia." *Middle East Policy*. Vol. 5. Issues 2. 1997.

Epkenhans, Tim. "The Islamic Revival Party of Tajikistan: Episodes of Islamic Activism, Postconflict Accommodation, and Political Marginalization." *Central Asian Affairs*. Vol. 2. 2015.

Freizer, Sabine. "Neo-liberal and communal civil society in Tajikistan: merging or dividing in the post war period?" *Central Asian Survey*. Vol. 24. No. 3. 2005.

Hafez, M. Mohammed. *Why Muslims Rebel?* Boulder, CO: Lynne Rienner, 2003.

Haghayaghi, Mehrdad. "Islamic Revivalism in the Central Asian Publics." *Central Asian Survey*. Vol. 13. No. 2. 1994.

Haghayeghi, Mehrdad. *Islam and Politics in Central Asia*. New York: St Martin's Press, 1995.

Heathershaw, J. *Post-Conflict Tajikistan*. London: Routledge, 2009.

Humanitarian Engagement with Armed Groups: The Central Asian Islamic Opposition Movements. Geneva: Henry Dunant Center for Humanitarian Dialogue. 2003.

Hetmanek, Allen "Islamic Revolution and Jihad come to the former Soviet Central Asia: The case of Tajikistan." *Central Asian Survey*. Vol. 12, No. 3. 1993.

Hiro, Dilip. *Inside Central Asia*. New York, London: Overlook Duckworth, 2009.

Hoagland, Richard Ambassador(U.S. embassy Dushanbe). "Moderate Tajik Islamic Leader walks a Tightrope—Rahmonov Wants to Marginalize him; His Party's Islamist's Wing Distrusts Him." confidential diplomatic cable. November. 28, 2005. http://wikileaks.org.

Huasheng, Zhao. "Russia and the Afghanistan Issue." *China International Studies*, 28. 2011.

Karagiannis, Emmanuel. "The New Political Islam in Central Asia: From Radicalism to the Ballot Box?" *The Brown Journal of World Affairs*. Vol. 19. No. 1. 2012.

Kazani, S. Resa. "Afghanistan's transition towards 2014: Implications for Central Asia." *Osce Academy Policy Brief*. No. 12. 2013.

Kilavuz, Idil Tuncer. "The Role Networks in Tajikistan's Civil War: Network Activation and Violence Specialists." *Nationalities Papers*. Vol. 37. No. 5. 2009.

Kilavuz, Idil Tuncer. "Understanding Civil War: A Comparison of Tajikistan and Uzbekistan." *Europe-Asia Studies*. Vol. 63. No. 2. 2011.

Kramer, J. Drug abuse in Russia. An emerging threat. *Problems of Post-Communism*, Vol. 58, No. 1. 2011.

Khodjibaev, Karim. "Russian troops and confliict in Tajikistan." *Perspectives on Central Asia*. Vol. 2. No. 8. 1997.

Lewis, D. "High times on the silk road: The Central Asian paradox." *World Policy Journal*. Vol. 27. No. 1. 2010.

Malashenko, Alexei. "Does Islamic Fundamentalism Exist in Russia?" Yaacov Ro'i(ed) *Muislim Eurasia: Conflicting Legacies*. London: Frank Cass, 1995.

Megoran, N. "For ethnography in political geography: Experiencing and re-imagining Ferghana Valley boundary closures." *Political Geography*. Vol. 25. No. 6. 2006.

Mesbahi, Mohiaddin. "Tajikistan, Iran, and the international politics of the 'Islamic factor." Central Asian Survey. Vol.16, No. 2. 1997.

Naumkin, V. Vitally. Radical Islam in Central Asia: Between Pen and Rifle. New York: Rowman & Littlefield Publishers, 2005.

Nourzhanov, Kiril, Bleuer, Christian. *Tajikistan: A Political and Social History.*

Canberra: ANU Press, 2013.

Paoli, L. Rabkov, Greenfield, I. Reuter, V. P. "Tajikistan: The rise of a nar-
co-state." Journal of Drug Issues. Vol. 37. No. 4. 2007.

Rashid, Ahmed. The Resurgence of Central Asia: Islam or Nationalism? Lon-
don: Zed Books, 1994.

Roi, Yaacov. Islam in the CIS. London: Royal Institute of International Affairs,
2001.

Rytövuori-Apunen, Helena, Usmonov, Furugzod. "Tajikistan's Unsettled Secu-
rity: Borderland Dynamics of the Outpost on Russia's Afghan Fron-
tier." *The Regional Security Puzzle around Afghanistan: Border-
ing Practices in Central Asia and Beyond*(ed. Helena Rytövuori-
Apunen). Opladen: Verlag Barbara Budrich, 2016,

Saud, Adam. "Islamic Renaissance Party of Tajikistan: Past, Present and Fu-
ture." Pakistan Horizon. Vol. 63. No. 3. 2010.

Sodiqov, Alexander. "Kabiri Reelected as Islamic Revival Party Leader in Tajiki-
stan." *Tajikistan Monitor*. October, 22. 2011.

Suny, Ronald Grigor. "Provisional Stabilities: The Politics of Identities in
Post-Soviet Eurasia." *International Security*. Vol. 24. No. 3. 2000.

Tazmini, Ghonchen. "The Islamic revival in Central Asia: a potent force or a
misconception?" *Central Asian Survey*. Vol. 20. No. 1. 2001.

Torjesen, S. "The political economy of disarmament, demobilisation and rein-
tegration(DDR)." *NUPI Working Paper*, 2006.

Umarov, Akram. "US-Central Asia: New Trilateral Dialogues Bring Regional
Focus to Afghanistan." *Diplomat*. Issue 78. May 2021,

US Embassy in Tajikistan. Embassy Dushanbe request for fy08 Uscencom/Soc-
cent counter narco terrorism training events." 16/01/2008. http://
www.wikileaks.org/plusd/cables/08DUSHANBE105a.html

Zainiddinov, Hakim. "The Changing Relationship of the Secularized State to
Religion in Tajikistan." *Journal of Church and State*. Vol. 55. No. 3.

2013.

Zardykhan, Zharmukhamed. "Kazakhstan and Central Asia: regional perspec-
tives." *Central Asian Survey*. Vol. 21. No. 2. 2002.

노문

Хаидаров, Г. Иномов, М. Таджикистан Трагедия и Боль народа. Петербург:
Ли нко, 1993.

Ермаков, Игор, Микулский, Дмитри. "Исламская партия возрождении."(ред)
Ис лам и России и Средней Азии. Москва: Лотос, 1993,

이머릭스(Emerics) 러시아 유라시아 전문가 오피니언 글

정세진, "타지키스탄-우즈베키스탄 항공 운항 25년만의 재개와 양국 관계 전망,"
『2017년 7월 7일자 이머릭스 전문가오피니언』 https://www.emerics.
org: 446/issueDetail.es?brdctsNo=220696&mid=a10200000000&
search_option=ALL&search_keyword=&search_year=&search_
month=&search_tagkeyword=&systemcode=04&search_
region=04011200&search_area=¤tPage=2&pageCnt=10

정세진, "미군 철수로 아프가니스탄에서 탈레반 세력 확대: 타지키스탄 안보 위험성
증대,"『2021년 7월 29일 자 이머릭스 전문가오피니언』
https://www.emerics.org: 446/issueDetail.es?brdctsNo=318427&mid=
a10200000000&search_option=ALL&search_keyword=%ED
%83%80%EC%A7%80%ED%82%A4%EC%8A%A4%ED%83
%84&search_year=2021&search_month=&search_tagkeyw
ord=&systemcode=04&search_region=04011200&search_
area=¤tPage=1&pageCnt=10

한국외국어대학교 러시아연구소 간행 『Russia−Eurasia FOCUS』 글

정세진, "최근 타지키스탄을 둘러싼 강대국의 각축, 그 이유는?"『2011년 11월 21일
한국외 대 러시아연구소 Russia−Eurasia FOCUS』138호.

정세진. "라흐몬 타지키스탄 대통령, 5번째 대선 승리로 35년간 장기 집권." 『2020년
10월 29일 한국외대 러시아연구소 Russia-Eurasia Focus』 605호.
정세진, "탈레반의 아프가니스탄 북부 장악과 중앙아시아 국경 안보 위기," 『한국외
국어대학 교 러시아연구소 Russia-Eurasia FOCUS』 642호.

한양대학교 아태지역연구센터 'e-유라시아' 글

현승수, "누가 타지키스탄을 지배하는가?" 『e-Eurasia. 한양대 아태지역연구센터 웹
진 Vol. 26』. (2012년 9월)
『e-유라시아. 한양대 아태지역연구센터 웹진 Vol. 46』. 2012년 회고와 2013년 전망
타지키 스탄 편. (2013년 1월)
『e-유라시아. 한양대 아태지역연구센터 웹진 Vol. 50』. 2013년 회고와 2014년 전망
타지키스 탄 편. (2014년 2월)
정세진, "영화 〈루나 파파(Moon Papa, Luna Papa)〉와 타지크인의 삶," 『e-Eurasia』
한 양대 아태지역연구센터 웹진 Vol. 55』. (2016년 12월 22일자).
『e-Eurasia』 한양대 아태지역연구센터 웹진 Vol. 56(2017년 2월 8일 간행)

한양대학교 아태지역연구센터 '유라시아 헤드라인: RFERL 글

2010년

http://www.rferl.org/content/Suicide_Car_Bomber_Hits_Tajikistan_Police_Sta-
tion_Casualties_Reported/2147120.html(2010년 9월 6일자 RFERL 글)
http://www.rferl.org/content/article/2227695.html(2010년 11월 23일자 RFERL
글).
http://www.rferl.org/content/tajikistan_hydropower_iran/2233065.html(2010년
11월 28일자 RFERL 글)
http://www.rferl.org/content/drugs_russia_afghanistan_pakistan_/2242609.
html(2010년 12월 8일자 RFERL 글)
http://www.rferl.org/content/article/2250668.html(2010년 12월 16일자 RFERL
글)

2011년

http://www.rferl.org/content/tajikistan_hizuttahrir_members_sentenced/2284242.html(2011년 1월 22일자 RFERL 글).

http://www.rferl.org/content/iran_afghanistan_tajikistan_tv_station/2305842.html(2011년 2월 11일자 RFERL 글)

http://www.rferl.org/content/tajikisyanm-bans-hajj-pilgirmage-for-citizens-younger-than-35/26955080.html(2011년 4월 14일자 RFERL 글)

http://www.rferl.org/content/press_freedom_worldwide_freedom_house/16799961.html(2011년 5월9일자 RFERL 글)

http://www.rferl.org/content/tajik_interior_ministry_recruits_former_opposition_fighters/24205957.html(2011년 5월 26일자 RFERL 글)

http://www.rferl.org/content/lenin_statue_removed_from_center_of_tajikstans_second_city/24210988.html(2011년 5월 30일자 RFERL 글)

http://www.rferl.org/content/two_kidnapped_tajik_boys_freed_in_afghanistan/24230847.html(2011년 6월 10일자 RFERL 글)

http://www.rferl.org/content/us_tajik_officials_initiate_construction_military_training_center/24258934.html(2011년 7월 7일자 RFERL 글)

http://www.rferl.org/content/tajikistan_khujand_suicide_bombing_imu_trial/24263713.html(2011년 7월 12일자 RFERL 글)

http://www.rferl.org/content/tajik_russian_military_talks_fail_to_yield_agreement/24270279.html(2011년 7월 19일자 RFERL 글)

http://www.rferl.org/content/tajik_amnesty_to_include_some_opposition_fighters/24280166.html(2011년 7월28일자 RFERL 글)

http://www.rferl.org/content/tajik_authorities_demand_payment_in_dollars_for_hajj/24304426.html(2011년 8월 29일자 RFERL 글)

http://www.rferl.org/content/tajikistan_russia_afghanistan_pakistan_summit_dushanbe/24315779.html(2011년 9월 2일자 RFERL글)

http://www.rferl.org/content/tajik_courts_free_two_journalists/24359961.

html(2011년 10월 17일자 RFERL 글)

http://www.rferl.org/content/clinton_arrives_tajikistan_visit/24367462.
html(2011년 10월 24일 RFERL 글)

http://www.rferl.org/content/russian_envoy_says_relations_with_tajikistan_
friendly/24431854.html(2011년 11월 26일자 RFERL 글)

2012년

http://www.rferl.org/content/uzbekistan_urged_to_end_tajik_rail_block-
ade/24449069.html(2012년 1월 11일자 RFERL 글)

http://www.rferl.org/content/tajikistan_turkey_religious_rights/24521456.
html(2012년 3월20일자 RFERL 글)

http://www.rferl.org/content/eu_in_tajikistan_focuses_on_regional_integra-
tion/24570025.html(2012년 5월4일자 RFERL 글)

http://www.rferl.org/content/russia-signs-deal-troop-presence-tajiki-
stan-military-base/24730251.html(2012년 10월 5일자 RFERL 글)

http://www.rferl.org/content/tajikistan-joins-world-trade-organiza-
tion/24793959.html(2012년 12월 10일자 RFERL 글)

2013년

http://www.rferl.org/content/tajik-authorities-border-crossing-drug-traffick-
ers-foiled/24896640.html(2013년 2월 8일자 RFERL 글)

http://www.rferl.org/content/tajik-president-rahmon-meets-nato-chief-ras-
mussen/24953429.html(2013년 4월 10일자 RFERL 글)

http://www.rferl.org/content/russia-tajikistan-rahmon-putin/25063000.
html(2013년 8월 1일자 RFERL 글)

http://www.rferl.org/content/tajikistan-hosts-international-water-confer-
ence/25080717.html(2013년 8월 20일자 RFERL 글)

http://www.rferl.org/content/tajikistan-gazprom-energy-talks/25109978.
html(2013년 9월 18일자 RFERL 글)

http://www.rferl.org/content/tajikistan-election-president-rahmon-land-
  slide-victory/25160688.html(2013년 11월 7일자 RFERL 글)
http://www.rferl.org/content/tajik-born-writer-russian-award/25192282.
  html(2013년 12월 6일자 RFERL 글)
http://www.rferl.org/content/tajikistan-rahmon-rent-a-crowd-wom-
  en/25198610.html(2013년 12월 20일자 RFERL 글)

2014년

http://www.eurasianet.org/node/67909(2014년 1월 3일자 RFERL 글)
http://www.rferl.org/content/sco-officials-meet-in-tajikistan-discuss-af-
  ghan-withdrawal/25352815.html(2014년 4월 17일자 RFERL 글)
http://www.rferl.org/content/tajik-president-calls-on-nation-to-be-vigi-
  lant/25359215.html(2014년 4월 23일자 RFERL 글)
http://www.rferl.org/content/turkmen-president-in-dushan-
  be-for-talks/25373052.html(2014년 5월 5일 RFERL 글)
http://www.rferl.org/content/shanghai-cooperation-summit-dushan-
  be/26577440.html(2014년 9월 11일자 RFERL 글)
http://www.rferl.org/content/lavrov-holds-talks-with-tajik-foreign-minis-
  ter/25475253.html(2014년 9월 15일자 RFERL 글)
http://www.rferl.org/content/russia-afghan-heroin-smuggling-tajiki-
  stan/26592689.html(2014년 9월 18일자 RFERL 글)
http://www.rferl.org/content/tajikistan-sms-internet-group-24-quva-
  tov-phone-message-blockage-dushanbe/26630390.html(2014년 10
  월 10일자 RFERL 글)
http://www.rferl.org/content/tajikistan-islamic-state-threat-/26742846.
  html(2014년 12월 14일자 RFERL 글)

2015년

http://www.rferl.org/content/tajik-elections-rahmon-party-victory/26877105.

html(2015년 3월 2일자 RFERL 글)

http://www.rferl.org/content/tajik-leader-call-for-national-concpet-for-development/26909599.html(2015년 3월 18일자 RFERL 글)

http://www.rferl.org/content/tajikisyanm-bans-hajj-pilgirmage-for-citizens-younger-than-35/26955080.html(2015년 4월 14일자 RFERL 글)

http://www.rferl.org/content/tajik-lawmakers-approve-bill-on-presidents-day/27677140.html(2015년 4월 15일자 RFERL 글)

http://www.rferl.org/content/china-tajikistan-extradition-deal/27027076.html(2015년 5월 20일자 RFERL 글)

http://www.rferl.org/content/tajikistan-us-embassy-concern-web-access/27053529.html(2015년 6월4일 RFERL 글)

http://www.rferl.org/content/taliban-taliban-troops-handed-over/27075914.html(2015년 6월 16일자 RFERL 글)

http://www.rferl.org/content/tajikistan-islamic-state-syria-turkey/27124891.html(2015년 7월 13일 RFERL 글)

http://www.rferl.org/content/kyrgyz-tajik-border-incident-injuries/27168736.html(2015년 8월 4일자 RFERL 글)

http://www.rferl.org/content/kyrgyzstan-tajikistan-border-talks/27176094.html(2015년 8월 7일자 RFERL 글)

http://www.rferl.org/content/tajikistan-turkmenistan-presidents-ashgabat-/27199274.html(2015년 8월 20일자 RFERL 글)

http://www.rferl.org/section/tajikistan/162.html(2015년 9월 5일자 RFERL 글)

http://www.rferl.org/content/russia-tajikistan-base-helicopters/27293028.html(2015년 10월 7일자 RFERL 글)

http://www.rferl.org/content/tajik-legalizes-blocking-internet/27386494.html(2015년 11월 25일자 RFERL 글)

http://www.rferl.org/content/tajikistan-rahmon-lifelong-immunity/27419474.html(2015년 12월 10일자 RFERL 글)

2016년

http://www.rferl.org/content/tajikistan-ban-arabic-names-marriage-between-cousins/27486012.html(2016년 1월 13일자 RFERL 글)

http://www.rferl.org/content/tajikistan-presidential-dynasty-constitutional-amendments/27503530.html(2016년 1월 22일자 RFERL 글)

http://www.rferl.org/content/tajikistan-hard-currrency-exchanges/27600464.html(2016년 3월9일자 RFERL 글)

http://www.rferl.org/content/tajikistan-un-expert-concern-freedom-of-expression/27602518.html(2016년 3월 10일자 RFERL 글)

http://www.rferl.org/content/tajik-lawmakers-approve-bill-on-presidents-day/27677140.html(2016년 4월 15일자 RFERL 글)

http://www.rferl.org/content/tajikistan-referenmdum-approved-rahmon-increasing-power/27751364.html(2016년 5월 23일자 RFERL 글)

http://www.rferl.org/content/tajikistan-us-embassy-concern-web-access/27053529.html(2016년 6월 4일자 RFERL 글).

https://www.rferl.org/a/kazakhstan-tajikistan-train-dushanbe-astana/28563464.html(2016년 6월 9일자 RFERL 글)

http://www.rferl.org/content/centcom-commander-central-asian-tour/27799175.html(2016년 6월 15일자 RFERL 글)

https://www.rferl.org/a/kazakhstan-tajikistan-train-dushanbe-astana/28563464.html(2016년 6월 19일자 RFERL 글)

http://www.rferl.org/content/china-forms-anti-terrorism-alliance-pakistan-tajikistan-afghanistan/27901474.html(2016년 8월 5일자 RFERL 글)

http://www.rferl.org/content/tajikistan-expanded-powers-over-media-television-freedom/27929007.html(2016년 8월 17일자 RFERL 글)

http://www.rferl.org/content/tajikistan-lawyer-yorov-detained-irpt/27945407.html(2016년 8월 25일자 RFERL 글)

http://www.rferl.org/content/article/27989925.html(2016년 9월 15일자 RFERL

글)

http://www.rferl.org/a/china-planning-help-tajikistan-afghanistan-border-posts/28014407.html(2016년 9월 26일자 RFERL 글)

http://www.rferl.org/a/tajikistan-starts-joint-antiterror-drills-china-near-afghan-border/28066638.html(2016년 10월 21일자 RFERL 글)

http://www.rferl.org/a/tajikistan-rogun-dam-construction-launched/28082302.html(2016년 10월 29일 RFERL 글

http://www.rferl.org/a/russia-tajikistan-agree-maintain-increase-air-traffic-after-moscow-talks/28102764.html(2016년 11월 8일자 RFERL 글)

http://www.rferl.org/a/tajikistan-another-rahmon-appointment/28139359.html(2016년 11월 25일자 RFERL 글)

http://www.rferl.org/a/tajikistan-rahmon-new-banknote/28178444.html(2016년 12월 15일자 RFERL 글)

http://www.rferl.org/a/russia-seeks-joint-use-tajik-air-base-growing-islamic-militancy/28201072.html(2016년 12월 28일자 RFERL 글)

2017년

http://www.rferl.org/a/tajikistan-dushanbe-mayor-president-son-rahmon/28284911.html(2017년 2월6일자 RFERL 글)

http://www.rferl.org/a/tajikistan-uzbekistan-first-passenger-flight-25-years/28302584.html(2017년 2월 10일자 RFERL 글)

http://www.rferl.org/a/putin-rahmon-tajik-afghan-border-security/28336433.html(2017년 2월 27일자 RFERL 글)

http://www.rferl.org/a/uzbekistan-resumes-flights-to-dushanbe-after-25-years/28422811.html(2017년 4월 11일자 RFERL 글)

https://www.rferl.org/a/tajikistan-votel-rahmon-talks/28450697.html(2017년 4월 25일자 RFERL 글

https://www.rferl.org/a/tajikistan-defends-roghun-dam-water-uzbekistan/28489117.html(2017년 5월 15일자 RFERL 글)

2020년

http://www.rferl.org/content/tajikistan_turkey_religious_rights/24521456.
html(2020년 3월 20일자 RFERL 글).

http://www.rferl.org/content/tajikistan-islamic-party-arrests-/27290845.
html(2020 년 9월 25일자 RFERL 글)

http://www.rferl.org/content/tajikistan-lawyer-yorov-detained-irpt/27945407.
html(2020년 9월 26일자 RFERL 글)

http://www.rferl.org/content/Disabled_Tajik_Lawmaker_Resigns_Over_Re-
voked_Benefi ts/1609190.html)(2020년 9월 30일자 RFERL 글)

http://www.rferl.org/content/article/27989925.html(2020년 10월 2일자 RFERL
글)

http://www.rferl.org/content/tajikistan-referenmdum-approved-rahmon-in-
creasing-p ower/27751364.html(2020년 10월 4일자 RFERL 글)

http://www.rferl.org/content/tajik_interior_ministry_recruits_former_opposi-
tion_fight ers/24205957.html(2020년 10월 5일자 RFERL 글)

http://www.rferl.org/a/tajikistan-rights-lawyers-prosecuted/28001527.
html(2020년 10 월 7일자 RFERL 글)

http://www.rferl.org/a/tajikistan-dushanbe-mayor-president-son-rah-
mon/28284911. html(2020년 10월 12일자 RFERL 글)

http://www.rferl.org/content/Islamic_Party_Leader_In_Tajikistan_Says_He_Sup-
ports_ Secula r_System/1823086.html(2020년 10월 18일자 RFERL 글)

https://www.rferl.org/a/as-expected-tajik-ruling-party-wins-parliamenta-
ry-elections-opposition-shut-out/30464274.html(2020년 10월 20일
자 RFERL 글)

2021년

https://www.rferl.org/a/central-asia-human-rights-european-union/315691
93.html(2021년 11월 19일자 RFERL 글)

https://www.rferl.org/a/eu-discusses-afghanistan-central-asia/31573394.
html(2021년 11월 22일자 RFERL 글)

https://www.rferl.org/a/central-asia-taliban-afghanistan/31609112.html(2021
년 12월 14일자 RFERL 글)

한양대학교 아태지역연구센터 '유라시아 헤드라인' Eurasianet 글

http://www.eurasianet.org/node/62689(2011년 1월 11일자 Eurasianet 글).

http://www.eurasianet.org/node/62979(2011년 3월 1일자 Eurasianet 글).

http://www.eurasianet.org/node/64197(2011년 9월 20일자 Eurasia net 글).

http://www.eurasianet.org/node/67909(2014년 1월 3일자 Eurasianet 글).

http://www.eurasianet.org/node/68921(2014년 7월 8일자 Eurasianet 글).

http://www.eurasianet.org/node/71081(2014년 11월 24일자 Eurasianet 글).

http://www.eurasianet.org/node/73931(2015년 6월 18일자 Eurasianet 글).

기타 인터넷 자료

US Embassy in Tajikistan. Embassy Dushanbe request for fy08 USCENTCOM/
SOCCENT counter narco terrorism training events", 16/01/2008.
http://www.wikileaks.org/plusd/cables/08DUSHANBE105a.html.

https://www.doopedia.co.kr/doopedia/master/master.do?_method=view&MAS
_IDX=101013000782660(두산백과사전).

https://100.daum.net/encyclopedia/view/b08m0450n11(Daum 백과사전).

https://100.daum.net/encyclopedia/view/31XXXXXX7818(매경시사용어사전).

인터팍스 통신. Kazakhstan General Newswire. 2021년 7월 7일자. 1p.

https://www.doopedia.co.kr/doopedia/master/master.do?_method=view&
MAS_IDX=101013000754718(doopedia 백과사전).

https://100.daum.net/encyclopedia/view/b22t1787b002(Daum 백과사전).

https://100.daum.net/encyclopedia/view/b22t1787b(Daum 백과사전).

https://www.doopedia.co.kr/doopedia/master/master.do?_method=view&
MAS_IDX=101013000754716(doopedia 백과사전).

http://www.kinokultura.com/CA/reviews/lunapapa.html.

https://namu.wiki/w/%ED%95%9C%EA%B5%AD-%ED%83%80%EC%A7%80
%ED%82%A4%EC%8A%A4%ED%83%84%20%EA%B4%80%EA%B3
%84(나무위키)

https://www.emerics.org: 446/newsBriefDetail.es?systemcode=04&brdctsNo=2
74809&mid=a10100000000.(2020년 1월 31일자 Emerics).

https://www.emerics.org: 446/newsBriefDetail.es?brdctsNo=330333&mid=a105
00000000&search_option=&search_keyword=&search_year=&-
search_month=&search_tagkeyword=&systemcode=04&search_
region=04011200¤tPage=2&pageCnt=10(2022년 6월 3일자
Emerics)

https://www.emerics.org: 446/newsBriefDetail.es?brdctsNo=333415&mid=a105
00000000&search_option=&search_keyword=&search_year=&-
search_month=&search_tagkeyword=&systemcode=04&search_
region=04011200¤tPage=1&pageCnt=10(2022년 7월 14일자
Emerics)

https://www.emerics.org: 446/newsBriefDetail.es?brdctsNo=333752&mid=a105
00000000&search_option=&search_keyword=&search_year=&-
search_month=&search_tagkeyword=&systemcode=04&search_
region=04011200¤tPage=1&pageCnt=10(2022년 7월 26일자
Emerics)

https://www.emerics.org: 446/newsBriefDetail.es?brdctsNo=337195&mid=a105
00000000&search_option=&search_keyword=&search_year=&-
search_month=&search_tagkeyword=&systemcode=04&search_
region=04011200¤tPage=1&pageCnt=10(2022년 10월 19일자
Emerics).

주

1 정세진, "타지키스탄 국가 연구: 역사적 기원, 민족 정체성, 국가발전 과정을 중심으로," 『중앙아시아 정치·사회·역사·문화』 전략지역심층연구 09-04(대외경제정책연구원, 2009년 12월30일 발행), 462쪽.

2 김대성, "소련 해체 이후 강대국의 대 중앙아시아 지역패권주의 정책과 국제질서-타지키스탄과 투르크메니스탄의 일반개황-,"「한국중동학회논총」20-1(1999), 253쪽.

3 고마츠 히사오, 『중앙 유라시아의 역사』 이평래 역(서울: 소나무, 2005), 174쪽.

4 김상철, 손영훈, "현대 중앙아시아 정착지대 이슬람에 대한 문명사적 접근: 타지키스탄을 중심으로,"「한국이슬람학회논총」27-1(2017), 56쪽.

5 신양섭, "타직 민족의 성립과 사만조의 문예부흥,"「중동연구」16-2(1997), 61쪽.

6 위의 글, 61쪽.

7 정세진, "타지키스탄 민족 정체성 연구-민족주의와 지역주의를 중심으로," 257쪽.

8 정세진, "타지키스탄 국가 연구: 역사적 기원, 민족 정체성, 국가발전 과정을 중심으로," 466-467쪽

9 정세진, "타지키스탄의 민족 정체성연구-민족주의와 지역주의를 중심으로,"「한국이슬람학회논총」, 18-1(2008), 257쪽.

10 https://100.daum.net/encyclopedia/view/b22t1787b002(다음 백과사전)

11 국경경계 획정 내용은「슬라브학보」36-3(2021년 9월 30일)에 게재된 "소련의 1924-1929년 중앙아시아 국경 경계 획정과 민족 정체성 함의: 공동의 정체성에서 개별적 정체성으로," 내용 중에서 일부분을 발췌.

12 정세진, "소련의 1924-1929년 중앙아시아 국경 경계 획정과 민족 정체성 함의: 공동의 정체성에서 개별적 정체성으로," 112-113쪽 직접 인용.

13 김대성, 『중앙아시아 사회의 이해』(서울: 한국외국어대학교 출판부, 2009), 54-55쪽. 정세진, 앞의 논문 115쪽.

14 Kirill Nourzhanov, Christian Bleuer, "Forging Tajik Identity: Ethnic Origins, National–Territorial Delimitation and Nationalism." Tajikistan: A Political and Social History.(Canberra: ANU Press. 2013), p. 39.

15 Sergey Abashin, Kamoludin Abdullaev, Ravshan Abdullaev, Arslan Koichiev, "Soviet Rule and the Delineation of Borders in the Ferghana Valley, 1917－1930." in Starr, S. Frederick, Beshimov, Baktybek, Bobokulov, I. Inomjon, Shozimov Pulat(eds.). Ferghana Valley: the heart of Central Asia. (New York, Armonk, London: M. E. Sharpe, 2011), P. 112.

16 Paul Bergne, The Birth of Tajikistan: National Identity and the Origins of the Republic.(New York: I.B. Tauris. 2007), pp.. 103-112.

17 Ryan Brasher, "Ethnic Brother or Artificial Namesake? The Construction of Tajik Identity in Afghanistan and Tajikistan." Berkeley Journal of Sociology 55(2011), p. 108.

18 Muriel Atkin, "Religious, National, and other Identities in Central Asia." in Gross, Jo-Ann(ed.). Muslims in Central Asia: Expressions of Identity and Change.(Durham: Duke University Press, 1992), p. 53.

19 https://www.doopedia.co.kr/doopedia/master/master.do?_method=view &MAS_IDX=101013000754718(doopedia 백과 사전)

20 김형주, "소련해체 이후 중앙아시아 지역패권주의 연구－러시아와 타지키스탄 및 투르크메니스탄 관계를 중심으로,"「한국중동학회논총」 20-1(1999), 342쪽.

21 이문영, "현대 중앙아시아 이슬람 정치 세력화: 타지키스탄 내전과 러시아-우즈베키스탄 관계,"「러시아연구」 14-1(2004), 243-246쪽.

22 김대성, "소련 해체 이후 강대국의 대 중앙아시아 지역패권주의 정책과 국제질서-타지키스탄과 투르크메니스탄의 일반개황-," 272쪽.

23 정세진, "타지키스탄 민족 정체성 연구－민족주의와 지역주의를 중심으로,"「한국이슬람학회논총」 18-1(2008), 259쪽.

24 정세진, "신생공화국의 국가 건설과 문화 요소의 상관관계에 대한 연구－타지키스탄의 예를 중심으로,"「노어노문학」 24-3(2012), 287쪽.

25 고호철, 강만정, 조규택, 마경호, 이석영, 정해곤, 박홍재, 곽재균, "타지키스탄의 농업현황 및 금후 농업기술 협력방안,"「한국국제농업개발학회지」 25-1(2013), 9쪽.

26 두피디아(Doopedia) 백과사전 https://www.doopedia.co.kr/doopedia/

master/master.do?_method=view&MAS_IDX=101013000754716

27 고호철, 앞의 글, 8쪽.

28 이윤정, "타지키스탄의 농협 현황과 시사점,"「세계농업」181호(2015), 1-2쪽.

29 https://100.daum.net/encyclopedia/view/b22t1787b(Daum 백과 사전)

30 정세진, 『포스트소비에트 20년 중앙아시아의 미래: 통합 가능성과 균열 요인 연구』(이재영 외) 전략지역심층연구 11-12(KIEP 대외경제정책연구원, 2011), 126-127쪽.

31 정세진, "신생공화국의 국가 건설과 문화 요소의 상관관계에 대한 연구 – 타지키스탄의 예를 중심으로," 『전략지역심층연구 12-24 중앙아시아』(대외경제정책연구원, 2012년 12월 31일) 319-325 쪽 참고

32 『포스트소비에트 20년 중앙아시아의 미래: 통합 가능성과 균열 요인 연구』(이재영 외) 전략지역심층연구 11-12(대외경제정책연구원, 2011년 12월 30일), 118-120쪽.

33 http://www.rferl.org/content/lenin_statue_removed_from_center_of_tajik-stans_second_city/24210988.html(RFERL 2011년 5월 30일자 글)

34 http://www.rferl.org/content/tajik-born-writer-russian-award/25192282.html(2013년 12월 6일자 RFERL 글)

35 http://www.eurasianet.org/node/68921(2014년 7월 8일자 Eurasianet 글)

36 http://www.eurasianet.org/node/71081(2014년 11월 24일자 Eurasianet 글)

37 http://www.rferl.org/content/tajikistan-hard-currrency-exchanges/27600464.html(2016년 3월9일자 RFERL 글)

38 http://www.rferl.org/content/tajikistan-ban-arabic-names-marriage-between-cousins/27486012.html(2016년 1월 13일자 RFERL 글)

39 http://www.rferl.org/content/tajik_authorities_demand_payment_in_dollars_for_hajj/24304426.html(2011년 8월 29일자 RFERL 글)

40 Filippo De Danieli, "Beyond the drug-terror nexus: Drug trafficking and state-crime relations in Central Asia," International Journal of Drug Policy, 25-6(2014).

41 정세진, 『중앙아시아 민족 정체성과 이슬람』(서울: 한양대출판부, 2012), 182-184쪽.

42 S. Resa Kazani, "Afghanistan's transition towards 2014: Implications for Central Asia," Osce Academy Policy Brief, No. 12(2013).

43 US Embassy in Tajikistan. Embassy Dushanbe request for fy08 US-CENT COM/SOCCENT counter narco terrorism training events", 16/01/2008. http://www.wikileaks.org/plusd/cables/08DUSHANBE105a.html

44 Filippo De Danieli, op.cit., p. 1237.

45 J. Kramer, Drug abuse in Russia. An emerging threat. Problems of Post-Communism, Vol. 58, No. 1(2011). PP. 31 – 43.

46 Ibid.

47 Filippo De Danieli, op.cit., p. 1237.

48 N. Megoran, "For ethnography in political geography: Experiencing and re-imagining Ferghana Valley boundary closures," Political Geography, Vol. 25, No. 6(2006), pp. 622 – 640.

49 Filippo De Danieli, op.cit., p. 1237.

50 S. Berdikeeva, "Organized crime in Central Asia: A threat assessment," CEF Quarterly, Vol. 7, No. 2(2009). pp. 19 – 36.

51 CIA. The world factbook. 2013. https://www.cia.gov/library/publications/the-world-factbook

52 Filippo De Danieli, "Beyond the drug-terror nexus: Drug trafficking and state-crime relations in Central Asia," International Journal of Drug Policy, 25-6(2014), p. 1238.

53 본 글은 정세진, "영화 〈루나 파파(Moon Papa, Luna Papa)〉와 타지크인의 삶," 한양대학교 아태지역연구센터 e 저널인 『e-Eurasia』 Vol. 55(2016년 12월 22일자)에 게재된 필자의 글임을 밝힙니다.

54 http://www.kinokultura.com/CA/reviews/lunapapa.html

55 http://www.kinokultura.com/CA/A2tenyears.html

56 https://namu.wiki/w/%ED%95%9C%EA%B5%AD-%ED%83%80%EC%

A7%80%ED%82%A4%EC%8A%A4%ED%83%84%20%EA%B4%80%EA%B3%84(나무위키)

57 Mohammed M. Hafez, Why Muslims Rebel?(Boulder, CO: Lynne Rienner, 2003), p. 102; Mehrdad Haghayeghi, Islam and Politics in Central Asia(New York: St Martin's Press, 1995), pp. 87-91.

58 정세진, "타지키스탄 민족 정체성 연구 – 민족주의와 지역주의를 중심으로," 「한국이슬람학회논총」 18-1(2008), 258쪽.

59 Karim Khodjibaev, "Russian troops and confliict in Tajikistan," Perspectives on Central Asia, Vol. 2, No. 8(1997), pp 67 –76.

60 현승수, "누가 타지키스탄을 지배하는가?" 한양대 아태지역연구센터 웹진 「e-Eurasia」 Vol. 26(2012년 9월).

61 이병호, "타지키스탄 내전의 갈등요인에 관한 연구," 「중동연구」 29-3(2010), 98쪽.

62 위의 글, 99쪽.

63 정세진, "타지키스탄 국가 연구: 역사적 기원, 민족 정체성, 국가발전 과정을 중심으로," 482-483 쪽.

64 Ahmed Rashid, The Resurgence of Central Asia: Islam or Nationalism?(London: Zed Books, 1994), pp. 245-246.

65 이병호, 앞의 글, 95쪽.

66 Г. Хаидаров, М. Иномов, Таджикистан Трагедия и Боль народа(Петербург: Линко, 1993), pp. 102 –103.

67 이문영, "현대중앙아시아 이슬람 정치세력화: 타지키스탄 내전과 러시아-우즈베키스탄 관계," 「러시아연구」 14-1(2004), 248쪽.

68 http://www.rferl.org/content/tajik_interior_ministry_recruits_former_opposition_fighters/24205957.html(2011년 5월 26일자 RFERL 글)

69 성동기, "타지키스탄 라흐몬(Emomali Rahmon) 정권의 권력 강화 방식 분석: 권위주의 '권력공유'(Power-Sharing) 이론을 중심으로," 「중소연구」 44-3(2020), 122쪽.

70 http://www.rferl.org/content/tajik_amnesty_to_include_some_opposition_

fighters/24280166.html(2011년 7월28일자 RFERL 글)

71 『e-유라시아 Vol. 46. 2012년 회고와 2013년 전망 타지키스탄 편』. 한양대 아태지역연구센터 간행(2013년 1월).

72 『e-유라시아 Vol. 50. 2013년 회고와 2014년 전망 타지키스탄』편. 한양대 아태지역연구센터 간행(2014년 2월).

73 http://www.rferl.org/content/tajikistan-election-president-rahmon-landslide-victory/25160688.html(2013년 11월 7일자 RFERL 글)

74 http://www.rferl.org/content/tajik-elections-rahmon-party-victory/26877105.html(2015년 3월 2일자 RFERL 글)

75 http://www.rferl.org/content/tajik-leader-call-for-national-concpet-for-development/26909599.html(2015년 3월 18일자 RFERL 글)

76 http://www.rferl.org/content/tajik-lawmakers-approve-bill-on-presidents-day/27677140.html(2016년 4월 15일자 RFERL 글)

77 http://www.rferl.org/content/tajikistan-presidential-dynasty-constitutional-amendments/27503530.html(2016년 1월 22일자 RFERL 글)

78 http://www.rferl.org/content/tajikistan-rahmon-lifelong-immunity/27419474.html(검색일: 2015.12.10.).

79 http://www.rferl.org/content/tajikistan-presidential-dynasty-constitutional-amendments/27503530.html(2016년 1월 22일자 RFERL 글)

80 http://www.rferl.org/a/tajikistan-another-rahmon-appointment/28139359.html(2016년 11월 25일자 RFERL 글)

81 http://www.rferl.org/a/tajikistan-dushanbe-mayor-president-son-rahmon/28284911.html(2017년 2월 6일자 RFERL 글)

82 http://www.rferl.org/content/tajikistan-referenmdum-approved-rahmon-increasing-power/27751364.html(2016년 5월 23일자 RFERL 글)

83 http://www.rferl.org/content/tajikistan-president-proposes-mass-amnesty/27929064.html(2016년 8월 17일자 RFERL 글)

84 http://www.rferl.org/a/tajikistan-rahmon-new-banknote/28178444.html(2016년 12월 15일자 RFERL 글)

85 https://www.emerics.org: 446/newsBriefDetail.es?systemcode=04&brdcts
No=274809&mid=a10100000000.(2020년 1월 31일자 Emerics).

86 이채문, 『공간으로 읽는 중앙아시아』(대구: 경북대학교출판부, 2012), 131쪽.

87 https://www.rferl.org/a/as-expected-tajik-ruling-party-wins-parlia-
mentary-elections-opposition-shut-out/30464274.html(2020년 3월2일자
RFERL 글).

88 http://www.rferl.org/content/tajikistan-referenmdum-approved-rah-
mon-increasing-power/27751364.html(2016년 5월 23일자 RFERL 글)

89 정세진, "타지키스탄 라흐몬 대통령, 대선 승리, 5번째 대통령직 수행,"『Rus-
sia-Eurasia FOCUS』제 603호(한국외대 러시아연구소 간행. 2020년 10월 19
일).

90 http://www.rferl.org/content/tajikistan-sms-internet-group-24-quva-
tov-phone-message-blockage-dushanbe/26630390.html(2014년 10월 10
일자 RFERL 글)

91 http://www.rferl.org/content/tajik-legalizes-blocking-internet/27386494.
html(2015년 11월 25일자 RFERL 글)

92 http://www.rferl.org/content/tajikistan-un-expert-concern-free-
dom-of-expression/27602518.html(2016년 3월 10일자 RFERL 글)

93 http://www.rferl.org/content/tajikistan-us-embassy-concern-web-ac-
cess/27053529.html(검색일: 2016.06.04.).

94 http://www.rferl.org/content/tajikistan-us-embassy-concern-web-ac-
cess/27053529.html(2015년 6월4일 RFERL 글)

95 http://www.rferl.org/content/tajikistan-expanded-powers-over-me-
dia-television-freedom/27929007.html(2016년 8월 17일자 RFERL 글)

96 http://www.rferl.org/content/article/27989925.html(2016년 9월 15일자
RFERL 글)

97 http://www.rferl.org/content/press_freedom_worldwide_freedom_
house/16799961.html(2011년 5월 9일자 RFERL 글)

98 http://www.rferl.org/content/clinton_arrives_tajikistan_visit/24367462.

html(2011년 10월 24일자 RFERL 글)

99 http://www.rferl.org/content/tajikistan_turkey_religious_rights/2452145
6.html(2012년 3월20일자 RFERL 글)

100 『e-유라시아 Vol. 46. 2012년 회고와 2013년 전망 타지키스탄 편』. 한양대 아
태지역연구센터 간행(2013년 1월).

101 https://www.rferl.org/a/central-asia-human-rights-european-union/31
569193.html(2021년 11월 19일자 RFERL 글)

102 조영관, 유혜민, 『KIEP 지역경제 포커스: 타지키스탄의 WTO 가입과 시사점』
Vol. 7, No. 5(2013년 2월 26일), 3-4쪽.

103 이윤정, "타지키스탄의 농업 현황과 시사점,"「세계농업」181호(2015), 11쪽.

104 『e-Eurasia』Vol. 56(2017년 2월 8일 간행)

105 http://www.rferl.org/content/tajikistan_hydropower_iran/2233065.htm-
l(RFERL 2010년 11월 28일자 글)

106 http://www.rferl.org/a/tajikistan-rogun-dam-construction-launched/28
082302.html(2016년 10월 29일 RFERL 글)

107 강봉구, "대립인가? 협력인가?-우즈베키스탄과 타지키스탄간의 로군댐 분
쟁,"「슬라브학보」28-4(2013), 2쪽.

108 https://www.nsenergybusiness.com/projects/nurek-hydropow-
er-plant-rehabilitation

109 http://www.rferl.org/content/tajikistan-joins-world-trade-organiza-
tion/24793959.html(2012년 12월 10일자 RFERL 글)

110 조영관, 유혜민, 앞의 글, 3쪽.

111 http://www.rferl.org/content/tajikistan-gazprom-energy-talks/2510997
8.html(2013년 9월 18일자 RFERL 글)

112 http://www.rferl.org/content/tajikistan-rahmon-rent-a-crowd-wom-
en/25198610.html(2013년 12월 20일자 RFERL 글)

113 http://www.eurasianet.org/node/67909(2014년 1월 3일자 Eurasianet 글).

114 『KIEP 지역 경제 포커스: 』Vol. 6, No. 8(2012년 3월 8일), 6-8쪽

115 『KIEP 세계 경제 보고서: 키르기스공화국과 타지키스탄 '국가발전략의 주요

내용과 시사점』 Vol. 2, No. 21(2019년 7월 11일), 6-8쪽.

116 https://www.emerics.org: 446/newsBriefDetail.es?brdctsNo=333415& mid=a10500000000&search_option=&search_keyword=&search_ year=&search_month=&search_tagkeyword=&systemcode=04&searc h_region=04011200¤tPage=1&pageCnt=10(2022년 7월 14일자 Emerics)

117 정세진, "중앙아시아의 문명공존을 통한 이슬람 문화권에서의 인문학 가치 창출과 그 가능성 모색," 「아시아문화연구소 연구논문집. Asia Culture Critique」(국립아시아문화전당 아시아문화연구소, 2018), 172쪽.

118 이채문, 『공간으로 읽는 중앙아시아』 108쪽.

119 https://100.daum.net/encyclopedia/view/b08m0450n11(다음백과사전)

120 Allen Hetmanek, "Islamic Revolution and Jihad come to the former Soviet Central Asia: The case of Tajikistan," Central Asian Survey, Vol. 12, No. 3(1993), p. 369.

121 Mohiaddin Mesbahi, "Tajikistan, Iran, and the international politics of the 'Islamic factor," Central Asian Survey, Vol.16, No. 2(1997), p. 142.

122 Ghonchen Tazmini, "The Islamic revival in Central Asia: a potent force or a misconception?" Central Asian Survey, Vol. 20, No. 1(2001), p. 69.

123 Dilip Hiro, Inside Central Asia(New York, London: Overlook Duckworth, 2009), pp. 326-329.

124 Ghonchen Tazmini, op. cit., p. 74.

125 Ibid., p. 74.

126 정세진, "신생공화국의 국가 건설과 문화 요소의 상관관계에 대한 연구-타지키스탄의 예를 중심으로," 「노어노문학」 24-3(2012), 287쪽.

127 Yaacov Roi, Islam in the CIS(London: Royal Institute of International Affairs, 2001), p. 29.

128 http://www.rferl.org/content/tajikistan_hizuttahrir_members_sentenced/2284242.html(2011년 1월 22일자 RFERL 글).

129 http://www.rferl.org/content/article/2227695.html(2010년 11월 23일자

RFERL 글).

130　http://www.rferl.org/content/tajik_officials_decry_joblessness_among_returned_islamic_students/24253058.html(2011년 7월 1일자 RFERL 글)

131　http://www.eurasianet.org/node/63052(2011년 3월 11일자 Eurasianet 글)

132　http://www.rferl.org/content/tajikistan_parental_responsibilities_law/24237834.html(2011년 6월 17일자 RFERL 글)

133　http://www.rferl.org/content/tajikistan_khujand_suicide_bombing_imu_trial/24263713.html(2011년 7월 12일자 RFERL 글)

134　http://www.rferl.org/content/tajik_courts_free_two_journalists/24359961.html(2011년 10월 17일자 RFERL 글)

135　http://www.rferl.org/content/tajik_interior_ministry_recruits_former_opposition_fighters/24205957.html(2011년 5월26일자 RFERL 글)

136　https://www.emerics.org: 446/newsBriefDetail.es?brdctsNo=330333&mid=a10500000000&search_option=&search_keyword=&search_year=&search_month=&search_tagkeyword=&systemcode=04&search_region=04011200¤tPage=2&pageCnt=10(2022년 6월 3일자 Emerics)

137　Helena Rytövuori-Apunen, Furugzod Usmonov, "Tajikistan's Unsettled Security: Borderland Dynamics of the Outpost on Russia's Afghan Frontier," The Regional Security Puzzle around Afghanistan: Bordering Practices in Central Asia and Beyond(ed. Helena Rytövuori-Apunen)(Opladen: Verlag Barbara Budrich, 2016), p. 134.

138　http://www.rferl.org/content/tajikistan-islamic-party-arrests-/27290845.html(2015년 10월 16일자 RFERL 글)

139　http://www.rferl.org/content/tajikisyanm-bans-hajj-pilgirmage-for-citizens-younger-than-35/26955080.html(2011년 4월 14일자 RFERL 글)

140　http://www.rferl.org/content/tajikisyanm-bans-hajj-pilgirmage-for-citizens-younger-than-35/26955080.html(2015년 4월 14일자 RFERL 글)

141　http://www.rferl.org/content/tajikistan-islamic-state-threat-/26742846.

html(2014년 12월 14일자 RFERL 글)

142 http://www.rferl.org/content/tajikistan-islamic-state-syria-tur-key/27124891.html(2015년 7월 13일 RFERL 글)

143 신양섭, "타직-아프간의 종교 정책," 「중동연구」 19-1(2000), 221쪽.

144 Alexei Malashenko, "Does Islamic Fundamentalism Exist in Russia?" Yaacov Ro'i(ed) Muislim Eurasia: Conflicting Legacies(London: Frank Cass, 1995), pp. 41-51.

145 Mehrdad Haghayaghi, "Islamic Revivalism in the Central Asian Publics," Central Asian Survey, Vol. 13, No. 2(1994), p. 254.

146 Игор Ермаков, Дмитри Микулский, "Исламская партия возрожде-нии,"(ред) Ислам и России и Средней Азии(Москва: Лотос, 1993), С. 181-185.

147 Kirill Nourzhanov, op. cit., p. 262.

148 Emmanuel Karagiannis, "The challenge of radical Islam in Tajikistan: Hizb ut-Tahrir al-Islami," Nationalities Papers, Vol. 34, No. 1(March 2006), p. 2.

149 김상철, 손영훈, 앞의 논문, 67-68쪽.

150 Emmanuel Karagiannis, op. cit., p. 2.

151 Stéphane A. Dudoignon, Communal solidarity and social conflicts in late 20th century Central Asia: the case of the Tajik Civil War(Tokyo: Islamic Area Studies Project, 1998), pp. 15-16.

152 Kirill Nourzhanov, op. cit., p. 251.

153 Muriel Atkin, op. cit., p. 258.

154 Kirill Nourzhanov, op. cit., p. 252.

155 Idil Tuncer-Kilavuz, op.cit., p. 277.

156 김태연, "우즈베키스탄이슬람운동(IMU)과 타지키스탄 이슬람 부흥당(IRPT)의 발생 조건과 요인 비교연구," 「러시아연구」 26-2(2016), 91-92쪽.

157 Idil Tuncer-Kilavuz, op. cit., p. 278.

158 Sabine Freizer, "Neo-liberal and communal civil society in Tajikistan:

merging or dividing in the post war period?," Central Asian Survey, Vol. 24, No. 3(2005), p. 228.

159 Muriel Atkin, "Tajikistan: Reform, Reaction and Civil War," in New States, New Politics: Building the Post-Soviet Nations(eds.) Ian Bremmer, Ray Taras(Cambridge: Cambridge University Press, 1997), p. 615.

160 김태연, (2016), 75쪽.

161 Vitally V. Naumkin, Radical Islam in Central Asia: Between Pen and Rifle(New York: Rowman & Littlefield Publishers, Inc., 2005), p. 237.

162 Muriel Atkin, "Token Constitutionalism and Islamic Opposition in Tajikistan," p. 259.

163 www.rferl.org/content/Disabled_Tajik_Lawmaker_Resigns_Over_Revoked_Benefits/1609190.html(2020년 9월 30일자 RFERL 글)

164 Allen Hetmanek, op. cit., p. 371.

165 Ludmila Polonskaya, Alexei Malashenko, Islam in Central Asia(London: Ithaca Press, 1994), p. 124.

166 Idil Tuncer-Kilavuz, "The Role Networks in Tajikistan's Civil War: Network Activation and Violence Specialists," Nationalities Papers, Vol. 37, No. 5(2009), p. 694.

167 Adam Saud, "Islamic Renaissance Party of Tajikistan: Past, Present and Future," Pakistan Horizon, Vol. 63, No. 3(2010), p. 80.

168 Henry Dunant Centre, Humanitarian Engagement with Armed Groups: The Central Asian Islamic Opposition Movements(Geneva: Henry Dunant Center for Humanitarian Dialogue, 2003), pp. 12 – 13.

169 Tim Epkenhans, "The Islamic Revival Party of Tajikistan: Episodes of Islamic Activism, Postconflict Accommodation, and Political Marginalization," Central Asian Affairs, Vol. 2(2015), pp. 332-333.

170 김대성, "소련 해체 이후 강대국의 대 중앙아시아 지역패권주의 정책과 국제질서 – 타지키스탄과 투르크메니스탄의 일반개황," 274-275쪽.

171 정세진, "타지키스탄 이슬람 원리주의-정치적 세력과의 관계를 중심으로,"

「노어노문학」 28-4(2016), 277-288쪽.

172 J. Heathershaw, Post-Conflict Tajikistan(London: Routledge, 2009), p. 105.

173 Ibid., p. 105.

174 Emmanuel Karagiannis, op. cit., p. 78.

175 Vitally V. Naumkin, Radical Islam in Central Asia: Between Pen and Rifle(New York: Rowman & Littlefield Publishers, Inc., 2005), p. 239.

176 Tim Epkenhans, op. cit., p. 342.

177 Emmanuel Karagiannis, op. cit., p. 78.

178 "Allah's Shadow: Is Radical Islam a Threat to Central Asia's Stability?," The Economist, May 17, 2003.

179 Tim Epkenhans, op. cit., p. 341.

180 Hakim Zainiddinov, "The Changing Relationship of the Secularized State to Religion in Tajikistan," Journal of Church and State, Vol. 55, No. 3(2013), pp. 462-463.

181 Richard Hoagland, Ambassador(U.S. embassy Dushanbe), "Moderate Tajik Islamic Leader walks a Tightrope—Rahmonov Wants to Marginalize him; His Party's Islamist's Wing Distrusts Him," confidential diplomatic cable, November 28, 2005, http://wikileaks.org. Karagiannis, "The New Political Islam in Central Asia: From Radicalism to the Ballot Box?" p. 78에서 재인용.

182 www.rferl.org/content/Islamic_Party_Leader_In_Tajikistan_Says_He_Supports_Secular_System/1823086.html.(2020년 10월 18일자 RFERL 글).

183 Adam Saud, op. cit., pp. 88-89.

184 Alexander Sodiqov, "Kabiri Reelected as Islamic Revival Party Leader in Tajikistan," Tajikistan Monitor, October 22, 2011.

185 http://www.rferl.org/content/Tajik_Opposition_Party_Refuses_To_Print_Independent_Publications/2209265.html(2010년 11월 2일자 RFERL 글)

186 http://www.rferl.org/content/Tajik_Opposition_Party_Refuses_To_Print_

Independent_Publications/2209265.html(2010년 11월 2일자 RFERL 글)

187 Atkin, "Token Constitutionalism and Islamic Opposition in Tajikistan," p. 269.

188 Adam Saud, op. cit., p. 89.

189 http://www.rferl.org/content/sole_orthodox_church_in_southern_tajik_district_closed/9501426.html(2011년 4월 21일자 RFERL 글)

190 http://www.rferl.org/content/tajik_interior_ministry_recruits_former_op-position_fighters/24205957.html(2020년 10월 5일자 RFERL 글)

191 『e-유라시아 Vol. 46. 2012년 회고와 2013년 전망 타지키스탄 편』. 한양대 아태지역연구센터 간행.

192 Hakim Zainiddinov, op. cit., pp. 468-469.

193 정세진, "중앙아시아 이슬람 원리주의의 급진적 특성에 대한 연구: 1991년 독립 이후의 원리주의 단체와 이념적 패러다임,"『평화연구』16-1(2008), 131-134쪽

194 http://www.rferl.org/content/tajik-leader-call-for-national-con-cpet-for-development/26909599.html(2020년 9월 30일자 RFERL 글)

195 http://www.eurasianet.org/node/73931(2015년 6월 18일자 Eurasianet 글).

196 http://www.rferl.org/a/tajikistan-rights-lawyers-prosecuted/28001527.html(2020년 10월 7일자 RFERL 글)

197 http://www.rferl.org/content/tajikistan-lawyer-yorov-de-tained-irpt/27945407.html(2016년 8월 25일자 RFERL 글)

198 http://www.rferl.org/a/tajikistan-rights-lawyers-prosecuted/28001527.html(2016년 9월 20일자 RFERL 글)

199 http://www.rferl.org/content/tajikistan-unhcr-concern-ban-urpt/27283462.html(2015년 10월 2일자 RFERL 글)

200 http://www.rferl.org/content/tajikistan-unhcr-concern-ban-urpt/27283462.html(2015년 10월 2일자 RFERL 글)

201 http://www.rferl.org/content/tajikistan-islamic-party-ar-

rests-/27290845.html(2015년 10월 16일자 RFERL 글)

202 http://www.rferl.org/content/tajikistan-islamic-party-ar-
rests-/27290845.html(2015년 10월 6일자 RFERL 글)

203 고재남, 『러시아 외교정책의 이해. 대립과 통합, 푸틴의 길』(서울: 역사공간, 2019), 189쪽.

204 http://www.rferl.org/content/tajikistan-hosts-international-water-con-
ference/25080717.html(2013년 8월 20일자 RFERL 글)

205 https://www.emerics.org: 446/newsBriefDetail.es?brdctsNo=33375
2&mid=a10500000000&search_option=&search_keyword=&search_
year=&search_month=&search_tagkeyword=&systemcode=04&search_
region=04011200¤tPage=1&pageCnt=10(2022년 7월 26일 이머릭
스)

206 『2019년 타지키스탄 개황』 외교부. 26쪽.

207 정세진, "최근 타지키스탄을 둘러싼 강대국의 각축, 그 이유는?"『2011년 11
월 21일 한국외 대 러시아연구소 Russia-Eurasia FOCUS』 138호.

208 http://www.rferl.org/content/tajik-authorities-border-cross-
ing-drug-traffickers-foiled/24896640.html(2013년 2월 8일자 RFERL 글)

209 http://www.rferl.org/content/russian_envoy_says_relations_with_tajiki-
stan_friendly/24431854.html(2011년 11월 26일자 RFERL 글)

210 http://www.rferl.org/a/russia-seeks-joint-use-tajik-air-base-growing-
islamic-militancy/28201072.html(2016년 12월 28일자 RFERL 글)

211 http://www.rferl.org/content/tajik_russian_military_talks_fail_to_yield_
agreement/24270279.html(RFERL 2011년 7월 19일자 글)

212 http://www.rferl.org/content/russia-signs-deal-troop-presence-tajiki-
stan-military-base/24730251.html(2012년 10월 5일자 RFERL 글)

213 http://www.rferl.org/content/russia-tajikistan-rahmon-putin/25063000.
html(2013년 8월 1일자 RFERL 글)

214 http://www.rferl.org/content/tajik-president-calls-on-nation-to-be-
vigilant/25359215.html(2014년 4월 23일자 RFERL 글)

215 http://www.rferl.org/content/lavrov-holds-talks-with-tajik-foreign-minister/25475253.html(2014년 9월 15일자 RFERL 글)

216 http://www.rferl.org/a/russia-tajikistan-agree-maintain-increase-air-traffic-after-moscow-talks/28102764.html(2016년 11월 8일자 RFERL 글)

217 http://www.rferl.org/a/putin-rahmon-tajik-afghan-border-security/28336433.html(2017년 2월 27일자 RFERL 글)

218 http://www.eurasianet.org/node/64197(2011년 9월 20일자 Eurasia net 글)

219 https://www.emerics.org: 446/newsBriefDetail.es?brdctsNo=337195&mid=a10500000000&search_option=&search_keyword=&search_year=&search_month=&search_tagkeyword=&systemcode=04&search_region=04011200¤tPage=1&pageCnt=10(2022년 10월 19일자 Emerics)

220 https://www.rferl.org/a/tajikistan-defends-roghun-dam-water-uzbekistan/28489117.html(2017년 5월 15일자 RFERL 글)

221 정세진, "최근 타지키스탄을 둘러싼 강대국의 각축, 그 이유는?"『2011년 11월 21일 한국외 대 러시아연구소 Russia-Eurasia FOCUS』138호.

222 http://www.rferl.org/content/uzbekistan_urged_to_end_tajik_rail_blockade/24449069.html(2012년 1월 11일자 RFERL 글)

223 http://www.rferl.org/content/eu_in_tajikistan_focuses_on_regional_integration/24570025.html(2012년 5월4일자 RFERL 글)

224 http://www.rferl.org/content/article/2250668.html(RFERL 2010년 12월 16일 글)

225 http://www.rferl.org/a/tajikistan-uzbekistan-first-passenger-flight-25-years/28302584.html(2017년 2월 10일자 RFERL 글)

226 http://www.rferl.org/a/uzbekistan-resumes-flights-to-dushanbe-after-25-years/28422811.html(2017년 4월 11일자 RFERL 글)

227 정세진, "타지키스탄-우즈베키스탄 항공 운항 25년만의 재개와 양국 관계 전

망,"『2017년 7월 7일자 이머릭스 전문가오피니언』https://www.emerics.
org: 446/issueDetail.es?brdctsNo=220696&mid=a10200000000&search_
option=ALL&search_keyword=&search_year=&search_month=&search_
tagkeyword=&systemcode=04&search_region=04011200&search_
area=¤tPage=2&pageCnt=10

228 https://www.rferl.org/a/kazakhstan-tajikistan-train-dushanbe-asta-
na/28563464.html(2016년 6월 19일자 RFERL 글)

229 http://www.rferl.org/content/turkmen-president-in-dushan-
be-for-talks/25373052.html(2014년 5월 5일자 RFERL 글)

230 http://www.rferl.org/content/tajikistan-turkmenistan-presidents-ashga-
bat-/27199274.html(2015년 8월 20일자 RFERL 글)

231 http://www.rferl.org/content/kyrgyz-tajik-border-incident-inju-
ries/27168736.html(2015년 8월 4일자 RFERL 글)

232 http://www.rferl.org/content/kyrgyzstan-tajikistan-border-talks/27176
094.html(2015년 8월 7일자 RFERL 글)

233 정세진, "소연방과 중앙아시아: 지역 정체성과 결정화, 그 역사적 수렴과 발
산,"「중소연구」46-2(2022), 383-384쪽.

234 『2019년 타지키스탄 개황』외교부. 27쪽.

235 http://www.rferl.org/content/china-tajikistan-extradition-deal/270270
76.html(2015년 5월 20일자 RFERL 글)

236 『2019년 타지키스탄 개황』외교부. 28쪽.

237 정세진, "최근 타지키스탄을 둘러싼 강대국의 각축, 그 이유는?"『2011년 11
월 21일 한국외 대 러시아연구소 Russia-Eurasia FOCUS』138호.

238 『2019년 타지키스탄 개황』외교부. 29쪽.

239 http://www.rferl.org/content/tajik-president-rahmon-meets-na-
to-chief-rasmussen/24953429.html(2013년 4월 10일자 RFERL 글)

240 http://www.rferl.org/content/us_tajik_officials_initiate_construction_mili-
tary_training_center/24258934.html(2011년 7월 7일자 RFERL 글)

241 https://www.rferl.org/a/tajikistan-votel-rahmon-talks/28450697.

html(2017년 4월 25일자 RFERL 글)

242 http://www.rferl.org/content/centcom-commander-central-asian-tour/27799175.html(2016년 6월 15일자 RFERL 글)

243 http://www.rferl.org/content/drugs_russia_afghanistan_pakistan_/2242609.html(2010년 12월 8일자 RFERL 글)

244 http://www.eurasianet.org/node/62979(2011년 3월 1일자 Eurasianet 글)

245 http://www.eurasianet.org/node/62689(2011년 1월 11일자 Eurasianet 글)

246 http://www.rferl.org/content/two_kidnapped_tajik_boys_freed_in_afghanistan/24230847.html(2011년 6월 10일자 RFERL 글)

247 http://www.rferl.org/content/tajikistan_russia_afghanistan_pakistan_summit_dushanbe/24315779.html(2011년 9월 2일자 RFERL글)

248 http://www.rferl.org/content/iran_afghanistan_tajikistan_tv_station/2305842.html(2011년 2월 11일자 RFERL 글)

249 http://www.rferl.org/content/tajikistan-islamic-state-syria-turkey/27124891.html)(2015년 7월 13일자 RFERL 글)

250 MC, Dunn, "Great games and small: Afghanistan, Tajikistan and the new geopolitics of Southwest Asia," Middle East Policy, Vol. 5, Issues 2(1997), pp. 142-149.

251 https://www.doopedia.co.kr/doopedia/master/master.do?_method=view&MAS_IDX=101013000782660(두산백과사전)

252 MC, Dunn, "Great games and small: Afghanistan, Tajikistan and the new geopolitics of Southwest Asia," Middle East Policy, Vol. 5, Issues 2(1997), pp. 142-149.

253 http://www.rferl.org/content/sco-officials-meet-in-tajikistan-discuss-afghan-withdrawal/25352815.html(2014년 4월 17일자 RFERL 글)

254 https://100.daum.net/encyclopedia/view/31XXXXXX7818(매경시사용어사전).

255 http://www.rferl.org/content/shanghai-cooperation-summit-dushan-

be/26577440.html(2014년 9월 11일자 RFERL 글)

256 http://www.rferl.org/content/taliban-taliban-troops-hand-ed-over/27075914.html(2015년 6월 16일자 RFERL 글)

257 Zhao Huasheng, "Russia and the Afghanistan Issue," China International Studies, 28(2011), p. 140.

258 Ibid., p. 141.

259 Ibid., p. 142.

260 Ibid., p. 143.

261 Ibid., p. 144.

262 Ibid., p. 145.

263 Ibid., p. 146.

264 http://www.rferl.org/content/china-forms-anti-terrorism-alliance-paki-stan-tajikistan-afghanistan/27901474.html(2016년 8월 5일자 RFERL 글)

265 http://www.rferl.org/a/china-planning-help-tajikistan-afghani-stan-border-posts/28014407.html(2016년 9월 26일자 RFERL 글)

266 http://www.rferl.org/a/tajikistan-starts-joint-antiterror-drills-chi-na-near-afghan-border/28066638.html(2016년 10월 21일자 RFERL 글)

267 Akram Umarov, "US-Central Asia: New Trilateral Dialogues Bring Regional Focus to Afghanistan," Diplomat(May 2021), Issue 78, pp. 165-169.

268 Ibid., pp. 165-169.

269 7월 7일 인터팍스 통신. Kazakhstan General Newswire. 2021년 7월 7일자. 1p.

270 http://www.rferl.org/content/russia-tajikistan-base-helicop-ters/27293028.html(2015년 10월 7일자 RFERL 글)

271 정세진, "미군 철수로 아프가니스탄에서 탈레반 세력 확대: 타지키스탄 안보 위험성 증대,"『2021년 7월 29일 자 이머릭스 전문가오피니언』 https://www.emerics.org: 446/issueDetail.es?brdctsNo=318427&mid=a10200000000&-search_option=ALL&search_keyword=%ED%83%80%EC%A7%80%ED%

82%A4%EC%8A%A4%ED%83%84&search_year=2021&search_month=&-
search_tagkeyword=&systemcode=04&search_region=04011200&search_
area=¤tPage=1&pageCnt=10

272　정세진, "탈레반의 아프가니스탄 북부 장악과 중앙아시아 국경 안보 위기," 『한국외국어대학교 러시아연구소 Russia-Eurasia FOCUS 제 642호』.

273　정세진, "미군 철수로 아프가니스탄에서 탈레반 세력 확대: 타지키스탄 안보 위험성 증대,"『2021년 7월 29일 자 이머릭스 전문가오피니언』

274　정세진, "탈레반의 아프가니스탄 북부 장악과 중앙아시아 국경 안보 위기," 『Russia-Eurasia FOCUS』 제642호(한국외국어대학교 러시아연구소)

275　정세진, "미군 철수로 아프가니스탄에서 탈레반 세력 확대: 타지키스탄 안보 위험성 증대,"『2021년 7월 29일 자 이머릭스 전문가오피니언』

276　정세진, "탈레반의 아프가니스탄 북부 장악과 중앙아시아 국경 안보 위기," 『한국외국어대학교 러시아연구소 Russia-Eurasia FOCUS 제642호』

277　https://www.rferl.org/a/eu-discusses-afghanistan-central-asia/31573394.html(2021년 11월 22일자)

278　https://www.rferl.org/a/central-asia-taliban-afghanistan/31609112.html(2021년 12월 14일자 RFERL 글)

영문

CASA-1000 32, 116

CSTO 36, 185-186, 233, 240-241,
    252-253, 255

EAEU 31, 35-36, 185, 198-199, 238

EURASEC 185

IMU 54-55, 135, 140, 145, 151, 160,
    177, 246

Luna Papa 58-60, 62, 65, 67

SCO 36, 186, 189-190, 199, 207, 212,
    226-228

UNHCR 143, 182

WTO 30-31, 120

ㄱ

가즈나 12

가즈프롬 121, 193, 200

고르노-바다흐샨 27, 77-79, 87, 103,
    129, 142-143, 158, 175, 245

고르바초프 22, 128

국가화해위원회 24, 76, 80, 133, 161-
    162, 167, 243

글라스노스트 128

ㄴ

나지불라 230

누르술탄 나자르바예프 75, 92

니야조프 95, 98, 130, 134

ㄹ

라바니 224, 250

라스토헤즈 23, 76, 158-160

로군 댐 27, 32, 117-118, 198, 201-
    203

루스탐 에모말리 30, 34, 73, 94

ㅁ

메드베데프 192, 194, 219, 231

무하마달리 하이트 90, 173, 180-181

무히딘 카비리 88, 165

미르지요예프 115, 205, 249, 252-253

ㅂ

바흐쉬 27, 117-118, 120

박트리아 9-10

베나지르 부토 221

베르디무하메도프 95, 207-208

부하라 11-16, 18-20, 43, 54, 251